Heyne · Campus

Jay Conrad Levinson
Charles Rubin

Guerilla Marketing Online

Chancen für kleine und
mittlere Unternehmen
im weltweiten Datennetz

Aus dem Amerikanischen von
Helga Vogelmann und Hedwig Steinberger

WILHELM HEYNE VERLAG
MÜNCHEN

HEYNE BUSINESS
22/2035

Titel der amerikanischen Originalausgabe:
GUERILLA MARKETING ONLINE
Erschienen 1995 bei Houghton Mifflin Company, Boston, New York

Aktualisierung: Ulrich Kaiser

Aktualisierte Taschenbuchausgabe
im Wilhelm Heyne Verlag GmbH & Co. KG, München
Copyright © 1995
by Jay Conrad Levinson and Charles Rubin
Published by special arrangement with Houghton Mifflin Company
Copyright © der deutschsprachigen Ausgabe 1996
by Campus Verlag GmbH, Frankfurt/Main
Printed in Germany 1997
Umschlaggestaltung: Atelier Adolf Bachmann, Reischach
Herstellung: M. Spinola
Satz: Schaber Satz- und Datentechnik, Wels
Druck und Verarbeitung: Presse-Druck, Augsburg

ISBN: 3-453-12288-7

Anstelle eines Vorworts:
Das Profil eines Guerilla-Unternehmers

Ein Guerilla-Unternehmer verkauft an Individuen. Er will seine Produkte und Leistungen an bestimmte Personen verkaufen – Kunde für Kunde. Sein Marketing ist persönlich, maßgeschneidert und sehr werbewirksam.

Ein Guerilla-Unternehmer strebt bei zielgruppengerechter persönlicher Direktwerbung eine Rücklaufquote von 15 % an. Er beschriftet die Briefumschläge von Hand, benutzt Sonderbriefmarken oder liefert das Paket in einer pfiffigen Aufmachung. Bei 100 versendeten Briefen sind 15 neue Kunden ein ziemlich gutes Ergebnis.

Ein Guerilla-Unternehmer ist geduldig. Er glaubt an sein Produkt und betrachtet ein ganzes Jahr immer im Zusammenhang. Er ist bereit, sich Zeit zu nehmen, um einen Kunden nach dem anderen anzusprechen, bis das Geschäft boomt.

Ein Guerilla-Unternehmer verläßt sich nicht auf vergangene Erfolge. Er hat nichts zu verlieren. Er nutzt jede Werbemöglichkeit, von magnetischen Visitenkarten über Preisausschreiben bis hin zur Mitternachts-Show im Fernsehen.

Ein Guerilla-Unternehmer weiß, daß die Techniken des Guerilla-Marketing in Unternehmen jeder Betriebsgröße anwendbar sind, ob Großkonzern oder Würstelbude.

Guerilla-Unternehmer tragen Badehosen – in ihrem Urlaubs-Traumland, nachdem sie ihr Geld gemacht haben.

Guerilla-Unternehmer haben mehr Spaß!

Danksagungen

Vor allem möchte ich Jay Levinson dafür danken, daß er die Realisierung dieses Projektes zu einem solchen Vergnügen werden ließ. Zudem danke ich Michael Larsen dafür, daß er mich mit Jay bekanntgemacht hat, für dessen Arbeit ich bereits seit längerem große Bewunderung empfinde. Ein großes Dankeschön gilt wie immer Claudette Moore, meiner Agentin, für ihre treue Freundschaft und Beratung.

Dieses Buch wäre niemals zustandegekommen, wenn ich nicht jede Menge Unterstützung aus den Reihen der Online-Gemeinde erhalten hätte. Diese Champions des Cyberspace ließen mich an ihren Erfahrungen teilhaben und unterstützten mich mit ihrem unermeßlichen Wissensschatz, und dies aus purer Hilfsbereitschaft. Damit stehen sie beispielhaft für den großartigen Geist, der in dieser Online-Weltgemeinschaft herrscht. Ich danke deshalb Joe Andreiu, Dave Asprey, Mike Bauer, Barbara Byro, Mark Campbell, David Cordeiro, Mary Cronin, Daniel Dern, Adam Engst, Glenn Fleishman, Karyn German, Larry Grant, Harley Hahn, Steven Heath, Walt Howe, Arnold Kling, Cliff Kurtzman, Steve Lambert, Albert Lunde, Tom McSherry Main Morris, Andrew Payne, Casey Peffers, John Quarterman, Rob Raisch, Rosalind Resnick, Lew Rose, Margaret Ryan, Murph Sewall, Bruce Speyer, Jim Sterne, Rick Stout, Michael Strangelove, Dave Taylor, Chris Tillman und Mike Walsh.

Mein ganz besonderer Dank gilt schließlich Orvel Ray Wilson für seine Ermutigung und dafür, daß er mir den Unterschied zwischen Veröffentlichung und Verkauf klargemacht hat.

Charles Rubin

Meine Anerkennung und mein Dank, von einem herzhaften Mausklick ganz zu schweigen, gelten zuerst einmal Charles Rubin, dem Super-Internauten, der mir die Augen für das Potential des Online-Marketing geöffnet hat. Ich hoffe, daß die Lektüre dieses Buches beim Leser dasselbe bewirken wird wie diese Zusammenarbeit bei mir. Weiter möchte ich meinen Agenten Mike Larsen und Elizabeth Pomada herzlich danken, die auf Charlie zeigten und sagten: »Dieser Mann kennt sich im Internet aus, er beherrscht Computer, er kann schreiben, und überhaupt ist er ein toller Typ. Sie sollten mit ihm ein Buch schreiben.« Und schließlich danke ich meiner Frau Pat, weil sie gemeinsam mit mir die Online-Welt erforscht hat und dabei selbst zur Onlinerin geworden ist.

Jay Levinson

Inhalt

I Der Online-Markt

1. Den Online-Markt erobern

Erfolg im Geschäftsleben ist gleichbedeutend mit Verkaufen. Das wiederum bedeutet, daß Sie mit Ihrer Botschaft, Ihrer Unternehmensidentität und Ihrem Produkt oder Ihrer Dienstleistung möglichst viele potentielle Kunden erreichen. Seit den siebziger Jahren stehen dem Unternehmer, der sich für Guerilla-Marketing entscheidet, mehr Möglichkeiten als jemals zuvor zur Verfügung, um seine Botschaft rasch und kostengünstig an ein großes Publikum zu bringen. Man denke nur an neuere Technologien wie Kabelfernsehen, automatisches Telefax oder 0130-Telefonnummern. Aber nichts bislang Dagewesene reicht auch nur im entferntesten an die Möglichkeiten heran, die sich durch den Online-Markt eröffnen. Stellen Sie sich folgendes vor:

- Sie erreichen mit Ihrer Botschaft eine Million Interessenten und sind gleichzeitig in der Lage, Verkaufsförderungsmaßnahmen in Sekundenschnelle an ein ganz spezifisches Zielpublikum zu richten, und all das für ein paar Pfennige.
- Sie eröffnen ein virtuelles Schaufenster an Dutzenden von Plätzen auf der ganzen Welt. Die Dekoration und den Inhalt Ihres Schaufensters können Sie ganz allein bestimmen, und gleichzeitig können Sie Tag und Nacht Bestellungen entgegennehmen.
- Sie konkurrieren auf gleichem Niveau mit Unternehmen, die zehnmal so groß sind wie Ihr eigenes.
- Sie werden in die Lage versetzt, jedes Kopf-an-Kopf-Rennen durch überragenden Kundendienst und außergewöhnlichen Service für sich zu entscheiden.

Der Online-Markt macht all dies möglich. In der Online-Welt kommen Ihr Scharfsinn und Ihr Unternehmergeist so richtig zur Geltung, und Sie können aus Ihrem Marketing-Budget weit mehr herausholen als bisher.

Aber am Online-Markt gibt es keine Erfolgsgarantie, ebensowenig wie die Eröffnung eines Geschäfts mit einer guten Idee eine Garantie für ein gesichertes Einkommen bis ans Lebensende darstellt. Die Online-Welt bietet enorme Möglichkeiten, aber in vielerlei Hinsicht stellt sie auch ein weitaus gefährlicheres Terrain als herkömmliche Märkte dar. Viele Möchtegern-Millionäre haben im Online-Bereich bereits ihr Glück versucht und sich dabei kräftig die Finger verbrannt.

Wir wollen Ihnen in diesem Buch zeigen, wie Sie auf dem Online-Markt kämpfen und gewinnen können. Sie werden erfahren, wie dieser neue Markt aufgebaut ist, welche Strategien in seinen verschiedenen Bereichen jeweils anwendbar sind, wie Sie Ihr Terrain für ein Maximum an Erfolg vorbereiten können und wie Sie durch Ihre Kampagne kontinuierlich Gewinne erzielen können.

Was ist der Online-Markt?

Jeder, der während der letzten paar Jahre nicht auf dem Mars gelebt hat, hat schon eine ganze Menge über die Datenautobahn gehört. So unterschiedliche Technologien wie Computer-Netzwerke, interaktives Fernsehen und Video-Telefone firmieren unter dieser Bezeichnung. Der amerikanische Präsident Bill Clinton hat für die USA die Errichtung einer landesweiten Informationsinfrastruktur angekündigt, um den Informationsfluß zwischen Unternehmen und Konsumenten zu erleichtern und die Konkurrenzfähigkeit der Unternehmen zu verbessern.

Im weitesten Sinne umfassen die synonymen Begriffe ›Datenautobahn‹, ›Infobahn‹ oder ›Information Highway‹ jegliche interaktive Kommunikationstechnologie: darunter fällt alles, angefangen von der 0130-Telefonnummer, die Sie heute wählen, um eine Bestellung aus einem Katalog aufzugeben, bis zum interaktiven Fernsehen der Zukunft, bei dem Sie am Bildschirm eine bestimmte Pizza anklicken, die Ihnen dann umgehend ins Haus geliefert wird.

Schließlich wird die interaktive Kommunikation von Grund auf die Art und Weise verändern, in der Menschen einkaufen. Bereits heute gibt es interaktive Fernsehversuche, bei denen Sie am Bildschirm die Speisekarte von Restaurants oder kulturelle Veranstaltungen abfragen und über die Fernbedienung Ihre Tischreservierung vornehmen oder Ihre Eintrittskarte bestellen können. Futuristische Visionen sehen sogar eine nicht allzu ferne Zukunft voraus, in der Sie sogenannte Software-›Agenten‹ beauftragen können, Einkäufe für Sie zu erledigen. Einen solchen Agenten könnten Sie dann beispielsweise damit beauftragen, alle online verfügbaren Angebote für eine gewisse Art von Kühlschrank mit einer bestimmten Sonderausstattung für Sie auszusuchen und Ihnen anschließend eine Liste der verfügbaren Auswahl zu präsentieren. Der Agent könnte Ihnen gleich einen Vorschlag für jenes Gerät unterbreiten, das das beste Preis-Leistungs-Verhältnis aufweist. Sie brauchten ihm nur noch grünes Licht zu geben, damit er die Bestellung für Sie durchführt.

Sicher, eine solche Zukunft des Einkaufens erscheint uns heute noch unvorstellbar. Wenn Sie aber vorhaben, die Online-Technologien für Ihren Geschäftserfolg zu nutzen, müssen Sie das, was heute möglich ist, von dem unterscheiden, wozu Sie morgen in der Lage sein könnten. Für unsere Zwecke ist der heutige Information Highway der Online-Markt: Menschen, die Computer und Computernetzwerke dazu verwenden, um miteinander zu kommunizieren. Dieser Markt besteht aus:

- kommerziellen Online-Services wie T-Online, AOL Deutschland und CompuServe, die zusammen mehr als zehn Millionen Abonnenten haben;

13

- Bulletin-Board-Systemen (BBS, elektronische Anschlagbretter), die allein in den Vereinigten Staaten mehr als 20 Millionen Abonnenten haben;
- dem Internet (oder auch einfach ›Net‹ genannt); das ist der internationale Zusammenschluß von Computernetzwerken, der Millionen von Menschen an Universitäten, in Regierungsstellen und in Netzwerken von Unternehmen umfaßt, wobei in steigendem Umfang auch die großen kommerziellen Dienste und zahlreiche Bulletin-Board-Systeme hinzukommen.

Der Online-Markt verändert sich naturgemäß ständig. Wir konzentrieren uns deshalb hier auf solche Marketingstrategien, die voraussichtlich einige Zeit überdauern werden. Gleichzeitig zeigen wir Ihnen, wie Sie sich ständig über neue Entwicklungen auf der Infobahn auf dem laufenden halten können.

Ein Markt – zu groß, um ihn sich entgehen zu lassen

Durch Anwendung von Marketingtechniken, wie sie in anderen Guerilla-Marketing-Büchern beschrieben sind, können Sie Hunderte, Tausende, ja sogar Zehntausende von potentiellen Kunden erreichen und müssen nur ein paar hundert Mark pro Monat dafür ausgeben. Aber mit einem Personal Computer und einem Modem können Sie sich auf die Infobahn begeben und dort für ein paar Pfennige ein Millionenpublikum erreichen. Ihre Botschaft wird vermutlich nur für einen kleinen Teil der Online-Bevölkerung von Interesse sein. Aber bei Millionen von Menschen da draußen kann selbst ein kleiner Teil bereits eine ganze Menge sein. Außerdem ist der Online-Markt, wie wir noch sehen werden, hübsch in sogenannte Special Interest Groups aufgesplittet. Es ist daher ganz einfach, jene Gruppen herauszufinden, die mit großer Wahrscheinlichkeit am Kauf Ihres Produktes interessiert sind.

Die Zahl der Online-Benutzer ist atemberaubend. Im Januar 1996 hatten geschätzte 70 Millionen Menschen in 148 Ländern Anschluß an das Internet, und das Wachstum beschleunigt sich ständig.

Gute Aussichten für Marketing-Guerillas

Der Online-Markt ist riesig, aber seine schiere Größe allein macht nur einen Teil seines Reizes aus. Es gibt noch eine Reihe weiterer Gründe, die diesen Markt für Marketing-Guerillas attraktiv machen. Die Eröffnung eines Ladens in München ist schließlich auch noch keine Garantie dafür, daß Sie auch nur einen Teil Ihrer potentiellen Kunden in Bayern erreichen. Das Internet besticht dadurch, daß es Ihnen unglaubliche Steigerungsraten für Ihr Zeit- und Geldbudget ermöglicht, weil es eine einfache Methode bietet, Ihre Interessenten direkt anzusprechen, und weil es die Ausgangsposition zwischen Ihnen und Ihren Wettbewerbern nivelliert, egal, wie groß oder finanziell gut gepolstert diese auch sein mögen.

Woher können Sie nun wissen, ob Ihr Produkt oder Ihre Dienstleistung für die Online-Vermarktung geeignet ist? Nachfolgend finden Sie einen kleinen Auszug jener Waren und Dienstleistungen, die heute bereits im Internet verfügbar sind:

Ausbildung und Seminare
Außenhandelsberatung
Autos und Ersatzteile
Bekleidung
Bemaltes Glas
Blumen
Briefmarken und Münzen
Bücher
CD-ROMs

Compact Disks, Laser Disks und Videos
Computer Hardware und Software
Entfernbare Tätowierungen
Erotik
Ghostwriting und Schreibbüros
Grabsteine

Immobilien	Reisen
Informatik und Programmierung	Schmuck
Konzertkarten	Sonnenbrillen
Kosmetika	Spiele
Kunst und Handwerk	Steuerberatung, Bankdienst-
Layout und Grafikdesign	leistungen, Anlageberatung
Lebensmittel	Toilettenartikel
Marktforschungsagenturen	Verbilligte Telefondienste
Museumsreproduktionen	Verkaufsförderungsartikel und
Musikinstrumente	Werbespezialitäten
Originalgemälde, Poster und	Versicherungen
Plakate	Videos, Photos und Erotik
Personalberatung	Vitamine
Rechtsberatung	Zeitschriften und Newsletters

Täglich kommen neue Produkte und Dienstleistungen hinzu, die oftmals eindrucksvolle Erfolge erzielen.

Der Traum jedes Werbetreibenden

Genau wie bei der Fernseh-, Radio- und Zeitungswerbung können Sie Ihre Botschaft im Internet an viele Millionen Menschen gleichzeitig richten. Aber anstatt für die Produktion einer Anzeige oder eines Werbespots große Summen aufwenden zu müssen, können Sie Ihr Online-Informationspaket selbst schnüren und eigenhändig versenden. Sie können Ihre Botschaft jederzeit verändern. Sie können unterschiedliche Botschaften an unterschiedliche Orte adressieren, an denen Sie jeweils andere Zielgruppen erreichen. Sie wissen auch sofort, welche Werbemaßnahmen am besten angekommen sind, welche sich nicht bewährt haben und wie viele Personen auf jede einzelne reagiert haben.

Schon mit einem Internet-Anschluß für 20 Mark pro Monat können Sie so viele Marketingbotschaften und so viele E-Mails versenden, wie Sie wollen. Die Preise für Anzeigen in den Printmedien und für Werbezeiten im Fernsehen beschränken Ihre Möglichkeiten, etwas über Ihr Produkt oder Ihre Dienstleistung aussagen zu können, drastisch. Online können Sie Ihren Kunden hingegen alle Details, Vergleiche mit Konkurrenzprodukten, Referenzen und sogar ganze Kataloge und Bestellformulare beinahe gratis zur Verfügung stellen. So zeigen etwa Blumenhändler online farbenprächtige Modelle ihrer Blumenarrangements, und Autofirmen wie Audi und Mercedes bieten interaktive Demoversionen ihrer Autos an, die man auf dem eigenen Gerät zu Hause abspielen kann. Sogar Zahlungen mit Kreditkarte können Sie online entgegennehmen.

Zudem haben Sie in den Zielpersonen Ihrer Online-Werbung ein aufmerksames Publikum. Leute, die fernsehen oder eine Zeitschrift durchblättern, widmen einer Anzeige nur einen Bruchteil ihrer Aufmerksamkeit. Online-Interessenten hingegen sind entschlossen, Ihre Anzeige auch wirklich zu lesen.

Nischen-Marketing

Während Zeitschriftenwerbung und Direkt-Mailings Ihnen dabei helfen, spezielle Marktsegmente anzupeilen, erlaubt Ihnen das Internet, Ihre Märkte mit punktgenauer Präzision zu treffen, und das kostenlos. Für eine genau spezifizierte Mailing-Liste müssen Sie normalerweise mehrere hundert oder tausend Mark aufwenden, zusätzliche Kosten entstehen für die Produktion eines Direkt-Mailings und für das Porto. Online-Käufer haben sich hingegen bereits selbst in fachlich genau abgegrenzte Interessengruppen aufgeteilt. Das erlaubt Ihnen, Ihre Botschaft ausschließlich an jene Gruppen zu richten, bei denen Sie ein hohes Interesse für Ihre Produkte vermuten. Aus dem Rückfluß an Antworten, die Sie aus den Reihen dieser sogenannten *SIGs* (Special Interest Groups) erhalten, können Sie Ihre eigene Mailing-Liste von qualifizierten Interessenten für künftige Aussendungen erstellen.

Intelligenz als Wettbewerbsvorteil

Durch Ihre Mitgliedschaft in den richtigen Online-Gruppen können Sie in Erfahrung bringen, was die Leute über die Produkte Ihrer Konkurrenten sagen, oder aber auf Fragen und Beschwerden über Ihre eigenen Produkte antworten. Großunternehmen wie Microsoft und Apple Computer haben ihre eigenen Diskussionslisten eingerichtet, um ihren Kunden bei auftauchenden Fragen zu helfen oder um Focusgruppen für neue Produkte zu führen, und Sie können genau dasselbe tun. Sie sind nicht ganz sicher, ob eine bestimmte Marketingbotschaft gut ankommt? Schicken Sie sie erst einmal an eine einschlägige Diskussionsgruppe und bitten um Meinungen dazu. Oder Sie tun dasselbe wie einige US-amerikanische Computerfirmen und beauftragen einen oder mehrere Angestellte damit, permanent das Internet auf der Suche nach Kommentaren über Ihr Unternehmen oder Ihre Konkurrenten abzusurfen und entsprechende Antworten abzugeben, wo dies angebracht erscheint.

Sie können sich auch durch Tausende von Computerdatenbanken wühlen, die Millionen von Geschäftsberichten und Marktanalysen, Finanzberichten, Arbeitsstatistiken und anderen nützlichen Fakten enthalten – und die Ihnen helfen, die Veränderungen auf den Märkten zu verstehen und darauf zu reagieren.

Die Fallen beim Online-Marketing

Wie beim großen Goldrausch im Kalifornien des Jahres 1849 winken heute auf den Online-Märkten märchenhafte Gewinne, aber die damit verbundenen Risiken sind nicht unerheblich. Wahre Marketing-Guerillas erforschen erst das Terrain und schätzen das Risiko ab, das sie eingehen. So können sie die zahlreichen Fallen, die vor ihnen liegen, vorhersehen und ihnen ausweichen.

Internet mit Köpfchen

Um sich am Online-Markt zu behaupten, müssen Sie die On-line-Welt verstehen: wie man Anschluß erhält, wie man die verschiedenen Märkte erforscht und sie für eigene Zwecke nutzen kann und welche Märkte, die einen maximalen Return on Investment versprechen, man schließlich auswählt. Wenn Sie im Umgang mit dem Computer noch nicht geübt sind, werden Sie anfänglich Geld in eine Computer- und Kommunikationsausrüstung investieren und sich für eine bestimmte Form der Online-Präsenz entscheiden müssen – oder aber Sie bezahlen jemand anders, der das für Sie tut. Sobald Sie mit Ihrem Computer vertraut sind, müssen Sie sich *mit dem Netz vertraut machen.* Das bedeutet, den On-line-Markt zu verstehen, zu lernen, wie man darin navigiert und wie man seine Anliegen am besten zum Ausdruck bringt.

Andere Länder, andere Sitten

Marketingmethoden, die in der Außenwelt ganz normal sind, können online Ihren guten Ruf zerstören. In einem wohlbekannten Fall überflutete die Anwaltskanzlei Canter & Siegel aus Phoenix, USA, das Internet, indem sie auf Tausenden von Internet-Diskussionslisten Werbung für ihre Rechtsberatung von Immigranten plazierte. Diesen Vorgang nennt man in der Internet-Sprache *spammen.* In den meisten dieser Gruppen bestanden jedoch Regeln, denen zufolge diese Art von Werbung streng verpönt war. Darüber hinaus waren die meisten von ihnen Themen gewidmet, die nicht das geringste mit Immigration in die Vereinigten Staaten zu tun hatten. Diese sogenannte *spam*-Attacke hatte eine gigantische Welle von *flames,* also Protest-Mail, zur Folge, die umgehend in der E-Mail-Box von Canter & Siegel landete. Schließlich wurde dem Unternehmen der Internetzugang ganz verwehrt. Und obwohl die Kanzlei nach eigenen Angaben durch diese Aktion über 50.000 Dollar verdiente (ironischerweise haben die beiden Partner ein Buch darüber verfaßt, wie man online Geld verdient), wurde ihre Online-Reputation dadurch für immer beschädigt.

Schlechte Nachrichten verbreiten sich rasch

Ebenso wie Ihnen der Online-Markt erlaubt, Ihre Marketingbotschaften schnell und einfach unter die Leute zu bringen, ermöglicht er Ihren Gegnern, ebenso schnell und einfach falsche oder schädliche Informationen über Ihr Unternehmen zu verbreiten. Ein einziger unzufriedener Kunde oder ein Interessent, den Sie damit beleidigt haben, weil Sie eine Marketingbotschaft über eine bestimmte Diskussionsliste verbreitet haben, kann eine unqualifizierte Kritik über Sie abgeben und diese innerhalb von Sekunden mit einem einzigen Mausklick vor Tausenden von Menschen ausposaunen. Canter & Siegel und andere Unternehmen mußten diese bittere Erfahrung machen. Im Verlauf Ihrer Marketing-Kampagne mag es sich als schwierig erweisen, solche Haßattacken zur Gänze zu vermeiden. Aber Sie können Ihre Märkte so auswählen und Ihre Strategien so festlegen, daß Sie dieses Risiko zumindest minimieren.

Die größte Anarchie der Welt

Das Internet wurde wiederholt als anarchisch bezeichnet, weil es im Gegensatz zu einem Fernsehkanal oder einer Zeitung niemanden gibt, der dafür verantwortlich zeichnet. Wenn Sie beispielsweise in einer Zeitung eine Anzeige schalten, wird Ihnen die Verkaufsabteilung dabei helfen, die richtige Stelle für eine optimale Wirkung Ihrer Einschaltung zu finden. Am Internet sind Sie ganz allein. Fehler können teuer zu stehen kommen und Ihren guten Ruf ebenso wie Ihre künftigen Vorhaben schädigen. Deshalb ist es wichtig, daß Sie zuerst Ihre Hausaufgaben machen.

Der Online-Markt ist kein Massenmarkt; er ist kein riesiger Fischteich, in dem Sie Ihre Netze einfach nach Kunden auswerfen können. Statt dessen haben Sie es hier mit Hunderten von kleineren Teilmärkten zu tun. Viele der Marktteilnehmer kommen vielleicht niemals an den Stellen vorbei, an denen Sie Ihre Informationen plaziert haben. Sie müssen deshalb lernen, wie Sie jene Märkte ausfindig machen können, in denen das größte Interesse an Ihrem Produkt oder Ihrer Dienstleistung besteht, und wie sie diese am besten erreichen.

Tausend Worte sagen mehr als ein Bild

Ihre Marketing-Aktivitäten müssen den tatsächlichen Gegebenheiten der elektronischen Welt angepaßt sein. Während Sie in gedruckten Anzeigen oder im Fernsehen großzügig Photos und Bilder einsetzen können, kann es für Ihre Online-Interessenten teuer und zeitraubend sein, solche Bilder herunterzuladen. Nutzen Sie Komprimierungstechniken, um die für Bilder benötigte Datenmenge so klein wie möglich zu halten. Ihre Botschaft muß so verbreitet werden, daß die meisten Zielgruppen auf einfache Weise an sie herankommen können.

Unsichtbarkeit

In der wirklichen Welt können Sie Kunden und Interessenten mit passiven Marketingbotschaften bombardieren, selbst wenn diese gar nicht daran interessiert sind. Die Leute sehen und erinnern sich unbewußt an gedruckte Anzeigen, Fernsehspots, Litfaßsäulen und Plakate auf Autobussen. All dies wird als Teil ihres täglichen Lebens wahrgenommen. In der Online-Welt bleiben die Nachrichten, die Sie aussenden, solange unsichtbar, bis der Interessent sich die Zeit nimmt, nach ihnen zu suchen und sie zu lesen. Auch hier lautet die Antwort wieder: Achten Sie darauf, für solche Botschaften die richtigen Stellen auszuwählen, und formulieren Sie Ihre

Nachrichten so spannend, daß die Leute sich freiwillig dazu entschließen, sie anzusehen.

Hat jemand erst einmal Ihre Botschaften gelesen, müssen Sie immer daran denken, daß Sie keine Möglichkeit haben, Ihre Kunden online anzulächeln oder ihnen die Hand zu schütteln. Sie müssen deshalb lernen, die Leute mit guten Texten, hilfsbereitem Verhalten und einem verläßlichen Service für sich einzunehmen.

Die elektronische Kasse

Wenn Sie online Bestellungen entgegennehmen, müssen Sie sich für eine bestimmte Zahlungsart entscheiden. Manche Online-Anbieter stellen am Netz lediglich Produktinformationen zur Verfügung und verweisen ihre Kunden für die Bestellung an eine Telefonnummer. Andere akzeptieren online Kreditkartennummern. Wiederum andere bedienen sich sicherer Zahlungsmethoden, bei denen die finanzielle Information vor einem möglichen Hackereinbruch geschützt wird. Die Online-Bestellsysteme wurden in den vergangenen Jahren wesentlich verbessert, und diese Entwicklung wird sich wohl in nächster Zeit weiterhin fortsetzen.

Aufmerksamkeit

Der Online-Markt ist vierundzwanzig Stunden pro Tag geöffnet. Während Sie Ihre Angestellten beaufsichtigen oder Ihre Kunden persönlich betreuen, könnten Sie leicht dabei vergessen, daß am anderen Ende Ihres Computerbildschirmes möglicherweise ebenfalls Kunden auf Bedienung warten. Sie müssen sich oder Ihren Mitarbeitern deshalb eiserne Selbstdisziplin auferlegen, damit Ihre Online-Präsenz regelmäßig überprüft und abgefragt wird. Wie oft Sie Ihr E-Mail und Ihre Newsgroups auslesen, hängt von den spezifischen Marketing-Strategien und Märkten ab, für die Sie sich entschieden haben. Alle Ihre Online-Kunden und -Interessenten erwarten jedenfalls eine rasche Reaktion, und Sie müssen sich darauf einstellen, diese zufriedenzustellen. Nachbearbeitung und Beständigkeit sind hier noch wichtiger als beim persönlichen Verkauf.

Ein großer Aktionsradius kann eine große Nachfrage hervorrufen

In den allermeisten Fällen wird Ihre Online-Marketing-Kampagne nur einen Teil Ihres gesamten Marketingplans ausmachen. Aber der Internet-Markt ist weitläufig, und Ihre Online-Kampagne könnte ein überraschend großes Volumen an E-Mail und sonstigem elektronischem Verkehr auslösen. Ihr Marketingplan muß deshalb auf einen solchen Ansturm und seine Bewältigung ausgerichtet sein.

Während also Ihr Einstieg in die Datenautobahn Ihre Präsenz und Ihre Gewinne kräftig steigern kann, handelt es sich andererseits auch um eine ›Schöne Neue Welt‹, in der der informierte Reisende belohnt und der Unwissende schwer bestraft wird.

Wie Sie es anpacken

In diesem Buch werden wir uns mit den heutigen Realitäten des Online-Marketing befassen. Wir werden im Detail jene Instrumente und Strategien für Kampf und Sieg auf den Online-Märkten erforschen, die maximale Gewinne bei minimalen Kosten versprechen. Ihr Marschbefehl lautet also:

Lernen Sie, den Online-Markt zu verstehen. Der Online-Markt ist ein weitläufiger, vielschichtiger und möglicherweise verwirrender Ort. Da gibt es Millionen von Menschen, die Zehntausende von elektronischen Standorten im Internet, in den kommerziellen Online-Diensten (z.B. T-Online oder AOL) und in den Bulletin Boards absuchen. Kapitel 2 wird Ihnen diesen Markt vorstellen: wie er organisiert ist, was Sie dort jeweils tun können, wer sich daran beteiligen kann und wie Sie so rasch wie möglich zum aktiven Teilnehmer werden.

Lernen Sie zu navigieren, zu kommunizieren und zu antworten. Sobald Sie sich einen allgemeinen Überblick über die Beschaffenheit des Online-Terrains verschafft haben, besteht Ihre nächste Mission darin, die einzelnen Online-Märkte detaillierter verstehen zu lernen und die unterschiedlichen Online-Instrumente und -Dienste für Ihr Online-Marketing einsetzen zu können. Kapitel 3 hilft Ihnen dabei.

Lernen Sie Strategien kennen, um sich auf den einzelnen Märkten zu behaupten. In den Kapiteln 4 bis 8 finden Sie detaillierte Strategien für den Online-Erfolg. In diesen Kapiteln werden Sie erfahren, wie Sie sich auf den jeweiligen Märkten bewegen müssen und wie Sie sie zu Ihrem eigenen Vorteil nutzen können.

Wählen Sie Ihre Marketing-Instrumente aus. In Kapitel 9 werden 12 Strategien vorgestellt, die Ihnen zeigen, wie Sie aus Ihrem Online-Marketing das Maximum herausholen können.

Entwickeln Sie eine Strategie. In Kapitel 10 erhalten Sie eine Anleitung dafür, wie Sie Schritt für Schritt eine erfolgreiche Online-Guerilla-Marketingkampagne planen. Sie werden lernen, wie man die richtigen Märkte auswählt, wie Sie Ihr eigenes Rüstzeug an Online-Marketinginstrumenten aufbauen können und wie Ihr Marketingkalender aussehen sollte.

Setzen Sie diese Strategie konsequent um. In Kapitel 11 und 12 erfahren Sie, wie Sie Ihre Marketing-Kampagne starten und wie Sie sie fortführen können.

Vervielfachen Sie Ihre Online-Präsenz. Kapitel 13 und 14 beschäftigen sich mit der Frage, wie Sie Ihre Online-Präsenz dazu einsetzen können, um Ihre anderen Marketing-Aktivitäten zu verstärken, und wie Sie die verfügbaren Online-Ressourcen dazu verwenden können, um mehr nützliche Information über Ihre Branche, Ihre Kunden und Ihre Konkurrenten zu erhalten.

Ausgestattet mit dem Wissen aus diesem Buch sind Sie in der Lage, eine Online-Präsenz am Markt aufzubauen, die ein wesentlicher Bestandteil Ihrer gesamten Unternehmensstrategie werden wird. Sie können Ihren Markt ausweiten, indem Sie Kunden ansprechen, die Sie früher niemals erreicht hätten. Sie können Ihren Umsatz steigern, indem Sie viel mehr Geschäfte als bisher abwickeln. Und Sie können Ihre Bilanz verbessern, indem Sie Ihre Verkaufs- und Marketingkosten radikal senken.

Alles, was Sie dazu benötigen, ist der Wille zum Erfolg, eine bescheidene Anfangsinvestition für eine Computerausrüstung sowie professionelle Beratung und die Bereitschaft, aktiv zu werden.

2. Den Online-Markt verstehen

Den Online-Markt gibt es, weil Millionen von Menschen ihre Computer benutzen, um miteinander zu kommunizieren. Wenn Ihr Computer an ein Netzwerk angeschlossen ist (entweder direkt oder durch eine Anwählverbindung mittels eines Modems), können Sie Nachrichten mit anderen Computerbenutzern austauschen oder Informationen von anderen Computern einholen. Und überall, wo kommuniziert wird, werden auch Geschäfte gemacht.

Die Geburtsstunde des Online-Einkaufs

In der grauen Vorzeit des Personal Computers – so um 1975 – lief ein Großteil der Kommunikation im privaten Bereich ab. Unternehmen betrieben ihre eigenen Netzwerke, zu denen nur die eigenen Mitarbeiter Zugang hatten. Universitäten und Regierungsstellen hatten ebenfalls ihre eigenen Netzwerke, die durch ein von Regierungsseite finanziertes Netzskelett, den sogenannten *Backbone,* verbunden waren, damit diese Stellen untereinander Informationen austauschen konnten. Es gab Online-Datenbanken, aber diese enthielten in der Regel nur eine Ansammlung von statistischen Daten, Rechtsquellen oder Aufsätzen mit wirtschaftlichem Inhalt.

Als der Personal Computer schließlich auch in Haushalte und kleinere Unternehmen Einzug hielt, machten einige der Unternehmen, die Online-Datenbanken betrieben, ihre Dienste für individuelle Anwender verfügbar. CompuServe und andere begannen, nun auch Dienstleistungen und Informationen für Konsumenten anzubieten, wie etwa Computerspiele, Wettervorhersagen, Nachrichten, Lexika und Diskussionsgruppen zu verschiedenen Themenbereichen. All dies war nun über eine Telefonverbindung von einem Personal Computer abrufbar. Um die Verbindung so leicht und kostengünstig wie möglich zu gestalten, richteten diese großen kommerziellen Online-Services örtliche Telefonnummern in allen großen Städten der USA ein. Auf diese Art und Weise konnten sich die Abonnenten in das Netz einklinken, ohne für die Dauer der Verbindung die Kosten für ein Ferngespräch tragen zu müssen.

Und sobald Herr und Frau Jedermann in diesen kommerziellen Diensten vertreten und online erreichbar waren, wurden sie dort bereits von gerissenen Geschäftsleuten mitsamt ihrem Marketing erwartet, die sie herzlich willkommen hießen. Neben all den Spielen, Nachrichten, Bibliothekskatalogen und Diskussionsrunden gab es dort nämlich elektronische Einkaufszentren, in denen die Kunden Produktinformationen abfragen und Waren bestellen konnten. Die meisten kommerziellen Online-Dienste verfügen über solche elektronischen Einkaufszentren, die Sie absuchen und in denen Sie alles von Compact Disks oder Videokassetten über Blumen, Anlage- oder Rechtsberatung bis zur computergesteuerten Heiratsvermittlung finden können. Alles, was Sie dazu benötigen, ist ein Abonnement bei dem betreffenden Online-Service, ein Personal Computer und ein Modem mitsamt einer Telefonleitung.

Die kommerziellen Online-Dienste von heute haben Millionen von Abonnenten und bieten eine breite Palette von Dienstleistungen an, um für die große Masse attraktiv zu sein. Die Abonnementgebühren betragen im allgemeinen zwischen 15 und 20 Mark pro Monat, wobei fallweise für spezielle Informationsdienste oder Diskussionsforen auf diesen Diensten Extragebühren erhoben werden. Zusätzliche Kosten können auch für solche Zeiten anfallen, die über jene paar Stunden pro Monat, die in der Pauschalgebühr inbegriffen sind, hinausgehen.

Bulletin Board Systems – elektronische Anschlagbretter

Als die großen kommerziellen Online-Dienste sich als Erfolg entpuppten, erkannten einige Unternehmer der Informatikbranche eine Marktlücke für speziellere Online-Informationen. Mittels eines Personal Computers und Bulletin Board Software gründeten diese Guerillas ihre eigenen Datendienste. Anstatt zu versuchen, möglichst viele Bereiche abzudecken und jeden PC-Besitzer anzusprechen, bietet ein Bulletin Board System (BBS) eine engere und genauer umrissene Auswahl von Informationen für einen kleineren Kreis von Abonnenten.

Neben der Konzentration auf spezifische Fachgebiete ist die Mehrzahl der BBS-Systeme auch in geographischer Hinsicht auf eine bestimmte Stadt oder Teile eines Bundeslandes eingeschränkt. Die meisten BBS können nur über eine einzige Telefonnummer erreicht werden, wodurch die Verbindung für jedermann außerhalb der unmittelbaren Umgebung zum Ferngespräch wird.

Heute gibt es allein in den Vereinigten Staaten an die 60.000 BBS, die etwa 20 Millionen regelmäßige Anwender bedienen. Einige Bulletin Boards verlangen von den Anwendern gar keine Gebühren – die Betreiber verdienen am Verkauf des Anzeigenplatzes, oder sie stellen die Information überhaupt als Hobby zur Verfügung –, aber die meisten verrechnen einen jährlichen Mitgliedsbeitrag in Höhe von 30 bis 150 DM. Ein typisches Bulletin-Board hat etwa 1000 Abonnenten. Die von solchen BBS erfaßten Themen reichen von Autos und Astrologie bis zu Zen-Buddhismus und Zoologie. Aber etwa die Hälfte der BBS in den Vereinigten Staaten befaßt sich mit zwischenmenschlichen Beziehungen und Sex.

Das Internet

In den siebziger und achtziger Jahren bestand der Online-Markt aus einer Ansammlung von größeren und kleineren Inseln, die voneinander isoliert waren. Kommerzielle Online-Dienste in den Vereinigten Staaten waren z. B. Compu-Serve, Prodigy, GEnie, America Online, Delphi, AppleLink, Dow Jones News/Retrieval. Die Atolle waren die Bulletin Boards. Neben all diesen Inseln gab es einen weltweiten Computer-Informationspfad, der heute als Internet bekannt ist.

Das Internet basiert auf einem Netzskelett, den ›Backbones‹. Ursprünglich als ARPAnet bezeichnet, sollte es ein krisensicheres Kommunikationssystem für Forschungseinrichtungen an Universitäten, für andere Forschungslabors, für die Rüstungsindustrie, militärische Einrichtungen und Regierungsstellen sein. Die Idee dahinter war, daß in den ganzen USA Computerressourcen zur Verfügung gestellt werden sollten, damit im Fall eines Angriffs auf eine Stadt nicht die militärische Forschung und die Computerkommunikation im ganzen Land lahmgelegt werden könnten.

In den achtziger Jahren wurde das ARPAnet durch die Einrichtung von regionalen Netzwerken durch die National Science Foundation (NSF) ausgeweitet. Diese Netzwerke waren durch eine Einrichtung namens NSFnet untereinander verbunden, wodurch Universitäten leichter miteinander kommunizieren konnten. Kommerzielle Aktivitäten waren auf diesem von der Regierung finanzierten, forschungsorientierten System jedoch verboten.

In den neunziger Jahren wurde dieses Netzwerk von Netzwerken (nunmehr unter dem Namen Internet) schließlich für kommerzielle Anwendungen und Einzelpersonen geöffnet. Das heutige Internet umfaßt neben dem NSFnet, das immer noch die meisten Universitäten und Regierungsstellen untereinander verbindet, auch eine Anzahl regionaler Anbieter von Netzdiensten (die sogenannten *Internet Service Provider* oder *JSP*). Diese Netzanbieter betreiben jeweils Teilbereiche des kommerziellen Internet Backbone. Darüber hinaus haben sich mittlerweile auch die meisten der großen privaten Netzwerke angeschlossen. Dadurch gibt es nunmehr im Internet zahlreiche Querverbindungen zu Unternehmen, Organisationen und Einzelpersonen.

Sobald kommerzielle Aktivitäten im weltweiten Internet möglich geworden waren, schlossen sich die kommerziellen Online-Dienste und zahlreiche Bulletin-Boards ebenfalls an, damit ihre Abonnenten mit Leuten bei anderen Diensten und Bulletin-Boards kommunizieren konnten. Zusätzlich begannen große und kleinere Unternehmen damit, ihre Netzwerke an das Internet zu hängen, so daß ihre Mitarbeiter Informationen mit Kunden und anderen Unternehmensnetzwerken austauschen konnten. Dies ermöglichte ihnen gleichzeitig den Zugang zu dem gigantischen Informationspotential, das durch die Computersysteme der Universitäten und Regierungsstellen im Netz vorhanden ist.

Heute ist das Internet zur Brücke geworden, die all die Inseln und Kontinente des Online-Marktes miteinander zu einem enormen Ganzen verbindet. Anfang 1997 waren bereits mehr als 60.000 Netzwerke über das Internet miteinander verbunden.

Wie agiert man im Internet?

Wer sind also all diese Menschen, und wer betreibt all diese Netzwerke? Sehen wir uns einige der Netzwerktypen an, die Einzelpersonen – auch ›Internauten‹ oder ›Netizen‹ genannt – den Zugang ermöglichen.

Akademische Einrichtungen sind seit langem im Internet vertreten. Beinahe jede größere Universität der Erde ist mit dem Internet verbunden. In den Vereinigten Staaten sind darüber hinaus auch die Netzwerke der meisten staatlichen Colleges und sogar einiger High Schools mit dem Internet verbunden. Das hat dazu geführt, daß Tausende wissenschaftliche Abhandlungen und Statistiken, die von akademischen Forschern erstellt wurden, auf sogenannten Universitäts-Servern verfügbar sind. Ein Server ist ein Computer, der dazu dient, anderen Benutzern Dateien zur Verfügung zu stellen. Über das Internet kann beispielsweise ein Wissenschaftler für Biotechnologie aus dem Norden Kaliforniens Aufsätze über die neuesten Erkenntnisse der Gentechnologie auf Servern an Universitäten in den ganzen Vereinigten Staaten, in Europa, Lateinamerika und Asien abrufen.

Auch viele der beliebtesten Internet-Anwendungen und Suchprogramme (die sogenannten *Search Tools*) wurden an Universitäten entwickelt. So wurde etwa das Suchsystem *Gopher,* das Ihnen den Zugang zu Informationen im ganzen Internet ermöglicht, an der University of Minnesota entwickelt. Das dazugehörige Programm *Veronica,* das man benutzt, um im *Gopher Archive* im Internet nach bestimmten Informationen zu suchen, steht auf vielen Servern zur Verfügung.

Regierungsstellen zählen ebenfalls zu den ersten Mitgliedern des Internet. Neben dem Weißen Haus sind einzelne Ministerien, die CIA, die Bibliothek of Congress (die größte Bibliothek der Welt), die Europäische Union sowie zahlreiche öffentliche Einrichtungen in der ganzen Welt im Internet mit Informationen vertreten. Hier kann man täglich die Pressemitteilungen des Weißen Hauses abfragen, elektronische Bilder der Schriften- und Bildersammlung der Bibliothek of Congress auf den Bildschirm holen, farbige metereologische Satellitenbilder, die laufend aktualisiert werden, betrachten oder eine E-Mail-Nachricht an den amerikanischen Präsidenten schicken oder den Vertrag von Maastricht im Volltext abrufen. Auch der deutsche Bundestag hat mittlerweile seine eigene Web Site unter http://www.bundestag.de.

Unternehmensnetzwerke haben sich in Scharen an das Internet angeschlossen, seit zu Beginn der neunziger Jahre dessen kommerzielle Nutzung zugelassen wurde. Einige Firmen gehen ans Netz, damit ihre Mitarbeiter mit Kunden und Lieferanten direkt kommunizieren oder Online-Marktforschung betreiben können. Anderen dient ihre Präsenz im Internet vorrangig dazu, um ihre Produkte oder ihre Dienstleistungen in der Internetgemeinde bekannt zu machen. So können Sie etwa eine E-Mail an Bill Gates von Microsoft schicken (billig@microsoft.com), ein Angebot für einen neuen Minicomputer von Digital Equipment anfordern oder das Wochenmenü zahlreicher Restaurants am anderen Ende der Welt studieren.

Anbieter regionaler Datenleitungen betreiben regionale Teile des kommerziellen Internet und bieten gleichzeitig Internetzugang für Unternehmen und Einzelpersonen an. Häufig treten die Mitarbeiter solcher Unternehmen als Inhaber von Diskussionslisten zu unterschiedlichen Themenbereichen in Erscheinung.

Internet-Anbieter (auch *Internet Service Provider* oder *ISP* genannt) wie EuNet, XLink oder Nacamar sind zwar selbst nicht im Besitz von Datenleitungen des Internet Backbone, aber sie verfügen über Hochgeschwindigkeitszugänge zum Internet. Sie bieten den Netzzugang für einzelne Computeranwender oder Unternehmensnetzwerke über Dial-Up-Verbindungen via Modem oder über gemietete Datenleitungen an. Mitarbeiter dieser Firmen betreuen häufig sogenannte Diskussionslisten, auf denen man viel über das Internet erfahren kann (vgl. S. 86 ff.: Diskussionslisten).

Kommerzielle Online-Dienste wie T-Online, CompuServe und AOL haben ihr Dasein als Inseln im Cyberstrom begonnen. Mittlerweile verfügen aber alle von ihnen über eine Verbindung zum Internet. Verschiedene Online-Dienste offerieren den Internet-Zugang in unterschiedlichem Umfang, wobei dieser Service ständig erweitert wird. So hat beispielsweise jeder kommerzielle Online-Service ein Internet Mail Gateway, über das man elektronische Post mit anderen Internet-Teilnehmern austauschen kann. Während aber MCI Mail nur den Austausch von E-Mail gestattet, kann man bei America Online auch Internet-Server abfragen und an Internet-Diskussionslisten teilnehmen. Von allen neuen Internet-Mitgliedern der letzten Jahre stellten die kommerziellen Online-Dienste den höchsten Anteil, weil durch sie jeweils mit einem Schlag Millionen von Konsumenten mit dem Internet verbunden wurden.

Bulletin Boards sind kleinere und in der Regel in geographischer und thematischer Hinsicht eingeschränkte Versionen der kommerziellen Online-Dienste. Seit 1995 bieten auch die meisten von ihnen ihren Mitgliedern zumindest einen Internet-Mail-Zugang.

Einzelanwender sind Leute, die entweder über das Netzwerk eines Unternehmens oder einer Universität mit dem Internet oder über einen Internet-Anbieter verbunden sind. Einige dieser Internet-Bürger sind alte Hasen, die das Netz vor allem für Recherchezwecke einsetzen, während andere wiederum Abonnenten von kommerziellen Computerdiensten sind und in erster Linie einen erweiterten Zugang zum Internet wollen.

Server bieten zwar keinen Netzzugang für Anwender oder Benutzergruppen, statt dessen stellen sie Daten oder Programme für andere im Internet zur Verfügung. So unterhält etwa die Firma Microsoft einen Internet Server, von dem die Benutzer Kopien der Software Internet Explorer beziehen können, mit denen man im World Wide Web ›surfen‹ kann. Digital Equipment, Apple Computer, Microsoft und andere Unternehmen unterhalten Server, auf denen Produktinformationen und technische Unterstützung für Kunden und Interessenten zur Verfügung gestellt werden. Es gibt Tausende von solchen Servern im Internet.

Was Sie online alles machen können

Auf dem Online-Markt gibt es verschiedene Bereiche und Dienste, mit deren Hilfe Sie Ihr Unternehmen vermarkten können. Nachfolgend ein kurzer Überblick:

Elektronische Post (E-Mail)

Jeder Internet-Teilnehmer kann E-Mail-Nachrichten an jeden anderen Internet-Teilnehmer senden. So können Sie schnell mit Menschen auf der ganzen Welt zu geringen oder überhaupt keinen Kosten schriftlich kommunizieren. Alle großen kommerziellen Dienste sind mittlerweile ebenfalls ans Internet angeschlossen. So können CompuServe-Anwender elektronische Nachrichten an die Abonnenten von T-Online und AOL senden, und Internet-Teilnehmer, die an Netzwerken von Großunternehmen oder Universitäten hängen, können auf diesem Weg mit jedermann sonst in Verbindung treten.

E-Mail ist der gemeinsame Nenner, der alle Internet-Teilnehmer untereinander verbindet. Das erlaubt Ihnen, Ihre Produktinformation oder Ihren Verkaufsslogan an jeden beliebigen Anwender zu versenden. Selbst wenn Ihre Nachrichten gar keinen verkaufsfördernden Inhalt aufweisen, können Sie durch eine aufwendige informative Unterschrift dennoch einen gewissen Werbeeffekt erzielen. Sie können selbstverständlich auf diesem Weg auch Post empfangen: Kundenreaktionen oder Bestellungen zum Beispiel. Wie wir in Kapitel 4 sehen werden, können Sie sich an *Diskussionslisten* genannten elektronischen Diskussionsrunden beteiligen, und Sie haben sogar die Möglichkeit, ein *Mailbot*-Programm zu installieren, das Standard-Anfragen von Interessenten entgegennimmt und automatisch die gewünschte Produktinformation an sie zurücksendet.

Diskussionslisten

Eine Diskussionsliste (Mailing List) besteht aus einer Gruppe von Menschen, die alle E-Mail-Beiträge an eine bestimmte Adresse senden und jeweils Kopien aller an diese Adresse gerichteten Nachrichten erhalten. Diskussionslisten haben immer ein bestimmtes Thema zum Inhalt. Es gibt Tausende von Diskussionslisten zu Hunderten von Themenbereichen im Internet. Deshalb eignen sich jene ausgezeichnet dazu, spezifische Zielgruppen anzusprechen.

Diskussionslisten haben drei wesentliche Vorzüge:

Zum einen können Sie auf diese Art und Weise mit Dutzenden oder Hunderten von Personen in Kontakt treten, die ein gemeinsames Interessensgebiet haben. Und über E-Mail geht das ganz einfach. Weil E-Mail den gemeinsamen Nenner darstellt, unabhängig davon, über welche Art von Internetverbindung Sie verfügen, können Sie über Diskussionslisten oftmals Mitglieder von kommerziellen Computerdiensten oder Bulletin-Boards erreichen, an die Sie über eine Newsgroup, einen Server oder sonstige Kanäle nicht herankommen würden.

Zweitens werden alle an eine Diskussionsliste gerichteten Beiträge automatisch an Ihre E-Mail-Adresse geschickt. Dort warten sie dann geduldig auf Sie, bis Sie das nächste Mal Ihre Mail abfragen. Das ist wesentlich einfacher, als auf der Suche nach Reaktionen auf Ihren letzten Beitrag jedesmal eine Newsgroup durchsuchen zu müssen *(Siehe Foren und Newsgroups)*.

Drittens schließlich sind die Diskussionslisten einem bestimmten Thema gewidmet. Sie treffen dort also auf eine qualifizierte Gruppe von Interessenten, sofern das Thema der Diskussionsliste einen Zusammenhang mit dem Produkt oder der Dienstleistung aufweist, die Sie verkaufen *(zu Einzelheiten über Marketing mit Diskussionslisten siehe Kapitel 4)*.

Elektronische Schaufenster

Elektronische Schaufenster sind Ihr Standort im Cyberspace, an dem Sie Ihr Unternehmen oder Informationen über Ihre Produkte für Kunden, die das World Wide Web absuchen (im Internet-Slang nennt man diesen Vorgang *browsen*), präsentieren können. Ein solches Schaufenster kann sich entweder allein auf einem Server im Internet befinden, oder es kann Bestandteil eines Internet-Einkaufszentrums sein; es kann aber auch bei einem kommerziellen Online-Service oder einem BBS angesiedelt sein. Kommerzielle Dienste und BBS – also elektronische Anschlagbretter – verrechnen in der Regel eine Gebühr für die Teilnahme an ihren Einkaufszentren (oder *Shopping Malls*). Im Internet hingegen können Sie Ihren eigenen Server einrichten, um Ihre Waren auszustellen, oder Sie begnügen sich mit einer Beschreibung Ihres Angebotes und verweisen Interessenten an Ihre E-Mail-Adresse. Sollten Sie vorhaben, Ihren eigenen Server einzurichten, können Sie das entweder selbst erledigen, oder aber Sie beauftragen Ihren Internet-Anbieter oder ein Beratungsunternehmen damit. Die Kosten dafür variieren von ein paar hundert Mark bis zu mehreren tausend Mark pro Monat.

Im Internet gibt es drei Arten von Servern, die Sie für Ihr elektronisches Schaufenster einsetzen können: einen FTP Server, einen Gopher Server oder eine Seite im World Wide Web *(siehe Kapitel 5 für weitere Einzelheiten zu elektronischen Schaufenstern).*

Foren und Newsgroups

Foren und Newsgroups sind ebenfalls themenspezifische elektronische Diskussionsrunden im Internet. Ein Forum (auf einem kommerziellen Online-Service oder einem BBS eingerichtet) oder eine Newsgroup (im Internet) funktioniert wie ein Anschlagbrett in einer Gemeinde: Sie deponieren eine Nachricht zu einem bestimmten Thema, und andere können darauf antworten. Jedesmal, wenn Sie mit einer Newsgroup verbunden sind, erscheinen nur jene Nachrichten, die Sie noch nicht abgefragt haben. Sie haben aber immer auch eine Option, um alle Beiträge seit Gründung der Newsgroup zu durchforsten und Nachrichten aufzurufen, die bereits vor Wochen oder Monaten dort deponiert wurden.

Zum Zeitpunkt der Abfassung dieses Buches gibt es mehr als 20.000 Internet Newsgroups.

Online-Konferenzen sind elektronische Plauderstunden. Das sind besondere Veranstaltungen, auf denen ein Experte zu einem bestimmten Thema für den Austausch mit Interessierten zur Verfügung steht. Solche Online-Konferenzen sind ausgezeichnete Marketing-Instrumente. In den Kapiteln 3 und 8 werden wir mehr über sie erfahren.

Damit Sie an Newsgroups teilnehmen können, muß Ihre Internetverbindung dafür geeignet sein. Um an einem Forum teilzunehmen, müssen Sie ein Abonnent des BBS oder des kommerziellen Computerdienstes sein, der dieses veranstaltet.

Auf der Mehrzahl der Foren und Newsgroups sind rein kommerzielle Beiträge untersagt. Durch die Teilnahme an einigen solcher Diskussionsgruppen, die sich inhaltlich mit Ihrem Geschäftszweig befassen und die für Sie eine wertvolle Informationsquelle darstellen können, gelingt es Ihnen jedoch möglicherweise, sich einen guten Namen zu machen und dadurch indirekt Ihren Umsatz zu steigern. *(Näheres dazu in Kapitel 7.)*

Kommerzielle Online-Services und Bulletin Board Services (BBS)

Ergänzend zu Einkaufszentren und E-Mail stellen kommerzielle Online-Dienste und BBS zusätzliche Möglichkeiten zur Verfügung, um für Ihr Unternehmen zu werben. Die meisten kommerziellen Online-Dienste und einige BBS verfügen über Foren, E-Mail, Kleinanzeigenabteilungen und Online-Konferenzen. Die großen kommerziellen Online-Dienste verfügen darüber hinaus über sogenannte *What's New*-Anzeigen, in denen Sie Platz zur Ankündigung von Verkaufsförderungsmaßnahmen oder Preisausschreiben mieten können. Und schließlich besteht immer die Möglichkeit, ein eigenes Bulletin-Board System zu einem Ihrem Geschäftszweig verwandten Themenkreis zu eröffnen, um Ihre Online-Kompetenz zu demonstrieren und Ihre Umsätze zu steigern.

Telnet

Telnet stellt kein wesentliches Marketing-Instrument dar. Weil es jedoch ein wichtiger Internetdienst ist, werden wir es auch in diesem Buch berücksichtigen. Telnet ist ein Programm, das Ihnen hilft, auf einen anderen, weit entfernten Computer zuzugreifen und auf diesem ein Programm zu benutzen, ohne daß es auf Ihrem eigenen System vorhanden sein muß. So stellt zum Beispiel die amerikanische Kongreßbibliothek ihren Internet-Besuchern einen elektronischen Katalog mit Suchsystem zur Verfügung. Wenn Sie über Telnet verfügen, können Sie die Bibliothek anwählen, das Suchprogramm aktivieren und im elektronischen Katalog recherchieren.

Dieses Beispiel mag Ihnen einen Einblick geben, wie eine Information online präsentiert und transportiert wird. Wiederum gilt, daß Ihre Möglichkeiten zum Einsatz dieser Optionen davon abhängig sind, welche Art von Internet-Zugang Sie haben.

Ihre Internet-Verbindung

Um ein *Internaut* zu werden, können Sie nicht einfach die Telefonnummer der Firma Internet wählen und um Vergabe einer Benutzerkennung bitten, weil es eine solche Firma Internet nicht gibt. Zugang zum Internet erhalten Sie statt dessen über ein Netzwerk, das daran angeschlossen ist. Dazu bestehen grundsätzlich drei Möglichkeiten:

1. Sie arbeiten an einem Computer, der direkt an das Netzwerk eines Großunternehmens, einer Regierungsstelle

oder einer Universität angeschlossen ist, welches seiner-
seits wiederum über gemietete Datenleitungen mit dem
Internet verbunden ist.

2. Sie verwenden von Ihrem PC aus ein Modem, um sich von
außen in ein solches Netzwerk eines Großunternehmens
oder einer Universität, aber auch eines kommerziellen
Computerdienstes oder eines BBS einzuwählen, das über
gemietete Datenleitungen mit dem Internet verbunden ist.

3. Sie verwenden von Ihrem PC aus ein Modem, um von
außen in das Netzwerk eines Internet-Anbieters einzusteigen.

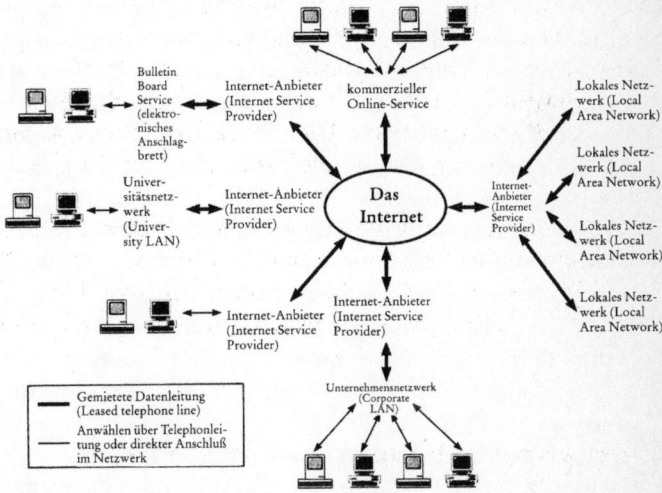

Jedes Netzwerk und jeder einzelne PC, die Verbindung
zum Internet haben, erhalten diese über einen Internet-Anbieter oder ISP (Internet Service Provider). Verschiedene Internet-Anbieter offerieren unterschiedliche Dienstleistungen. Die Verbindungsart, für die Sie sich entscheiden, hängt
in hohem Maße davon ab, welche Dienste Sie benötigen und
welche Übertragungsgeschwindigkeit Sie für Ihre Daten benötigen.

Wie das obenstehende Diagramm zeigt, kann ein Internet-Anbieter beispielsweise eine *direkte Verbindung* zu einem einzelnen Netzwerk (Local Area Network, LAN) über eine gemietete Datenleitung zur Verfügung stellen. Sobald ein Netzwerk eines Großunternehmens oder einer Universität eine Verbindung zum Internet hat, kann jeder daran angeschlossene Computer ebenfalls Zugang zum Internet bekommen. Es obliegt aber dem jeweiligen Netzwerkadministrator, den tatsächlichen Netzzugang für jeden einzelnen Benutzer einzurichten. Netzwerkverbindungen von großen Unternehmen und Universitäten sind *permanente* Verbindungen. Wenn Ihr Computer auf diese Art und Weise an das Internet angeschlossen ist und Sie über die richtigen Navigationsprogramme verfügen, haben Sie jederzeit Zugang zum Internet.

Internet-Anbieter offerieren aber auch Anwählverbindungen (sogenannte *Dial-Up Connections*). In einem solchen Fall wählt der einzelne PC-Benutzer oder ein Netzwerk-Server den Host Computer des ISP an, wenn der Benutzer einen Internetzugang wünscht. Wenn Sie sich von einem Personal Computer mittels Modem einwählen, gibt es wiederum drei Arten von Anwählverbindungen:

Die häufigste Form ist ein sogenanntes *Shell Account* zwischen einem Internet-Anbieter und einem einzelnen PC-Benutzer. Sie wählen den Host Computer des ISP an und erhalten ein Auswahlmenü für alle verfügbaren Dienste. Shell Accounts haben oft den gravierenden Nachteil, daß sie wenig benutzerfreundlich sind und vom Anwender die Eingabe kryptischer UNIX-Befehle verlangen.

Eine SLIP- (Serial Line Internet Protocol) oder PPP- (Point to Point Protocol)Verbindung stellt demgegenüber eine direktere Internet-Verbindung dar. Statt dem Host Computer des Internet-Anbieters den Befehl zu erteilen, bestimmte Internet-Anwendungen für Sie auszuführen, läuft das gewünschte Programm zur Aktivierung einer bestimmten Internet-Anwendung auf Ihrem eigenen Computer ab. SLIP- und PPP-Verbindungen sind oft etwas teurer. Sie ko-

sten üblicherweise zwischen 20 und 80 Mark für den Anschluß, zusätzlich wird eine Monatsgebühr sowie ein Stundensatz für Verbindungszeiten von mehr als drei bis fünf
Stunden pro Tag, die in der Monatsgebühr enthalten sind,
verrechnet.

Die dritte Art von Anwählverbindung stellen die UUCPs
(Unix-To-Unix Copy Protocol) dar. Diese dienen in der
Regel für den Betrieb von Bulletin-Boards oder anderen
Netzwerken, die für die Übertragung großer Datenmengen
in Form von E-Mail oder Newsgroups geeignet sein sollen.

Die Wahl des richtigen Internet-Anbieters

Sofern Sie Ihren Internet-Zugang nicht über das Netzwerk
eines Unternehmens oder einer Universität oder durch einen
SLIP- oder PPP-Anschluß erhalten, hängt Ihre Fähigkeit, Informationen zu versenden, zu empfangen, zu suchen oder
zur Verfügung zu stellen, vom Serviceangebot Ihres Internet-
Anbieters ab. Nachfolgend finden Sie eine Aufzählung der
Kriterien, nach denen Sie Ihren Internet-Anschluß auswählen sollten.

Serviceangebot

Werden Sie sich zuerst darüber klar, welche Internet-Dienste
Sie in Anspruch nehmen wollen, und stellen Sie dann sicher,
daß Ihr Anschluß für diese Anwendungen geeignet ist. Mitlerweile bietet jeder Internet-Anbieter und jeder kommerzielle Online-Service E-Mail an. Während aber manche kleinere ISPs zum Beispiel nur die Mailfunktion zusammen mit
einer limitierten Auswahl von Newsgroups zur Verfügung
stellen, enthält das Standardpaket größerer Internet-Anbieter bereits den Zugang zu allen Newsgroups sowie die Anwendungen Gopher, WAIS-Datenbanken samt den dazugehörigen Suchprogrammen sowie Telnet, FTP IRC und

World Wide Web. Neben den grundlegenden Internet-Diensten sollten Sie in Erfahrung bringen, ob und in welchem Umfang Sie der Internet-Anbieter bei Ihren Internet-Aktivitäten und Ihrem Online-Marketing unterstützen kann. Einige der Marketing-Dienstleistungen, nach denen Sie fragen sollten, sind:

- *Domain Name Service,* also eine Internet-Adresse mit dem Namen Ihres Unternehmens *(siehe weiter unten den Abschnitt über Internet-Adressen.)*
- *Mailbot* Service
- FTP, Gopher, WWW Server

Wenn Sie sich auf die Suche nach dem richtigen Internet-Anbieter begeben, dürfen Sie sich aber keineswegs mit dem Abhaken einer Checkliste begnügen. Darüber hinaus sollten Sie Kundenreferenzen einholen und nach einem Testanschluß verlangen, um selbst ausprobieren zu können, wie gut die angebotenen Dienste funktionieren. So kann beispielsweise das E-Mail-System eines ISP in der Anwendung wesentlich umständlicher sein als ein benutzerfreundlicheres bei einem anderen Internet-Anbieter. Nehmen Sie Kontakt auf zu einigen anderen Kunden dieses ISP und erkundigen Sie sich, ob man dort mit dessen Service zufrieden ist. Betrachten Sie jeden neuen Online-Anschluß zuerst einmal als Versuch – Sie können Ihre Meinung immer noch ändern und zu einem anderen Internet-Anbieter oder zu einem kommerziellen Online-Service wechseln, wenn Sie mit dem ersten nicht zufrieden sind.

Allgemeine Geschäftsbedingungen

Ein weiterer Punkt, den es bei der Auswahl des richtigen ISP zu berücksichtigen gilt, beinhaltet, ob bei diesem Internet-Anbieter jene Art von Marketingprogramm, die Sie sich vorstellen, zulässig ist oder nicht. Jeder Internet-Anbieter hat Allgemeine Geschäftsbedingungen *(Acceptable Use Policies*

oder kurz *AUP* genannt) für seine Kunden erstellt. Darin
werden solche Dinge geregelt wie die Frage, an wie viele
Adressen man gleichzeitig eine E-Mail senden kann (was
eine Beschränkung für Massenaussendungen über E-Mail
darstellen könnte), an wie viele verschiedene Newsgroups
man dieselbe Nachricht senden darf, wieviel Speicherplatz
Sie bei Ihrem ISP in Anspruch nehmen dürfen und so weiter.
Lesen Sie diese Geschäftsbedingungen des Internet-Anbieters genau durch und versichern Sie sich, daß sie keine Beschränkung für Ihre Marketingpläne enthalten.

Verläßlichkeit und Leistung

Die erfolgreiche Abwicklung eines Online-Marketingpro-
grammes setzt voraus, daß Sie regelmäßigen Zugang zum Internet haben. Und ebenso, wie Sie eine Telefongesellschaft
ablehnen würden, bei der die Leitungen ständig gestört sind,
sollten Sie Ihre Finger lieber von einem ISP-Diskonter lassen, dessen Anwählnummer ständig besetzt ist, dessen Internet-Verbindung gelegentlich unterbrochen ist oder dessen
technische Ausstattung so überlastet ist, daß es für Ihre Kunden nicht immer ganz einfach ist, Sie zu erreichen. Deshalb
sollten Sie von einem ISP unbedingt Kundenreferenzen verlangen und diese auch selbst überprüfen, um Erfahrungen
aus erster Hand einzuholen.

Kundendienst für den Anwender

Große Internet-Anbieter verfügen über technisches Personal, das Ihnen im Falle von Zugangs- oder Navigationspro-
blemen im Internet rund um die Uhr mit Rat und Tat zur
Seite steht. Einige bieten Internet-Schulungen für ihre Mitglieder an, und manche versenden sogar regelmäßig Newsletters mit Tips fürs Surfen im Internet. Etliche Internet-Anbieter fungieren gleichzeitig als Marketingberater, in der
Fachsprache *Internet Presence Provider (IPP)* genannt. Sie

bieten Ihnen nicht nur den Zugang zum Internet, sondern helfen Ihnen auch beim Entwurf und bei der Gestaltung Ihres elektronischen Schaufensters. Es wird von Ihrem eigenen technischen Wissensstand abhängen, welchen Servicegrad Sie von einem ISP oder IPP verlangen müssen. Wenn Sie das Gefühl haben, daß Sie jede Menge Unterstützung brauchen werden, versichern Sie sich, daß der ISP oder IPP auch in der Lage ist, diese zu leisten.

Kosten

Sofern Sie nicht über eine Universität oder ein Großunternehmen ans Internet angeschlossen sind und deshalb die Rechnung nicht selbst bezahlen müssen, entstehen durch einen Internet-Anschluß Kosten. Sie zahlen eine Monatsgebühr plus für bestimmte Arten von Anschluß einen Stundensatz für jene Zeiten, die über die vereinbarte, im Preis inbegriffene Pauschalzeit hinausgehen. Erkundigen Sie sich, welche Arten von Anschlüssen Ihnen der Internet-Anbieter zur Verfügung stellt, durch welche Serviceleistungen ein Anschluß sich von anderen Angeboten unterscheidet und welche Kosten dafür jeweils anfallen.

Wenn Sie einen Modem-Anschluß in Erwägung ziehen, ist es von entscheidender Bedeutung, daß der ISP eine lokale Anwählnummer in Ihrer Nähe unterhält. Wenn Sie über Ferngespräche mit dem Computer Ihres Internet-Anbieters in Verbindung treten müssen, so wird das die monatlichen Kosten für Ihre Internetverbindung beträchtlich in die Höhe treiben.

Wenn Sie an den Einsatz einer gemieteten Datenleitung denken, erkundigen Sie sich bei dem ISP und bei der Telekom über die Kosten zur Einrichtung und zum Betrieb einer solchen Verbindung. Abhängig von der Übertragungsgeschwindigkeit der Datenleitung betragen die Kosten zwischen DM 700 und 4000 pro Monat. *(Für nähere Informationen über die Auswahl des ISP siehe Kapitel 5, oder schlagen*

Sie in einem der im Anhang aufgeführten Internet-Handbücher nach.)

Internet-Adressen

Bei Millionen von Anwendern, Tausenden von Servern und Tausenden von Netzwerken wäre wohl niemand in der Lage, irgend etwas im Internet zu finden, wenn es keine Adressen gäbe. (So, wie sich die Lage derzeit gestaltet, ist es ohnehin schwer genug, die richtigen Dinge zu finden. Das ist auch der Grund, warum das Internet gelegentlich als ›eine endlose Ansammlung von Informationsmüllhalden‹ bezeichnet wurde, durch die man sich wühlen muß.) Jedes Netzwerk, jeder Server und jedes Einzelgerät, das mit dem Internet verbunden ist, verfügt über eine genaue Adresse. Diese Adresse kann Ihnen eine ganze Menge darüber verraten, über welche Art von Verbindung jemand verfügt, wo er sitzt und welchen Internet-Dienst Sie verwenden müssen, um ihn zu erreichen.

Wenn Ihre Online-Verbindung über einen kommerziellen Online-Service besteht, haben Sie einen Benutzernamen oder eine Kennung, die Sie innerhalb des eigenen Netzwerkes zuordnet und an den andere Anwender desselben Dienstes ihre E-Mails adressieren. Guerilla-Marketing International beispielsweise ist ein Abonnent von America Online, und seine interne Kennung dort lautet GM INTL.

Weil America Online (AOL) an das Internet angeschlossen ist, wurde jedem AOL-Kunden auch eine Internet-E-Mail-Adresse zugeordnet. Eine Internet-Adresse umfaßt die folgenden Bestandteile:

- Benutzername;
- Name des Netzwerkes (auch *Domain* genannt), durch das der Benutzer Anschluß ans Internet hat;
- eine Angabe über die Art von Netzwerk, um die es sich dabei handelt.

Um bei unserem Beispiel zu bleiben: die Internet-Adresse des Postfaches (oder *Mailbox*) von Guerilla-Marketing lautet *webmaster@gmarketing.com*. Achten Sie darauf, daß die gesamte Adresse in Kleinbuchstaben geschrieben wird. Die meisten Systeme im Internet unterscheiden zwar nicht zwischen Groß- und Kleinschreibung, dennoch hat es sich eingebürgert, für Adressenangaben Kleinschreibung zu verwenden.

Der ›Klammeraffe‹ (@) in der Internet-Sprache auf englisch ›at‹ genannt – trennt den Benutzernamen von Guerilla-Marketing vom Namen des Netzwerkes (oder der *Domain*), in unserem Fall *gmarketing.com*.

Kommerzielle Online-Dienste und Internet-Anbieter wie EuNet oder Ping verfügen über einfache, kurze Domainnamen, die aus nur einem Wort bestehen. Manche Netzwerke aber haben Bereiche oder Unter-Server eingerichtet, die diesen Teil der Adresse verlängern. Die Adresse von *NBC Nightly News* beispielsweise lautet *nightly@nbc.ge.com*. In diesem Fall ist *nightly* der Name der Mailbox, und *nbc* ist eine Unterabteilung am Netzwerk mit dem Namen *ge*.

Domains (Domänen)

Alle Internet-Netzwerke können jeweils einer Art von Domain (Domäne) zugeordnet werden. Die Adressen, die wir bisher kennengelernt haben, enden alle mit *.com*. Es gibt aber auch andere Endungen, die Auskunft darüber geben, um welche Art von Netzwerk oder Domain es sich dabei handelt. Wenn nach der Domain-Bezeichnung keine Landeskennung erscheint, handelt es sich um eine Adresse aus den USA. Die wichtigsten Domain-Bezeichnungen dort sind:

.com   kommerziell
.edu   akademische Einrichtungen
.gov   Regierungsstellen und öffentliche Einrichtungen
.mil   militärische Einrichtungen

.net   Netzwerk Betreuungsdienste
.org   andere Organisationen (Nonprofit etc.)

Die Domain-Bezeichnungen für europäische Internet-Benutzer sehen etwas anders aus als jene in den USA. Die drei weitverbreitetsten sind

.co   kommerziell
.ac   akademische Einrichtungen
.gv   Regierungsstellen und öffentliche Einrichtungen

In Europa und dem Rest der Welt wird zusätzlich nach der Domain-Bezeichnung, die die Art von Netzwerk beschreibt, um die es sich handelt, ein Punkt und ein Landescode angefügt. Die Landeskennungen für die Länder der Europäischen Union lauten:

.be   Belgien
.dk   Dänemark
.de   Deutschland
.fr   Frankreich
.fi   Finnland
.gr   Griechenland
.uk   Großbritannien
.ie   Irland
.it   Italien
.lu   Luxemburg
.nl   Niederlande
.at   Österreich
.pt   Portugal
.se   Schweden
.es   Spanien

Sie können Ihrer Ein-Mann-Firma ein Erscheinungsbild wie Siemens geben, indem Sie einen eigenen Domain-Namen beantragen. Die meisten Internet-Anbieter offerieren mittlerweile einen sogenannten *Domain Name Service,* der Ihnen einen eigenen Namen zuordnet, obwohl Sie über ein fremdes Netzwerk Anschluß ans Internet haben. Wenn Sie also beispielsweise eine Boutique betreiben, können Sie den Domain-Namen *schale.co* beantragen. Mit diesem Domain-Namen können Sie eine ganze Reibe von Mailboxen einrichten, wie etwa *info@schale.de* oder *verkauf@schale.de,* und das, obwohl Sie in Wahrheit nur einen billigen Netzzugang über einen Internet-Anbieter haben. Mit einem prägnanten Domain-Namen kann Ihre Internet-Adresse erheblich zu Ihren Marketing-Aktivitäten beitragen.

Server-Adressen und Universal Resource Locator

Netzwerk- oder Server-Adressen folgen denselben Regeln wie Mailbox-Adressen, aber ohne den Klammeraffen @ und ohne Benutzernamen. Ein Server namens *Schaum,* der am Netzwerk der Bierbrauerei Pils hängt, könnte etwa den Namen *schaum.bierpils.de* tragen.

Zusammen mit der Server-Adresse muß auch immer eine Angabe darüber stehen, über welche Internet-Anwendungen oder Suchprogramme diese Adresse erreicht werden kann. Wenn ein Server beispielsweise über Gopher erreichbar ist, könnte die Adresse lauten ›Gopher to schaum.bierpils.de‹ oder auch ›gopher: schaum.bierpils.de‹. Wenn der Server über ein Telnet-Programm angewählt werden kann, würde die Adresse hingegen so aussehen: ›telnet to schaum.bierpils.de‹ oder auch ›telnet: schaum.bierpils.de‹.

Steigender Beliebtheit, besonders für Angaben über Adressen von WWW-Servern, erfreut sich der *Universal Resource Locator (URL).* Ein URL hat ein Standardformat, das die Art von Programm angibt, über das Sie die gewünschte Adresse erreichen können, gefolgt von der Adresse des Servers und (falls erforderlich) einer Angabe darüber, wo sich eine gewünschte Datei auf diesem Server befindet. So sagt Ihnen die Adresse *http://www.marketplace.com* etwa, daß Sie eine http-kompatible

Software wie etwa Netscape oder Internet Explorer benötigen, um den World-Wide-Web-(WWW)Server am Netzwerk *marketplace.com* zu erreichen. URL-Adressen weisen immer ein solches Format auf. Hier noch zwei andere Beispiele:

gopher://nstn.ns.ca
ftp://wonders.com/excerpts/android

Im zweiten Beispiel sagt uns der URL, daß wir einen FTP-Dienst verwenden müssen, um den Server *wonders.com* zu erreichen, um anschließend im Verzeichnis *excerpts* nach der Datei *android* zu suchen.

Vom Anfänger zum ›Internauten‹ in sechs Schritten

Es ist nicht schwer, die Leute vor den Kopf zu stoßen, indem man in Diskussionslisten oder Newsgroups hineinplatzt und anfängt, alle möglichen Fragen zu stellen, mit denen man sich augenblicklich als Anfänger – im Internet-Slang *Newbie* genannt – zu erkennen gibt. Wenn Sie hingegen mit dem nötigen Fingerspitzengefühl ins Internet einsteigen, können Sie eine Menge darüber erfahren, was Sie so alles zur Durchführung einer wirkungsvollen Marketingkampagne benötigen, ohne daß die Konkurrenz überhaupt Wind davon bekommt, daß Sie schon auf der Lauer liegen.

Die nachfolgenden sechs Schritte sollen Ihnen helfen, erste Erfahrungen im Internet zu sammeln und sich für Ihre Marketing-Kampagne vorzubereiten:

Erledigen Sie Ihre Hausaufgaben. Bevor Sie sich auf das Online-Parkett begeben, lesen Sie dieses Buch zu Ende, besorgen Sie sich ein gutes Internet-Handbuch und beginnen Sie mit der regelmäßigen Lektüre zumindest einer Fachzeitschrift, die sich mit den neuesten Entwicklungen im Internet beschäftigt *(siehe die diesbezüglichen Vorschläge im An-*

hang). Ein einziges Buch kann niemals das ganze Internet beschreiben. Wegen des Tempos, mit dem ständig neue Anwendungen und Entwicklungen darin auftauchen, sind Sie vermutlich zu Beginn wegen der größeren Aktualität mit einer Zeitschrift besser bedient. Schließlich können Sie sich direkt im Internet darüber informieren, was sich Neues tut. Zeitschriften geben Ihnen einen allgemeinen Überblick über die neuesten Trends im Internet. Dort finden Sie auch Angaben darüber, wie Sie Internet-Quellen erreichen, die Ihnen helfen, mit der Entwicklung Schritt zu halten.

Besorgen Sie sich einen Internet-Anschluß. Sobald Sie eine ungefähre Idee davon gewonnen haben, was sich im Internet so tut und welche seiner Bereiche Sie gerne näher kennenlernen würden, lassen Sie sich bei einem großen Internet-Anbieter registrieren. *(Im Anhang finden sich hierzu nähere Informationen.)* Dort erhalten Sie für wenig Geld Zugriff zu den wichtigsten Internet-Diensten, und man steht Ihnen mit Rat und Tat zur Seite, falls einmal Probleme auftauchen.

Versenden Sie einige E-Mails. Probieren Sie Ihr E-Mail-System aus, und gewöhnen Sie sich an das Versenden, Empfangen, Weiterleiten und Löschen von Sendungen (oder *Mails*). Beginnen Sie damit, E-Mails mit Freunden auszutauschen, oder senden Sie sich selbst ein paar Nachrichten (oder *Messages*), bis Sie den Dreh heraushaben. Verschicken Sie aber vorläufig noch keine Marketingbotschaften, und führen Sie Ihre E-Mail-Adresse auch auf Ihrem Briefpapier oder in Ihren Anzeigen noch nicht an. Ihre Erkundungstour könnte dazu führen, daß Sie sich womöglich für einen anderen Internet-Anbieter entscheiden. Bevor Sie aber mit Ihrem Marketing im Internet beginnen oder auch nur Ihre Netzadresse veröffentlichen, sollten Sie einigermaßen sicher sein, daß Ihr ISP auch der richtige Partner für Ihr Vorhaben ist. E-Mail wird ein wesentlicher Bestandteil Ihres Marketing-Mix sein, deshalb sollten Sie sich angewöhnen, sie mit derselben Selbstverständlichkeit zu verwenden wie das Telefon.

Erkunden Sie Diskussionslisten und Newsgroups. Bedienen Sie sich der Suchinstrumente Ihres ISP, um Diskussionslisten und Newsgroups ausfindig zu machen, die sich mit solchen Themen befassen, die zu Ihrer Branche oder zu Ihren Marketingplänen passen. Beschränken Sie sich vorläufig auf die Rolle eines Lauschers und begnügen Sie sich damit, die Beiträge auf den Diskussionslisten und Newsgroups zu lesen. Versuchen Sie, ein Gefühl dafür zu bekommen, welche Dinge die Leute schreiben, welcher Ausdrucksweise sie sich dabei bedienen und worüber sie sich so unterhalten. Lernen Sie als stiller Beobachter aus den Fehlern anderer. Senden Sie aber noch keine eigenen Beiträge – sparen Sie sich das für einen späteren Zeitpunkt auf, zu dem Sie schon mehr Erfahrung gesammelt haben und Ihren Marketingplan genau kennen.

Erkunden Sie FTP- und Gopher-Anwendungen. Setzen Sie wiederum die Suchprogramme Ihres Internet-Anbieters ein, um FTP- und Gopher-Server aufzuspüren, die Informationen zu Ihrem Interessensgebiet enthalten. Sehen Sie sich einige der dort abgespeicherten Dateien an, um sich mit dem ganzen Ablauf vertraut zu machen. Auf diese Weise bekommen Sie auch einen Eindruck davon, welches Aussehen diese Anwendungen typischerweise haben und welche Schritte es erfordert, um an die gewünschte Information heranzukommen. *(Weitere Beispiele finden Sie in den Kapiteln 5 und 6.)* Machen Sie sich dabei schon erste Gedanken darüber, wie Ihre eigene Information später einmal attraktiver präsentiert oder leichter zugänglich gemacht werden könnte.

Durchforsten Sie das World Wide Web. Sehen Sie sich einige der Seiten an, die Sie aus den Zeitschriften erfahren haben, die Sie ja nun regelmäßig lesen oder die in einer Newsgroup oder auf einer Diskussionsliste erwähnt wurden.

Wenn Sie mit dem kommerziellen Online-Service oder dem ISP über den Sie ans Internet angeschlossen sind, nicht zufrieden sind, probieren Sie einen anderen aus. Die meisten Internet-Anbieter offerieren heutzutage kostenlose Testphasen; aber selbst wenn das nicht der Fall ist, können Sie Ihren Anschluß jederzeit kündigen und anderswo einen neuen eröffnen. Sobald Sie das Gefühl haben, daß Ihnen die verschiedenen Internet-Anwendungen vertraut sind und Sie mit Ihrem ISP zufrieden sind, können Sie Ihre Marketingpläne weiter entwickeln.

3. Die elektronischen Märkte

Marketing bedeutet Kampf. Kampf gegen eine ganze Heerschar von Wettbewerbern, die in derselben Branche arbeiten wie Sie und die mit Ihnen um dieselben Kunden und dieselben Geldbörsen konkurrieren. Genau wie in der wirklichen Welt besteht auch der Online-Markt nicht bloß aus einem einzigen großen Wettbewerb; sondern auch aus Dutzenden kleinerer Kampfplätze, von denen jeder ein einzigartiges Terrain aufweist. Und wie in jedem Kampf hängt der Erfolg Ihrer Online-Marketing-Kampagne in erster Linie von Ihrer Fähigkeit ab, sich für jene Märkte zu entscheiden, auf denen Sie gute Gewinnchancen haben, weil Sie dort Taktiken einsetzen können, die Sie gut beherrschen.

Das oberste Erfolgsgeheimnis auf dem Online-Markt lautet deshalb, die besonderen Charakteristiken jedes einzelnen Kampfplatzes verstehen zu lernen, um jene auswählen können, auf denen Ihr ganz spezielles Produkt, Ihre Dienstleistung oder Ihre Marketingtalente besonders gut zur Geltung kommen. In diesem Kapitel sehen wir uns die einzelnen Online-Marketing-Märkte genauer an und untersuchen, inwieweit sie sich jeweils für das Marketing von Produkten und Dienstleistungen eignen.

Kommerzielle Online-Dienste (Online-Services)

In vielerlei Hinsicht bieten die kommerziellen Online-Dienste dem elektronischen Guerilla die vielfältigsten Marketingmöglichkeiten. Obwohl selbst der größte kommerzielle Online-Service im Vergleich zum gesamten Online-Markt winzig erscheint, treffen Sie in diesen Diensten auf eine beträchtliche Zahl von qualitativ sehr interessanten Konsumenten. Hier sind ein paar gute Gründe dafür, warum kommerzielle Online-Dienste eine vielversprechende Plattform zur Vermarktung Ihres Unternehmens bieten:

1. Die Dienstleistungen dort sind konsumentenorientiert. Kommerzielle Online-Dienste verwöhnen die Konsumenten mit Shopping, Computerspielen, Diskussionsgruppen und anderen Serviceleistungen. Leute, die einem kommerziellen Online-Service beitreten, sind auf der Suche nach solchen Dienstleistungen. Ihre Verkaufsförderung oder Anzeige wird deshalb nicht als Schock empfunden, wie dies in anderen Internet-Diensten oder Bulletin Boards durchaus der Fall sein kann, deren Benutzer rein kommerziellen Aktivitäten im Internet ablehnend gegenüberstehen. Für die Abonnenten der kommerziellen Online-Dienste war Einkaufen hingegen immer schon eine der Hauptattraktionen.

2. Kommerzielle Online-Dienste verfügen über standardisierte Plattformen für die Vermarktung Ihrer Waren. Diese beinhalten Kleinanzeigen, Anschlagtafeln und Einkaufszentren (sogenannte *Shopping Malls*). Die Marketingabteilung bei jedem dieser Dienste steht Ihnen bei der Einrichtung Ihres elektronischen Schaufensters oder der Gestaltung Ihrer Verkaufsförderungsmaßnahmen mit Rat und Tat zur Seite.

3. Die Abonnenten der meisten kommerziellen Online-Dienste weisen in der Regel ein hohes Bildungsniveau und hohe Durchschnittseinkommen auf. Eine im Frühjahr 1994 erstellte Studie ergab etwa, daß das durchschnittliche Haushaltseinkommen eines Prodigy-Services-Abonnenten mehr als 85.000 DM pro Jahr betrug. Beinahe die Hälfte hatte einen Universitätsabschluß. Demographische Untersuchungen von Compu-Serve-Abonnenten ergaben vergleichbare Zahlen.

4. Jeder kommerzielle Online-Service hat Dutzende von Foren zu Spezialthemen eingerichtet, die Ihnen dabei helfen, Ihre Marketing-Kampagne an solche Zielgruppen zu richten, bei denen bereits ein grundsätzliches Interesse an Ihrer Art von Produkt besteht.

5. Auf kommerziellen Online-Diensten herrscht reger Verkehr. Ein vielbesuchter Server im Internet könnte etwa

10.000 Zugriffe (oder *Hits*) pro Tag verzeichnen; jeder der großen kommerziellen Online-Dienste weist eine wesentlich höhere Besucherfrequenz auf. Laut Angaben der Software Publishers Association sind bereits sechs Prozent der US-amerikanischen Haushalte an einen kommerziellen Online-Service angeschlossen, in den sich diese durchschnittlich elf Mal pro Monat *einloggen* und deren Sitzungen (oder *Sessions)* im Durchschnitt fünfundzwanzig Minuten dauern. Kommerzielle Online-Dienste sind außerdem benutzerfreundlich gestaltet. Menüfunktionen und Icons zum Anklicken machen es einfach, in die Einkaufsfunktionen oder in andere Dienste einzusteigen, wodurch Ihre Chancen, daß die Abonnenten Ihren Online-Shop betreten, erheblich größer sind als im Internet.

Marketing in kommerziellen Online-Diensten

Loggen Sie sich in einen kommerziellen Online-Service ein, und Sie werden vom allerersten Einstiegsbildschirm bis zur letzten Seite, bevor Sie wieder aussteigen, auf Marketing stoßen.

Dieses ›Diese Woche neu‹-Fenster erscheint automatisch jedesmal, wenn Sie bei CompuServe einsteigen. Die Liste, die an dieser Stelle erscheint, ändert sich von Woche zu Woche. Sie sehen, daß darin verschiedene Aktivitäten, Dienstleistungen und Veranstaltungen beworben werden. Sobald Sie nun etwa die Zeile Fit for Fun in der fünften Zeile anklicken, erscheinen die entsprechenden Informationen und Verkaufsförderungsmaßnahmen am Bildschirm.

Verkaufsförderungsbotschaften finden sich auf allen großen kommerziellen Online-Diensten. Sie werden täglich geändert und geben Ihnen die Möglichkeit, Ihr neues Schaufenster, eine bestimmte Verkaufsförderungsmaßnahme oder ein Preisausschreiben hier ankündigen zu lassen *(Näheres dazu in Kapitel 6)*.

Kleinanzeigen (Classified Ads)

Kleinanzeigen stellen eine bewährte Form des Niedrigpreis-Marketing dar. Auf manchen kommerziellen Online-Diensten sind sie sogar kostenlos. Bei AOL sieht das Menü für Kleinanzeigen folgendermaßen aus:

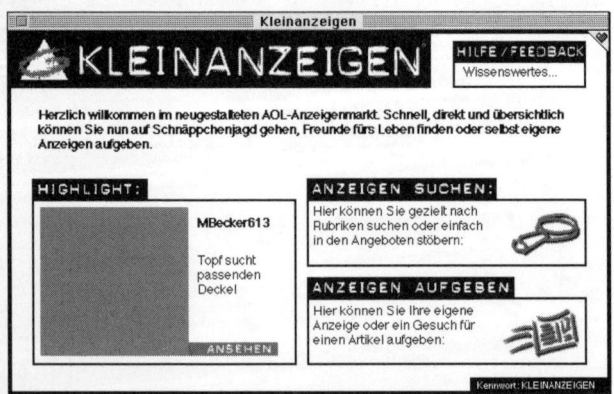

Genau wie in Zeitungen und Zeitschriften sind die Anzeigen nach verschiedenen Rubriken gegliedert. Die folgende

Auflistung zeigt die Anzeigen, die in der Rubrik *Sonstiges* erscheinen:

Jede Anzeige besteht aus einer Betreff-Zeile und dem Anzeigentext. Im Unterschied zu Zeitungsannoncen können die Leser nicht auf Anhieb den gesamten Text der Online-Anzeige lesen, sobald sie eine bestimmte Rubrik anklicken; deshalb muß Ihre Anzeigenüberschrift so packend sein, daß sie neugierig werden, Ihre Überschrift anklicken und weiterlesen. Zusätzlich zu einer allgemeinen Kleinanzeigensektion bieten manche kommerziellen Online-Dienste im Rahmen ihrer Diskussionsforen *(siehe weiter unten über Foren)* zusätzlich nach Fachbereichen gegliederte Kleinanzeigenabteilungen an *(Näheres zum Einsatz von Kleinanzeigen in Kapitel 6).*

Foren

Foren, auch *Special Interest Groups (SIG) oder Roundtables* genannt, sind die Klubhäuser der kommerziellen Online-Dienste. Die meisten von ihnen bieten mindestens fünfzig solcher Foren zu einer vielfältigen Auswahl von Themenkreisen. Ein Beispiel von America Online sieht etwa so aus:

Der Eingangsbildschirm des KFZ-Forum enthält verschiedene Unterverzeichnisse. Jedes dieser Unterverzeichnisse enthält wiederum Anschlagtafeln *(Message Boards),* Softwarebibliotheken, Frequently Asked Questions *(FAQ, also häufig gestellte Fragen)* sowie allgemeine Informationen. Darüber hinaus ist eine Abteilung für Kleinanzeigen, die Bezug zum Thema Automobil haben, eingerichtet sowie ein Konferenzzimmer, wo sich die Mitglieder des Forums online zu einer Gruppenplauderstunde versammeln können, um ihre Ansichten zu einem bestimmten Thema auszutauschen. Im obenstehenden Beispiel ist eine Konferenz zum Thema Auto für Donnerstag um 22.00 Uhr angekündigt.

Dieses Forum enthält wiederum eine Reihe spezifischer Diskussionsplattformen. So gibt es verschiedene *Message Boards* zu Themen wie Wohnmobil, Autotechnik und VW-Käfer-Freunde. Zahlreiche andere Online-Foren sind auf gleiche Weise untergliedert. Wenn Sie etwa ein tolles Produkt für Auto-Tuning verkaufen, brauchen Sie nur den betreffenden Bereich und seine Anschlagtafeln anzuklicken, und schon können Sie sich mit Tuning-Fans unterhalten und auf diese Weise das Image Ihres Unternehmens oder Ihres Produktes aufwerten.

In den meisten Foren ist offene Werbung untersagt. Ein typisches Beispiel für die Werbepolitik eines Forums hat etwa den folgenden Inhalt (Das Beispiel stammt vom PR/Marketing Forum bei CompuServe USA):

»Werbung ist auf dem Anschlagbrett unseres Forums untersagt. Das bedeutet, daß es den Mitgliedern dieses Forums nicht gestattet ist, ihre jeweiligen geschäftlichen Interessen aktiv zu vermarkten. Jedes Mitglied hat die Möglichkeit, eine kurze Beschreibung seiner Tätigkeit in LIB 5 zu deponieren, sofern diese mit der Marketingbranche in Zusammenhang steht. Und allen Mitgliedern steht es selbstverständlich frei, über ihre Arbeit zu diskutieren, indem sie auf diesbezügliche Anfragen antworten. Sollten Fragen zur Auslegung dieser Richtlinien auftauchen, steht Ihnen unser Systemoperator zu deren Klärung gerne zur Verfügung.«

Diese Art von Information findet sich in der Regel unter dem Menüpunkt ›Über dieses Forum‹ *(About this Forum)* oder ›Forum Information‹.

In unserem Fall werden die Teilnehmer des Forums aufgefordert, ihre Werbebotschaften in einer Bibliothek zu deponieren, wo andere Mitglieder sie abrufen können, anstatt solche Botschaften im Rahmen einer Diskussion oder auf einem Anschlagbrett zu verbreiten. Manche Foren verbieten Werbung völlig. Dennoch stellen diese eine ausgezeichnete Möglichkeit dar, um für Ihr Unternehmen öffentliche Aufmerksamkeit zu erzielen, und Sie erhalten wertvolles Feedback und Wissen über die Konkurrenz *(mehr dazu in Kapitel 7)*.

Einkaufszentren (Shopping Malls)

Elektronische Einkaufszentren enthalten Schaufenster von Dutzenden von Anbietern. Abhängig vom kommerziellem Online-Service, für den Sie sich entschieden haben, und von Ihrem Budget können Sie darin entweder Ihr eigenes Großkaufhaus gründen oder eine eigene Seite in einem Online-

Katalog eröffnen. In einem solchen Schaufenster können Sie Informationen über Ihre Produkte anbieten, online Bestellungen entgegennehmen und sogar Photos Ihrer Produkte zeigen. So hat etwa die Shoppingabteilung bei America Online das folgende Aussehen:

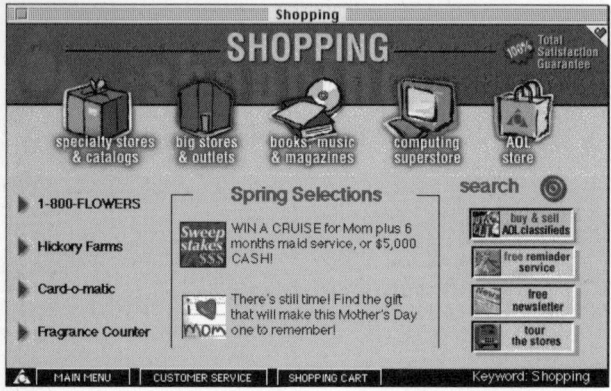

Jeder Menüpunkt enthält ein einzelnes Geschäft oder eine Firma. Treten wir also ein in das America-Online-Kaufhaus:

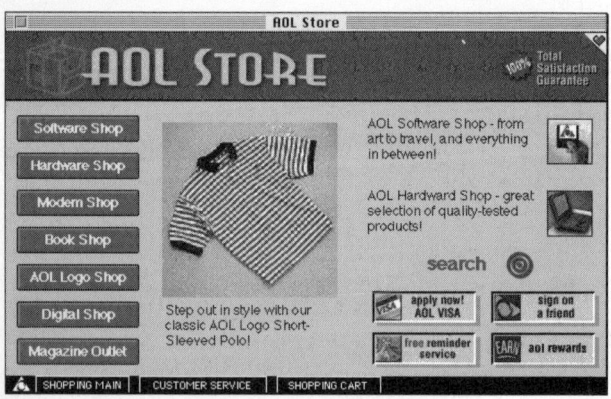

Hier hat wiederum jede Warenart einen eigenen Menüpunkt. Sobald Sie einen davon anklicken, erhalten Sie genauere Informationen und können Ihre Bestellung aufgeben. Wenn wir etwa Interesse am Bezug eines Sweatshirts hätten, erscheint bei Anklicken des Fotos ein neuer Bildschirm mit detaillierten Produktinformationen und Bestellformular. Nachdem wir dort wiederum den Punkt *Large Size* angeklickt haben, hätte unser Bildschirm das folgende Aussehen:

Nun können Sie die Anzahl der Sweatshirts bestimmen und erfahren, wie hoch der Gesamtpreis für Ihre Bestellung ist. Die Schaltfläche ›Review Shopping Cart/Checkout‹ zeigt Ihnen, wie viele Artikel sich bei Ihrer Einkaufstour durch das America-Online-Kaufhaus gerade in Ihrem Einkaufswagen befinden und enthält die Informationen über Zahlungsweise sowie Ihre Postadresse.

Das America-Online-Kaufhaus ist eines von mehreren Dutzend bei America Online, und jedes Kaufhaus hat eine andere Bildschirmoberfläche und einen eigenen Bestellmodus. Das Kaufhaus von America Online ist ziemlich fantasievoll gestaltet. Es lassen sich aber auch mit einem weit weniger aufwendig gestalteten Laden gute Erfolge erzielen. Jeder kommerzielle Online-Service ermöglicht die Einrich-

tung solcher Geschäfte *(Für nähere Information über diesbezügliche Strategien und Techniken siehe Kapitel 5).*

Das Internet

Das Internet ist noch ein Neuling im Bereich des Marketing,
weil dort erst seit 1991 kommerzielle Aktivitäten zulässig
sind. Als Marketingschauplatz hat es vor allem den Vorteil,
daß man mit seiner Hilfe Millionen von Menschen auf der
ganzen Welt erreichen kann. Der wesentliche Nachteil besteht darin, daß viele von ihnen wahrscheinlich an Ihrem
Produkt nicht interessiert sind oder es gar nicht wahrnehmen
werden. Im Gegensatz zu kommerziellen Online-Diensten ist
das Internet eine offene Gemeinschaft, und Ihre Marketingbotschaften erscheinen nicht automatisch auf dem Bildschirm eines Benutzers, sobald er oder sie sich einloggt. Es
erfordert im Internet daher größeren Aufwand, um die Aufmerksamkeit der Kunden auf Ihre Botschaften zu richten.

Dennoch wächst das Potential des Internet für kommerzielle Zwecke mit atemberaubender Geschwindigkeit. Die
Wachstumsraten für kommerzielle Anwendungen im Internet betragen etwa 10 Prozent (also etwa 1500 neue Domains)
pro Monat. Das World Wide Web ist zur Internet Standard
Applikation geworden und hat weltweit mittlerweile über
10 Millionen Benutzer! Allein im Jahr 1996 betrug die jähr-
liche Wachstumsrate 1000 %.

Solche Wachstumsraten versprechen gute Chancen, aber
auch jede Menge Verwirrung. Während die kommerziellen
Online-Dienste bereits seit vielen Jahren erprobte Marketing-Instrumente anbieten, sind solche Instrumente im Internet erst im Entstehen begriffen. So verschwinden beispielsweise Einkaufszentren im Internet häufig ebenso rasch wieder von der Bildfläche, wie sie entstanden sind. Und nach
dem heißesten Marketing-Instrument vom letzten Monat
kräht schon bald kein Hahn mehr. Einige Firmen erzielen al-

lein durch den Einsatz von E-Mail beachtliche Erfolge, andere wiederum konzentrieren ihre Verkaufsförderung auf diverse Newsgroups.

Aber trotz der Unbeständigkeit des Internets gibt es einige Basisdienste, deren Marketingpotential sich noch einige Zeit behaupten dürfte.

Diskussionslisten (Mailing Lists)

Gegenwärtig bestehen im Internet an die 10.000 Diskussionslisten, und diese Zahl wird mit Sicherheit weiter ansteigen. Einige dieser Listen sind thematisch äußerst spezifisch und werden nur an eine kleine Gruppe handverlesener Empfänger versandt. Andere wiederum befassen sich mit eher allgemeinen Themenbereichen und haben Hunderte von Teilnehmern. Wie bereits in Kapitel 2 ausgeführt, handelt es sich bei Diskussionslisten um Gruppen von Menschen, die jeweils die Listenbeiträge aller anderen Teilnehmer lesen. Jede an die E-Mail-Adresse der Diskussionsliste adressierte Nachricht wird an alle Abonnenten der Liste weitergeleitet.

Die Hauptvorteile von Diskussionslisten bestehen darin, daß jedermann mit einem E-Mail-Anschluß im Internet an ihnen teilnehmen kann und daß ihr Gebrauch sehr einfach ist. Von allen Diensten im Internet haben Diskussionslisten die größte Reichweite, weil einfach jedermann im Internet als Mindestausstattung über einen E-Mail-Anschluß verfügt. Außerdem ist es ganz einfach, eine neue Diskussionsliste auf jedem beliebigen Internet-Server einzurichten. So etwas können Sie mit Hilfe von am Netz kostenlos verfügbaren Listenmanagementprogrammen (sogenannter *Shareware* oder auch *Freeware*) ohne weiteres selbst bewerkstelligen, sofern Sie Zugang zu einem Server mit Windows oder Unix-Unterstützung haben, der an das Internet angeschlossen ist. Wenn das nicht der Fall ist, können zahlreiche Internet-Anbieter einen solchen *Mail Server* für weniger als 200 DM für Sie einrichten.

Die meisten Diskussionslisten lehnen reine Werbebeiträge kategorisch ab. Häufig setzen die Teilnehmer deshalb automatische Unterschriften (*Signatures* oder *.sigs*) ein, die dieselbe Wirkung haben wie Online-Visitenkarten, auf denen in Kürze das Unternehmen vorgestellt wird. Und es ist nicht unüblich, daß Listenteilnehmer zu solchen Fragen, die ihren eigenen Tätigkeitsbereich betreffen, als Experten auftreten und ihren Rat anbieten. Für unmittelbar geschäftliche Kontakte verweisen sie dabei in der Regel auf die direkte Kontaktaufnahme über die eigene E-Mail-Adresse.

Um herauszufinden, welche Diskussionslisten es gibt, können Sie:

- mit Hilfe eines Suchhilfeprogramms Ihres Internet-Anbieters nach bestimmten Begriffen im Listennamen suchen;
- an Newsgroups teilnehmen, die sich mit Ihrem Tätigkeitsbereich befassen und dort auf die Erwähnung bestimmter Diskussionslisten zum selben Thema achten, oder eine diesbezügliche Anfrage deponieren, in der Sie die Frage an die anderen Newsgroup-Teilnehmer richten, ob ihnen solche Diskussionslisten bekannt sind;
- eine ›Liste der Listen‹ (*List of Lists*) aufrufen, die ebenfalls im Internet zur Verfügung steht (*siehe Anhang*).

Sobald Sie sich auf einer Diskussionsliste eingetragen haben, erhalten Sie automatisch Kopien aller Beiträge, die an diese Liste gerichtet wurden. Je nachdem, wie aktiv solch eine Liste ist, kann die Anzahl der Sendungen ein bis zwei pro Tag oder auch Dutzende pro Tag betragen. Einige besonders stark frequentierte Diskussionslisten verfügen über eine sogenannte Digest-Option, mit deren Hilfe alle Nachrichten eines Tages in einem Dokument zusammengefaßt und am selben Tag an Sie weitergeleitet werden. Die Teilnahme an einer Diskussionsliste erfordert in jedem Fall, daß Sie Ihren elektronischen Briefkasten zumindest einmal pro Tag abfragen, um eventuell eingegangene neue Post zu lesen (*mehr zum Einsatz von Diskussionslisten für eine maximale Wirkung Ihres Marketing in Kapitel 4).*

Newsgroups

Newsgroups entsprechen im Internet den Foren (oder *Special Interest Groups)* bei den kommerziellen Online-Diensten. Derzeit gibt es mehr als 20.000 solcher Gruppen zu jedem nur erdenklichen Thema. Ebenso wie bei den kommerziellen Online-Diensten funktioniert eine Newsgroup wie ein Anschlagbrett, auf dem die Teilnehmer Nachrichten deponieren und lesen. Sie können entweder eine Nachricht lesen und eine Antwort darauf hinterlegen, oder Sie können eine eigene, neue Nachricht hinzufügen (oder *posten,* wie dieser Vorgang häufig genannt wird). Jede Nachricht hat eine Betreff-Zeile.

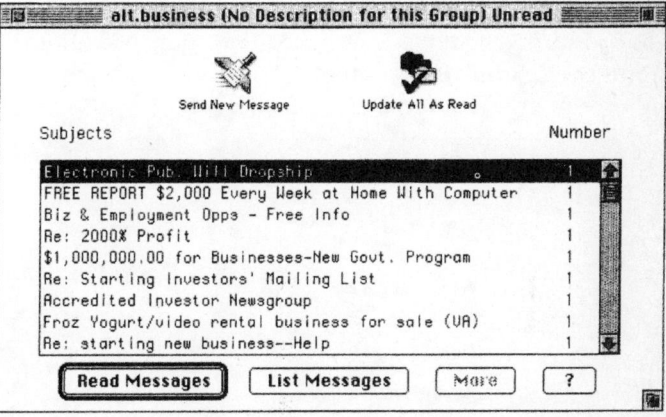

Dies ist die Ansicht der Newsgroup mit dem Namen *alt.business,* wie sie sich aus der Perspektive des Internet-Centers von America Online darstellt. Diese Newsgroup befaßt sich mit der geschäftlichen Kontaktanbahnung und dem kommerziellen Informationsaustausch. Im Gegensatz zu den meisten anderen Newsgroups enthält sie vor allem Anzeigen für Produkte oder Dienstleistungen. Es gibt mittlerweile eine ganze Reihe solcher Newsgroups im Internet. Die meisten Newsgroups sind jedoch immer noch ausschließlich der Diskussion eines Themas vorbehalten und verbieten Anzeigen wie diese.

Die Icons und Felder rund um die Liste der Betreff-Zeilen variieren je nach Art des *Newsreader*-Programms, das Sie verwenden, um eine Newsgroup abzufragen. Die Liste der Betreff-Zeilen hingegen hat immer dasselbe Aussehen. Newsgroups können Tausende von Nachrichten enthalten, die Monate und manchmal sogar Jahre zurückreichen. Die Newsreader-Software ermöglicht Ihnen eine limitierte Auswahl, mit deren Hilfe Sie zum Beispiel nur einen Teil der Nachrichten, die seit einem bestimmten Datum hinterlegt wurden, auflisten können oder auch nur all jene Nachrichten, die Sie noch niemals geöffnet haben.

Sobald Sie eine Betreff-Zeile ausgewählt und angeklickt haben, erscheint der eigentliche Text der Nachricht auf Ihrem Bildschirm. So sieht etwa der Text der am obigen Bildschirm angeklickten Betreff-Zeile aus:

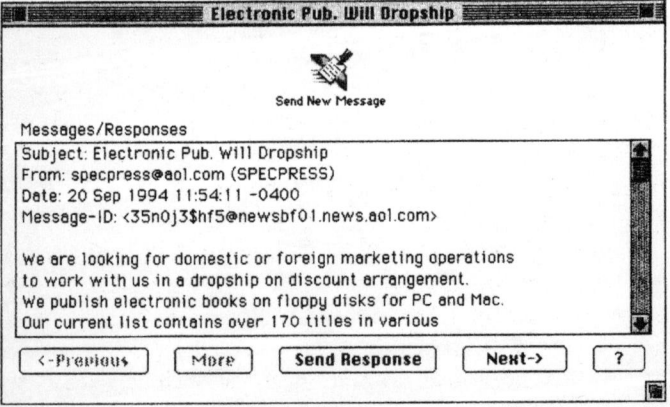

Das genaue Aussehen hängt wiederum von Ihrem Newsreader ab, aber die Optionen sind immer die gleichen. Sie haben die Möglichkeit, die vorhergehende Nachricht aufzurufen oder zur folgenden weiterzuspringen; Sie können eine Antwort auf diese Nachricht senden oder einen neuen, eigenen Beitrag mit einer anderen Betreff-Angabe formulieren.

Die Teilnahme an Newsgroups stellt eine einfache Methode dar, um eine Zielgruppe mit einem bestimmten Interessensgebiet anzusprechen. So können Sie herausfinden, was man über das Thema im allgemeinen denkt, welche Probleme oder Bedürfnisse die Teilnehmer haben, was man über Ihre Konkurrenz denkt und sogar, was man über Sie so sagt. Hier können Sie Marktforschung für neue Produkte oder Verkaufsförderungsmaßnahmen betreiben, und Sie können Online-Informationen anbieten, die Ihre Reputation als servicestarker Anbieter begründen und Ihnen auf diese Weise schließlich auch Kunden verschaffen *(Näheres zu Strategien für Newsgroups finden Sie in Kapitel 7)*.

FTP-, Gopher- und WAIS-Server

Wenn Sie einen Katalog, einen Artikel oder andere Informationen der Internet-Gemeinde auf breiter Ebene zur Verfügung stellen wollen, können Sie diese verbreiten, indem Sie sie auf einem Server speichern. Auf diese Weise brauchen Kunden nicht extra bei Ihnen anzufragen, ob Sie ihnen eine Datei über E-Mail zusenden, und diese müssen auch keine Newsgroup nach von Ihnen dort deponierten Nachrichten absuchen. Es reicht, daß Sie ihnen einfach die Adresse des Servers mitteilen, damit sie sich die dort abgespeicherte Information ansehen oder sie selbst abrufen können. Es gibt Tausende von Servern im Internet, aber alle sind über eine der vier folgenden Zugangsmethoden erreichbar: FTI, Gopher, WAIS und das World Wide Web. Je nach Art des Servers, den Sie ansteuern wollen, verwenden Sie jeweils ein unterschiedliches Software-Programm, um den Server anzuwählen und die Information auf ihm abzufragen.

Ein FTP-, Gopher- oder WAIS-Server (auch *Site* genannt)

ist ein Computer, der mit Hilfe eines FTP-, Gopher- oder WAIS-Suchprogramms auffindbar ist. So können Sie etwa Archie verwenden, um nach Dateien auf FTP-Servern zu suchen. Diese Server können keine Graphiken anzeigen, aber man kann dort Informationen in verschiedenen Dateien auflisten und Verzeichnisse mit Hinweisen auf Produktinformationen, Bestellformulare und Gratisinformation anbieten. FTP-Server unterscheiden sich von Gopher- oder WAIS-Servern durch die Art und Weise, in der Information zur Verfügung gestellt wird. Wenn Sie einen FTP-Server anwählen, erscheint lediglich eine Liste der dort vorhandenen Dateien und Verzeichnisse auf Ihrem Bildschirm, etwa so:

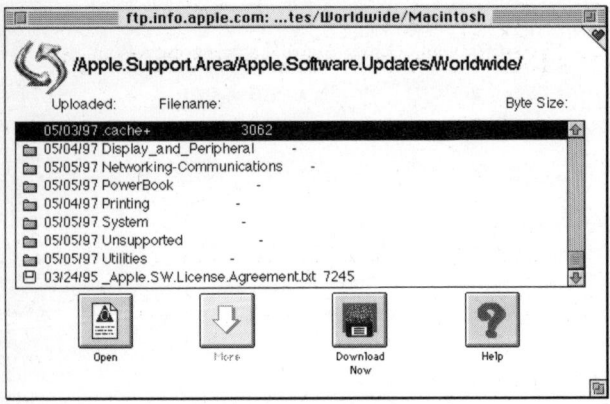

Der Name dieses Servers lautet *ftp.acns.nwu.edu,* und wir sind mit Hilfe des Suchprogramms *Anarchie* dorthingelangt, weil wir uns den Inhalt des dort befindlichen Verzeichnisses *newswatcher* ansehen wollten. Dieser Server beheimatet ein Internet-Newsgroup-Leseprogramm mit Namen ›Newswatcher‹ sowie die dazugehörigen Dateien. Wir können zwar durch einen Doppelklick auf das entsprechende Feld die Liste der in jedem Verzeichnis befindlichen Dateien sehen; um aber den jeweiligen Inhalt der hier aufgelisteten Dateien zu betrachten oder eine Kopie des Newswatcher-Programms zu erhalten, müssen wir diese erst auf unseren eigenen Computer übertragen (dieser Vorgang wird *downloaden* genannt). Dort erst können wir die eigentliche Datei öffnen.

Auf einem Gopher- oder einem WAIS-Server hingegen kann man Verzeichnisse öffnen und sofort die darin enthaltene Information lesen, jedoch nur in Textform. Programme wie das oben beschriebene Beispiel des Newswatcher am FTP-Server kann man hier nicht anzeigen. Die nachfolgende Abbildung der Gopher-Anwendung *Internet Business Journal* findet sich im Internet-Center von America Online:

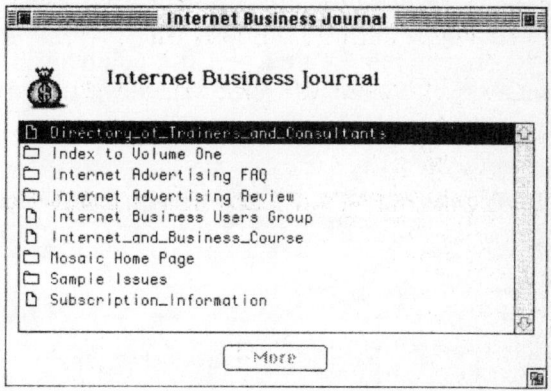

Das *Internet Business Journal* ist ein Newsletter. Die Firma, die ihn herausgibt, bietet auch Seminare und Beratungsleistungen an. Um Leute für diese Anwendung zu interessieren, stellt das Unternehmen einige Musterausgaben seiner Zeitschrift, ein Verzeichnis seiner Internet-Trainer und -Berater (bei deren Lehrveranstaltungen zweifellos das *Internet Business Journal* lobende Erwähnung findet) sowie Produktinformationen zu den einzelnen Seminaren zur Verfügung. Um das Dokument mit dem Namen *Subscription_Information* anzusehen, würde es ausreichen, diesen Punkt anzuklicken, und schon würde der Volltext in einem Fenster erscheinen.

Das *Internet Business Journal* unterhält einen eigenen Gopher-Server. Sie können aber auch Speicherplatz auf einem fremden Gopher-Server mieten. Solch ein Dienst ist bei manchen Anbietern schon für nur 500 DM für die Einrichtung und 100 DM monatlich für die Betreuung zu haben.

Web-Server

Ein World-Wide-Web-Server ist ein Computer, der angewählt und dessen Inhalt mit Hilfe einer besonders benutzerfreundlichen, graphischen Software abgefragt werden kann. Web-Server können neben Text auch Fotos, Graphiken und Multimedia darstellen. Zahlreiche Unternehmen sind bereits mit eigenen Web-Seiten vertreten, um etwa eine Produktinformation wie die folgende auszustellen:

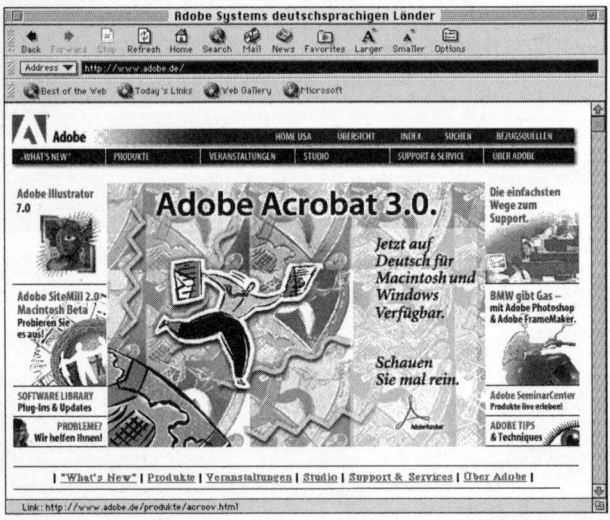

Dies ist die Eingangstür – *Home Page* genannt – für das Web-Angebot der Firma Adobe Systems. Die URL-Adresse dieser Web-Seite erscheint oben im Adreßfenster des Browsers. Jede der Abbildungen und Texte enthält einen sogenannten *Hyperlink,* eine Verbindung zu einer weiteren Web-Seite auf dem gleichen Server. In unserem Fall verweist jeder dieser Links zu Informationen rund um die Softwareprodukte von Adobe Systems.

Mit dem World Wide Web kann man auf einfache Art und Weise eine ganze Menge an Informationen über Ihre Produkte in Erfahrung bringen, Fragen stellen, Photos betrachten und sogar Bestellungen aufgeben. Vor allem aber ist es optisch wesentlich einladender als viele andere Internet-Anwendungen *(mehr zu Web-Seiten und wie man sie gestaltet in den Kapiteln 5 und 6).*

Internet-Einkaufszentren

Im letzten Jahr eröffnete eine Reihe von Internet-Einkaufszentren ihre Pforten. Einige bestehen aus einer Auflistung von Produkten oder Dienstleistungen, die man sich ansehen und anschließend gleich bestellen kann. Andere enthalten lediglich Verweise auf Geschäfte und andere Dienste, die man über E-Mail, FTP, Gopher oder das Web erreichen kann.

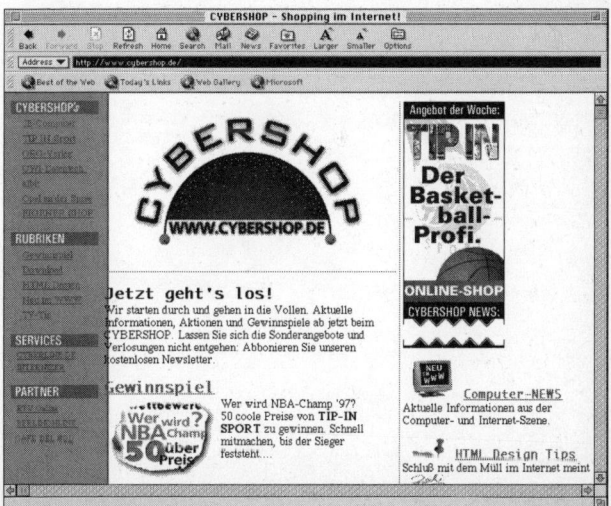

Hier ist die Home Page des Cybershop zu sehen, einem grafisch gestalteten Web-Einkaufszentrum, in dem verschiedene Unternehmen ihre Web-Seiten gewissermaßen unter einem Dach präsentieren.

Jedes Unternehmen ist mit einer eigenen Hyperlink-Verbindung vertreten, die eine direkte Verbindung zu dem Server herstellt, auf dem die Informationen gespeichert sind. Cybershop vermietet Ihnen auch *Virtuelle Server,* wenn Sie keine eigenen Server betreiben.

Wenn Sie im obigen Beispiel etwa ORG-Verlag anklicken, so gelangen Sie automatisch zum ORG-Verlag Server, wo Sie den Katalog durchblättern und Bestellungen aufgeben können. Gleichwohl wird der ORG-Verlag Server auf dem Computersystem des Cybershop betrieben.

Solche Einkaufszentren erleichtern es ungemein, Produkte am WWW ausfindig zu machen, ebenso wie dies in der wirklichen Welt der Fall ist. Hier müssen Sie nicht die Adresse jedes einzelnen Geschäftes, das Sie besuchen wollen, kennen – es reicht, wenn Sie die Home Page des Einkaufszentrums aufsuchen und dann den Icon jenes Geschäftes anklicken, für das Sie sich besonders interessieren. Der Nachteil bei dieser Lösung liegt darin, daß Sie eventuell Ihre eigene Web-Seite in der Shopping Mall gleich neben der für Konkurrenzunternehmen wiederfinden können.

II Strategien für den Online-Wettbewerb

4. E-Mail und Diskussionslisten

Elektronische Post (E-Mail) ist so wesentlich für Online-Geschäfte wie das Telefon und die Briefpost für den normalen Geschäftsverkehr. Das ist der Grund, warum wir unsere tiefgreifenderen Betrachtungen über Guerilla-Marketing-Strategien für den Online-Markt mit diesem Thema beginnen.

Wie wir bereits gesehen haben, gibt es viele verschiedene Möglichkeiten, um Ihr Unternehmen in der Online-Welt zu vermarkten. Aber selbst wenn Ihre Online-Verbindung ausschließlich auf E-Mail beschränkt ist, können Sie bereits eine ganze Menge elektronische Geschäfte abwickeln. Sie können:

- Werbebotschaften an Einzelpersonen richten,
- sich in Diskussionslisten einen guten Namen machen,
- Produktinformationen versenden,
- Bestellungen entgegennehmen,
- Kundendienstleistungen erbringen.

Dieses Kapitel gibt Ihnen einen Überblick über die verschiedenen Einsatzgebiete für E-Mail und versorgt Sie mit Tips und Tricks für eine maximale Marketingwirkung.

E-Mail

Im Grunde genommen handelt es sich bei E-Mail um das elektronische Äquivalent der Briefpost. Sie verfassen eine Nachricht, adressieren sie und senden sie an die Adresse des Empfängers. Die Nachricht landet im Briefkasten (der *Mailbox*) des Empfängers. Der Empfänger kann seine Mailbox leeren, wann immer es ihm beliebt, die erhaltenen Nachrichten lesen und sie anschließend abspeichern, beantworten, an jemand anders weiterleiten oder in den Müll werfen.

Der Hauptunterschied zwischen E-Mail und Briefpost besteht darin, daß die Nachrichten bei der elektronischen Variante innerhalb von Sekunden oder höchstens Stunden anstatt innerhalb von Tagen oder Wochen zugestellt werden. Zusätzlich erlaubt Ihnen der Computer jede Menge automatischer Zusatzfunktionen, die die Verwaltung von E-Mail viel einfacher gestalten als die von Briefpost.

Der Einsatz von E-Mail

Um mit E-Mail arbeiten zu können, benötigen Sie einen Online-Anschluß über einen Internet-Anbieter, einen kommerziellen Online-Service oder ein BBS. Der Dienst, für den Sie sich entscheiden, sollte unbedingt ein *Internet Mail Gateway* aufweisen, das es Ihnen erlaubt, unbeschränkt E-Mail mit allen anderen Teilnehmern des Internet auszutauschen, und nicht nur mit den anderen Abonnenten desselben Anbieters. Jeder ISP (Internet Service Provider), alle großen kommerziellen Online-Dienste sowie zahlreiche BBS verfügen heute bereits über diese Art von Mail-Service.

Die Erstellung einer E-Mail-Nachricht

Sobald Sie über einen E-Mail-Anschluß verfügen, sollten Sie nun mit den 60 Millionen Teilnehmern im Internet, die ebenfalls alle eine E-Mail-Adresse haben, in Kontakt treten. Ihre

Aufgabe besteht nun darin, jene anzusprechen, die am Kauf Ihres Produktes oder Ihrer Dienstleistung Interesse haben, die bereits einmal Ihr Produkt oder Ihre Dienstleistung gekauft haben oder die Ihr Produkt oder Ihre Dienstleistung jemand anderem empfehlen könnten.

Dieser Vorgang beginnt bereits, wenn Sie Ihre Nachricht erstellen. Dazu steigen Sie entweder in die E-Mail-Funktion Ihres kommerziellen Online-Dienstes, Ihres ISP Shell Accounts oder Ihres BBS ein, oder Sie starten das Mail-Programm, das Sie auf Ihrem Computer verwenden. Das folgende Beispiel stammt aus dem Mailprogramm des Netscape Navigator:

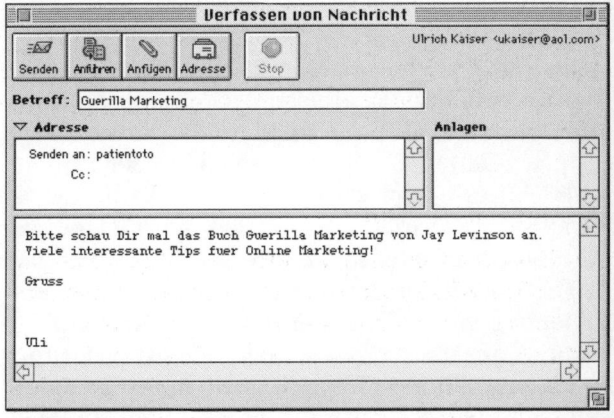

Den oberen Teil der Nachricht (mit den Feldern Senden an:, Cc: und Betreff:) nennt man den Kopfteil oder *Header*. Dieser Kopfteil enthält die Informationen, die Ihr Mail-System (auch *Mailer* genannt) benötigt, um Ihre Nachricht korrekt weiterleiten zu können.

Das *Senden an:*-Feld, in das Sie die Adresse oder die Adressen der Person(en) eingeben, an die Sie Ihre E-Mail senden wollen, kann beliebig viele, muß aber zumindest eine Adresse enthalten.

- Wenn Sie Ihre Nachricht bloß an einen anderen Teilnehmer bei Ihrem kommerziellen Online-Service richten, reicht es, wenn Sie nur den Benutzernamen bei diesem Dienst eingeben. Wenn Sie etwa bei America Online Abonnent sind und eine E-Mail an die Mailbox von Steve Case, dem Präsidenten von AOL, schicken wollen, würde das Senden an:-Feld folgenden Eintrag enthalten: SteveC.
- Wenn Ihre Nachricht an jemand anders im Internet gerichtet ist, müssen Sie dessen volle Internet-Adresse eingeben. Wenn Guerilla-Marketing also eine Nachricht an jemanden namens Bot Jones beim Online-Service Netcom richten wollte, könnte die Adresse im Senden an:-Feld das folgende Aussehen haben: bjones@netcom.com.

Wenn Sie mit E-Mail arbeiten, werden Sie mit der Zeit eine ganze Liste von Personen haben, mit denen Sie in ständigem Kontakt sind. Diese können Sie in ein elektronisches Adreßbuch eintragen. So finden Sie schnell eine gewünschte Adresse und kopieren sie direkt in das Senden an:-Feld Ihrer Nachricht. Im obigen Beispiel können Sie das Adreßbuch öffnen, indem Sie auf die Adresse Schaltfläche klicken. Einige Mail-Programme ermöglichen auch die Erstellung einer Liste von Adressengruppen, in denen unter einer einzigen Bezeichnung eine ganze Gruppe von Adressen zusammengefaßt ist. So können Sie durch Eingabe der Listenbezeichnung in das Senden an:-Feld Ihre Nachricht mit einem Knopfdruck an jedermann auf dieser Liste versenden.

Das *cc:*-**Feld** dient der Eingabe der Adressen jener Leute, die Kopien Ihrer Nachricht erhalten sollen. Einige Mail-Programme haben darüber hinaus auch eine bcc:-*(blind carbon copy)*Funktion. Damit können Sie Kopien an Dritte versenden, ohne daß der Original-Empfänger dies erfährt.

Das *Betreff:*-**Feld** dient der Eingabe der Überschrift oder Betreff-Zeile Ihrer Nachricht. Üblicherweise kann Ihre Nachricht ohne Eingabe in die Betreff-Zeile gar nicht versandt werden. Die korrekte Adresse stellt sicher, daß Ihre Nachricht ihren richtigen Bestimmungsort erreicht. Eine gute Betreff-Zeile kann von entscheidender Bedeutung sein, wenn Sie wollen, daß man Ihre Nachricht liest. Einige der Empfänger Ihrer Botschaft werden täglich mit Dutzenden oder gar Hunderten von E-Mails eingedeckt. Ihre Überschrift muß also dieselbe Wirkung haben wie der Titel eines Buches oder die Überschrift eines Zeitschriftenartikels. Sie muß die Aufmerksamkeit des Lesers erwecken und ihn dazu motivieren, die Nachricht tatsächlich zu lesen.

Das *Anlagen:*-Feld enthält den Dateinamen und die Verzeichnisse von Dateien und Dokumenten, die Sie der Nachricht beilegen (oder *attachen*) wollen. Wenn Sie einer E-Mail eine Datei beilegen (etwa um einen Kostenvoranschlag oder eine Preisliste mitzuschicken), brauchen Sie nur die *Anfügen* Schaltfläche anzuklicken und den Namen der gewünschten Datei von einer Liste, die den Inhalt Ihrer Diskette oder Festplatte wiedergibt, auszuwählen. Der Name der Datei erscheint dann automatisch im *Anlagen:*-Feld. Wenn Sie eine E-Mail an jemanden schicken, der am selben Netzwerk angeschlossen ist wie Sie selbst, können Sie formatierte Programmdateien, Graphiken oder jede andere Art von binären Dateien mitsenden. Wenn Sie eine Datei aber übers Internet versenden, müssen Sie sie in ein Textformat konvertieren, das von dem Kommunikationsprotokoll, mit dem die Sendungen im Internet übertragen werden, akzeptiert wird. Einige Mail-Programme verfügen über Funktionen, die dies automatisch erledigen.

Der Textteil (Body) der Nachricht, also deren Inhalt, wird in das große Feld unterhalb des Headers eingetragen. Dazu müssen Sie lediglich Ihren Text in dieses Feld eintippen oder ihn aus einem anderen Dokument einfügen. Üblicherweise erledigen Sie das off-line, also während Sie noch keine Verbindung aufgebaut haben.

Man kommt leicht in Versuchung, dieselben Formatgewohnheiten wie bei Briefen anzuwenden. Der Name und die

Adresse des Absenders, das Datum und die Versandzeit der Nachricht sowie der Name und die Adresse des Empfängers jeder E-Mail werden automatisch hinzugefügt, deshalb können Sie all diese Angaben im Textteil Ihrer Nachricht weglassen. Es mag etwas befremdlich erscheinen, eine Nachricht ohne zumindest ein ›Lieber Klaus‹ zu beginnen, aber man gewöhnt sich daran.

Auf der anderen Seite kann Ihre Unterschrift am Ende der Nachricht ein wichtiges Marketing-Instrument sein. Hier können Sie nicht nur Ihren eigenen und den Namen Ihres Unternehmens anführen, sondern auch kurze Werbebotschaften *(siehe dazu näher ›Ihre Unterschrift‹ auf Seite 99 ff.)*.

Abspeichern von E-Mail

Während Sie eine neue Nachricht erstellen, können Sie diese jederzeit auf Ihrer Festplatte oder einer Diskette abspeichern. Dazu müssen Sie einen Namen für die neue Datei vergeben – dieser sollte aber nicht identisch sein mit der Betreff-Zeile Ihrer Nachricht. Wir empfehlen Ihnen, frühzeitig und öfter abzuspeichern. Es gibt nichts Schlimmeres, als eine großartige Marketing-Botschaft zur Hälfte fertiggeschrieben zu haben, dann von einem Kunden ins Geschäft gerufen zu werden und ganz zu vergessen, daß man ja gerade an einer E-Mail geschrieben hat. Dann kommt womöglich der Portier vorbei und dreht Ihren Computer ab. Speichern Sie auch halbfertige Nachrichten immer ab, und wenn Sie damit fertig sind, speichern Sie sie nochmals.

Versenden von E-Mail

Sobald Sie den Kopf und den Textteil fertiggestellt haben, klicken Sie einfach auf die *Senden*-Schaltfläche. Wenn Sie gerade offline sind, steht an gleicher Stelle eine *Später senden*-Schaltfläche. Nun wird die Nachricht zur Übertragung beim nächsten Mal, wenn Sie einsteigen, vorgemerkt.

Bei den meisten Mail-Programmen kann man auch einen Zeitpunkt vorherbestimmen, zu dem eine Nachricht versandt werden soll. Sie können also wählen, ob die Nachricht automatisch bei Ihrem nächsten Einstieg übertragen werden soll oder ob das Programm selbsttätig zu einem bestimmten Zeitpunkt die Verbindung herstellt und die Nachricht dann absendet. Eine solche Vorherbestimmung der Versandzeit macht insbesondere dann Sinn, wenn Sie Abonnent bei einem Dienst sind, der zu bestimmten Tageszeiten besonders überlastet ist, oder wenn Ihre Nachricht nicht vor einem bestimmten Datum oder einem bestimmten Zeitpunkt beim Empfänger ankommen soll.

E-Mail ist erstaunlich verläßlich, aber gelegentlich kommt sie dennoch nicht beim Empfänger an. Versandprobleme können vor allem dann auftreten, wenn Ihre Nachricht ein oder mehrere Internet-Gateways passieren muß. Keine Probleme gibt es normalerweise beim Versand innerhalb desselben Netzwerkes. Wenn das Versandsystem aber einwandfrei funktioniert und die E-Mail dennoch unzustellbar war, weil Sie eine falsche Adresse verwendet haben, dann erhalten Sie eine Nachricht, aus der hervorgeht, daß Ihre E-Mail nicht zugestellt werden konnte.

Abfragen Ihrer E-Mail-Box

Jedesmal, wenn Sie die Verbindung zu Ihrem Internet-Anbieter aufbauen, können Sie nachsehen, ob in der Zwischenzeit neue E-Mail für Sie eingetroffen ist. Sie können die eingegangenen Nachrichten lesen, beantworten, weiterleiten, abspeichern oder löschen. Die meisten Dienste verständigen Sie außerdem bei Ihrem Einstieg automatisch davon, wenn ungelesene Mail auf Sie wartet. Sehen wir uns nun an, wie der Empfang von E-Mail funktioniert.

Wenn Sie Ihren elektronischen Briefkasten abfragen, erscheint ein Fenster ähnlich dem folgenden auf dem Bildschirm:

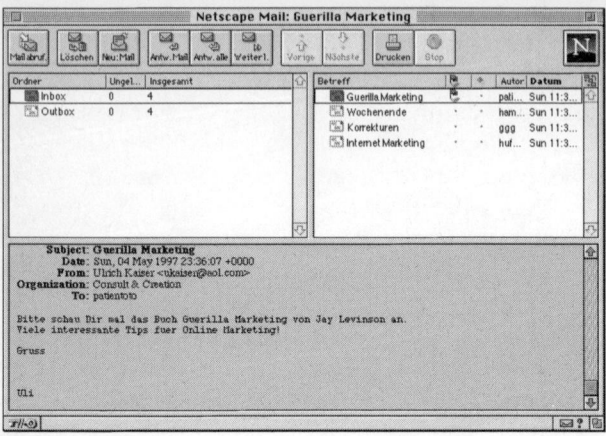

Die Liste zeigt die eingegangenen Nachrichten in der Reihenfolge Ihrer Ankunft. Sie können die Betreffzeile, den Autor und das Empfangsdatum jeder der vier Nachrichten sehen, die hier warten.

Um eine Nachricht zu lesen, klicken Sie einfach in die betreffende Zeile. Der Text der Nachricht wird dann automatisch im unteren Fenster angezeigt. Wenn Sie Ihr Postfach erneut abrufen wollen, klicken Sie auf die *Mail abrufen*-Schaltfläche.

Standard E-Mail-Funktionen

Wenn Sie die Nachricht im unteren Fenster lesen, achten Sie zunächst auf die Informationen, die im Kopf der Nachricht erscheinen: die Betreffzeile, das Absendedatum, die Adresse des Absenders und der Empfängername.

Die Schaltflächen oben im Fenster zeigen Ihnen, was Sie mit der Nachricht machen können, während Sie geöffnet ist:

Die **Löschen**-Schaltfläche löscht die Nachricht aus Ihrer Mailbox. Wenn Sie auf diese Schaltfläche klicken wird die Nachricht unwiderruflich von Ihrer Festplatte gelöscht.

Die **Neu:Mail**-Schaltfläche erlaubt Ihnen das Erstellen einer neuen E-Mail wie bereits zuvor beschrieben.

Die **Antw. Mail**-Schaltfläche öffnet ein neues E-Mail-Fenster, in dem der Kopfteil bereits ausgefüllt ist. Das sieht dann etwa so aus:

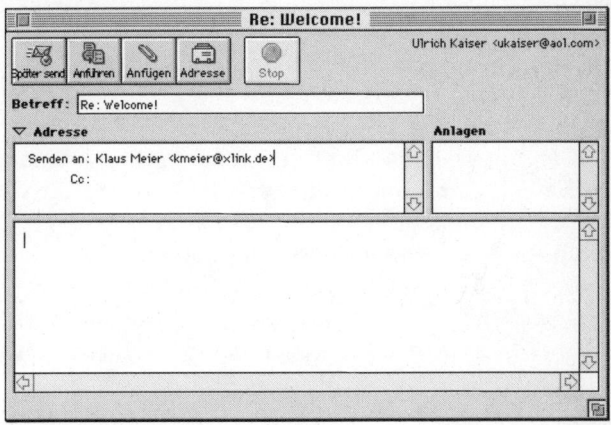

Das Mail-Programm setzt bei dieser neuen E-Mail automatisch die Adresse des Absenders der Originalnachricht in das Senden an:-Feld ein. Auch die Betreff-Zeile wird automatisch ausgefüllt, wobei ein Re: vorangestellt wird.

Die Antw. alle-Schaltfläche erlaubt Ihnen, die Nachricht an jemand anderen weiterzuleiten. Wenn Sie diesen Icon anklicken, öffnet sich ein neues E-Mail-Fenster, in dem die Originalnachricht bereits im Textteil erscheint. Sie müssen jetzt nur noch im Kopfteil die Adresse jener Person(en) eingeben, an die Sie diese E-Mail weiterleiten wollen, wobei Sie noch eigene Anmerkungen hinzufügen können. In der Betreff-Zeile *(Subject)* dieser neuen Nachricht wird automatisch das Kürzel ›FWD:‹ hinzugefügt, dahinter erscheint der Betreff der Originalnachricht.

Andere wichtige E-Mail-Optionen

Die oben beschriebenen Funktionen gehören zur Grundausstattung jedes E-Mail-Systems. Wenn Sie E-Mail als wirkungsvolles Marketing-Instrument einsetzen wollen, sollte Ihr Mail-Programm aber einige zusätzliche Optionen ermöglichen. Im folgenden werden einige davon beschrieben.

Drucken. Mit jedem Mail-Programm können Sie Ihre Nachrichten auf irgendeine Art und Weise ausdrucken. Manchmal ist es dazu erforderlich, daß Sie die Nachricht zuerst auf Ihrem eigenen Gerät abspeichern (was ohnehin zu empfehlen ist, damit Sie nicht wertvolle Online-Zeit vergeuden, während Sie auf den Ausdruck warten).

Automatisches Senden und Empfangen. Ihr Computer kann die Befehle zum Senden und Empfangen von Nachrichten wesentlich schneller abwickeln, als Sie das selbst können. Außerdem kann er das auch während Ihrer Abwesenheit für Sie erledigen. Wenn Sie über eine Anwählverbindung *(Dial-Up Connection)* zu einem Internet-Anbieter verfügen, sollte es möglich sein, Ihren Computer so zu programmieren, daß er automatisch Ihren Internet Service Provider anwählt, alle von Ihnen zuvor verfaßten Nachrichten zum Versand bringt, alle Nachrichten abruft, die sich in Ihrer Mailbox angesammelt haben, und die Verbindung anschließend wieder abbricht. Diese automatische Mail-Abwicklung gibt Ihnen auch Sicherheit darüber, daß Ihre Mailbox regelmäßig abgerufen wird. Sie können das Programm anweisen, Ihren elektronischen Briefkasten mehrmals pro Tag oder zumindest einmal pro Tag zu entleeren, wenn Sie das wollen. Es ermöglicht Ihnen auch, während der Nachtstunden E-Mail zu versenden und zu empfangen, wenn Ihr Büro geschlossen ist. Und es wickelt Ihren Mail-Verkehr ab, während Sie an anderen Dingen arbeiten. Alles, was Sie dazu tun müssen, ist sicherzustellen, daß Ihr Computer und Ihr Modem zu jenen Zeiten, die Sie für den Mail-Verkehr festgesetzt haben, eingeschaltet sind.

Gruppierung der Nachrichten. Diese Option gibt Ihnen die Möglichkeit, den Inhalt Ihrer Mailbox nach bestimmten Kriterien auszusortieren oder anzuordnen. Einige Mail-Programme weisen dafür ausgefeilte Funktionen auf; andere wiederum sind in diesem Bereich eher schlecht ausgestattet. Zumindest aber sollten Sie in der Lage sein, eine Gruppe von Nachrichten in Ihrer Mailbox auszuwählen und sie auf einmal abzuspeichern oder zu löschen. Zusätzlich verfügen manche Programme über benutzerfreundliche Optionen, um Ihre E-Mails gleich in verschiedenen *Foldern* (elektronischen Aktenordnern) und Verzeichnissen ordnen zu können. Oder Sie können die Eingangspost in Ihrem Briefkasten nach verschiedenen Kriterien ordnen – zum Beispiel nach Datum, Absenderadresse oder Betreff.

Bezugnahme. Wenn Sie auf eine erhaltene Nachricht antworten, können Sie mit dieser *Anführen*-Funktion die ganze oder Teile einer Nachricht, auf die sich Ihre Antwort bezieht, wieder anführen. So weiß der Leser Ihres Antwortschreibens sofort, worauf genau sich Ihre Nachricht bezieht. Das sieht etwa so aus:

```
On November 1, you wrote:

>I'm sure there must be a way to reform campaign spending.I'm preparing a
>new bill for the next legislative session.

I agree about the need for reform, but asking Congress to do it is like
asking the fox to voluntarily leave the henhouse.
```

Die beiden Zeilen mit dem ›>-Zeichen‹ davor sind ein Zitat aus einer vorangegangenen Nachricht. Die Antwort darauf befindet sich in den beiden darunterliegenden Zeilen. Diese Art von Bezugnahme ist bei der Beantwortung von E-Mail weitverbreitet. Die besseren Mail-Programme haben dafür sehr benutzerfreundliche Funktionen eingebaut. Sie fügen entweder automatisch die gesamte Originalnachricht, auf die sich die Antwort bezieht, in das Reply-Fenster ein (Sie können dann jene Teile löschen, die für Ihre Antwort nicht von Belang sind); oder Sie können Teile der ursprüng-

lichen Nachricht markieren und durch Anklicken eines
›Quote‹-Feldes wie in unserem Beispiel nur die ausgewählten Teile in Ihr Antwortschreiben einkopieren. Wenn Ihr
Mail-Programm keine automatische Bezugnahme-Funktion
besitzt, kopieren Sie einfach den entsprechenden Abschnitt
aus der Originalnachricht und fügen ihn in Ihre Antwort ein.

Bozo-Filter. Das ist eine Möglichkeit, bestimmte E-Mail-
Nachrichten automatisch abzulehnen. Die besten Mail-Programme ermöglichen Ihnen die Einrichtung von Filtern oder
Screens, die Ihre eingehenden E-Mails nach Kriterien wie
Absenderadresse oder bestimmten Stichworten oder Satzteilen in der Betreff-Zeile absuchen und die unerwünschten
Nachrichten zurückweisen. So könnten Sie etwa einen Bozo-
Filter einrichten, um alle Nachrichten ungelesen zurück-
zusenden, die in ihrer Betreff-Zeile die Worte ›Make big
money now‹ aufweisen oder die von einer Absenderadresse
stammen, von der üblicherweise nur solche ›Schnell-Reich-
Werden‹-Nachrichten kommen. Mit einem Bozo-Filter brauchen Sie sich mit solchen E-Mails gar nicht herumzuschla-
gen, denn sie gelangen niemals in Ihre Mailbox, weil sie dort
keinen Eingang finden.

Natürlich müssen Sie behutsam vorgehen, wenn Sie Ihre
Mail auf diese Art und Weise ausfiltern. Solche Filter sollten
immer sehr spezifisch formuliert sein, damit Sie nicht etwa
Mail zurückzuweisen, die vielleicht zu einem Geschäftsabschluß hätte führen können.

Mailbots

Wenn Sie über einen Internet Service Provider (ISP) ans Internet angeschlossen sind, stellen *Mailbots* eine einfache Art
und Weise dar, um Produkt- oder Unternehmensinformation
an Leute zu versenden, die diese über E-Mail angefordert
haben. Ein Mailbot oder *Mail Reflector* ist ein Programm,
das E-Mail-Nachrichten entgegennimmt und automatisch

einen standardisierten Brief an den Absender zurücksendet. Die meisten ISPs können ein solches Mail-Programm für weniger als 100 DM für Sie einrichten. Sie können das aber auch selbst über ein ISP Shell Account erledigen.

Nehmen wir etwa an, daß Sie eine Datei erstellt haben, die eine genaue Beschreibung Ihrer Beratungsdienste enthält. Sie wollen aber nicht damit behelligt werden, diese jedesmal an jemanden zu versenden, der sie anfordert. In diesem Fall könnten Sie einen Mailbot einrichten. Dieser Mailbot hätte eine eigene E-Mail-Adresse und würde Ihre Datei automatisch an jene Leute schicken, die sie unter dieser Adresse anfordern.

Manche Mailbots reagieren auf bestimmte standardisierte Befehle, die in der Betreff-Zeile der E-Mail eingetragen werden müssen, andere wiederum schicken die Information einfach an jede Adresse ab, von der sie eine E-Mail erhalten. Wenn Sie lediglich eine einzige Informationsdatei verbreiten wollen, kommen Sie mit solch einem einfachen Mailbot aus. In diesem Fall könnten Sie in alle Ihre Werbebotschaften einen Satz einfügen, der etwa den folgenden Inhalt hat: »Nähere Informationen können Sie über E-Mail bei *info@ galacksy.com* anfordern.« *info@galacksy.com* wäre in diesem Beispiel die Adresse des Mailbots.

Wenn Sie aber mehrere verschiedene Informationsschreiben auf diese Weise unter die Leute bringen wollen, benötigen Sie einen multifunktionellen Mailbot, der den Versand unterschiedlicher Dokumente für Sie verwaltet, indem er unterschiedliche Dateien aufgrund unterschiedlicher Anforderungsbefehle versendet. In einem solchen Fall könnten Ihre Werbebotschaften die Aufforderung enthalten, im Textteil ihrer E-Mail verschiedene Dateien anzufordern. Das sieht etwa so aus:

textteil enthält den befehl	mailbot schickt
Sende Informationen	Allgem. Informationen über Ihr Unternehmen
Sende Preise	Preisliste
Sende Produktinfo	Produktinformation

Wenn Sie ein Mailbot-Programm eingerichtet haben, können Sie den Inhalt der Dateien, die mit seiner Hilfe versandt werden, jederzeit ändern, damit sie die jeweils aktuelle Information enthalten. Nähere Auskünfte über Mailbots erteilt Ihnen Ihr Internet-Anbieter.

Diskussionslisten (Mailing Lists)

Diskussionslisten bestehen aus Gruppen von Menschen, die über ein gemeinsames Interessensgebiet diskutieren, indem sie E-Mails an eine bestimmte E-Mail-Adresse senden. Diese Nachrichten (oder *Postings*) werden von einem besonderen *Mailing List Manager-Programm* verwaltet, das auf dem List-Server installiert ist. Dieses Programm verteilt alle eingehenden Nachrichten automatisch an alle Mitglieder der Diskussionsliste.

Wenn Sie sich etwa für Marketing im Internet interessieren, können Sie sich auf der Diskussionsliste Inet-Marketing einschreiben. Dann erhalten Sie automatisch alle E-Mails, die von irgendeinem Teilnehmer dieser Diskussionsliste an die gemeinsame Adresse gerichtet werden. Wenn Sie selbst einen Beitrag zur Diskussion leisten wollen, würden Sie eine entsprechende Nachricht an die Listenadresse von Inet-Marketing schicken, worauf Ihre E-Mail automatisch an alle Mitglieder der Diskussionsliste weitergeleitet würde.

Manche Diskussionslisten sind unmoderiert *(unmoderated)*. Das bedeutet, daß alle eingehenden Beiträge automatisch an alle Mitglieder weitergeleitet werden. Andere wiederum sind moderierte *(moderated)* Diskussionslisten. Das bedeutet, daß der Betreiber der Liste jede eingehende Nachricht erst durchliest und sie erst dann an die anderen Teilnehmer weiterleitet oder sie zurückweist.

Diskussionslisten können offen *(open)* oder geschlossen *(closed)* geführt werden. Auf einer offenen Diskussionsliste kann sich jedermann eintragen, der dies wünscht; auf einer

geschlossenen Liste hingegen bestehen bestimmte Voraussetzungen für eine Teilnahme. Eine Diskussionsliste, die sich
etwa mit Fragen der Archäologie in Afrika befaßt, kann
Ihrem Antrag auf Mitgliedschaft stattgeben oder ihn zurückweisen, je nachdem, welche Qualifikation Sie für die Teilnahme an der dort geführten Diskussion vorzuweisen haben.

Wie findet man die richtigen Diskussionslisten?

Normalerweise erfahren Sie von einer interessanten Diskussionsliste durch Ihre Teilnahme an einschlägigen Newsgroups zum selben Thema. Wenn Sie beispielsweise mit dem
Verkauf von Stereogeräten zu tun haben und an der Newsgroup *rec.audio.highend* teilnehmen, werden Sie dort früher
oder später einen Hinweis auf eine Diskussionsliste zum selben Thema finden.

Sie haben aber auch die Möglichkeit, im Internet nach
Verzeichnissen von Diskussionslisten zu suchen. Für die List-
Manager-Programme *Listserv* und *Listproc* (das sind zur Zeit
die weitestverbreiteten) sind im Internet verschiedene Arten
von Diskussionslisten verfügbar, die den Namen und die E-
Mail-Adresse aller Diskussionslisten enthalten, die sich des
jeweiligen List-Manager-Programms bedienen. Häufig besteht auch die Möglichkeit, diese Verzeichnisse nach Stichworten abzusuchen, um die Diskussionslisten zu einem bestimmten Fragenkreis zu erhalten. Um zum Beispiel zu erfahren, welche Diskussionslisten, die über das Listserv-Pro-
gramm ablaufen, zum Thema ›Audio‹ bestehen, können Sie
eine E-Mail mit dem Eintrag ›list global/audio‹ im Textteil
der Nachricht an die E-Mail-Adresse *listserv@listserv.net* senden. Daraufhin erhalten Sie eine Antwort-Mail mit allen
Listserv-Diskussionslisten, die in ihrem Listennamen den
Begriff ›Audio‹ aufweisen.

Nun können Sie für jede dieser Listen eine Beschreibung
anfordern, indem Sie jeweils eine E-Mail an den Listenver-
walter *(List Manager)* schicken. Der Antwort können Sie

entnehmen, welchen Fragen die Diskussionsliste gewidmet ist, ob sie moderiert oder unmoderiert ist und wie Sie sich darauf eintragen können. Ein Ausschnitt aus dem Informationsschreiben der Diskussionsliste met-Marketing sieht zum Beispiel so aus:

```
INET-MARKETING: Internet Marketing Discussion List

List Title: INET-MARKETING: Internet Marketing Discussion List
List Owner or Contact: Glen Fleishman, fleglei@connected.com

To subscribe to this list, send e-mail to LISTPROC@einet.net; in the body of
the message, type SUBSCRIBE INET-MARKETING followed by your real name and
your organization. For example: SUBSCRIBE INET-MARKETING Jane Q. User of
Jane's Company Name.

To unsubscribe from this list, send the command UNSUBSCRIBE INET-MARKETING
in e-mail to LISTPROC@einet.net.

Send all other list-related commands to LISTPROC@einet.net. For assistance,
send the command HELP.

Send all articles to INET-MARKETING@einet.net.

It is possible to receive the contents of this list as a "digest", a
periodic collection of articles from the list traffic. You should receive
instructions on how to receive the list digest when you subscribe. If not,
you should send a politely-worded inquiry to the list contact.

This mailing list is "edited"; this means that one or more humans must
approve all articles for publication. When you submit an article, it is
reviewed by a human (or humans) who determine whether or not the article
will be distributed to the list.

This mailing list is "moderated"; that means that one or more human beings
monitors the flow of the list traffic and makes an effort to keep
conversations topical. While virtually all lists have a set number of topics
to which conversations should apply, moderated lists are more strict in
their interpretations of the guidelines. To be a good member of a moderated
list, do not go outside the topics of the list without first okaying it with
the moderator(s).

Keywords: marketing, Internet, computer, service

Description:
The INET-MARKETING list is devoted to the discussion of marketing goods and
services in an appropriate way on the Internet.
```

Anmeldung zu einer Diskussionsliste

Jedermann, der über eine E-Mail-Adresse verfügt, die über das Internet erreichbar ist, kann sich auf einer Diskussionsliste eintragen. Alles, was Sie dazu benötigen, ist der Name der Diskussionsliste, die Adresse des jeweiligen List-Manager-Programms und der sogenannte subscribe-Befehl, um sich als Mitglied auf der Liste registrieren zu lassen.

Jede Diskussionsliste hat zwei Adressen: die *Listenadresse (List Address),* an die Sie Ihre Diskussionsbeiträge richten müssen, und die *Adresse des Listenverwalters (List Manager Address),* an die Sie administrative Befehle wie etwa zur Anforderung von Informationen schicken und unter der Sie sich auf der Liste eintragen und wieder von ihr abmelden können. Die Informationsdatei jeder Diskussionsliste gibt Ihnen Auskunft darüber, wie Sie sich darin einschreiben können.

Wenn Sie sich in eine Diskussionsliste eintragen, speichern Sie unbedingt die Informationsdatei und die Nachricht, die die Bestätigung Ihrer Registrierung enthält, auf Ihrer Festplatte ab. Dort steht nämlich, wie Sie sich zu einem späteren Zeitpunkt wieder von der Liste abmelden können und welche anderen automatisierten Optionen es dort gibt. So stellen manche Diskussionslisten etwa ein Verzeichnis aller jemals auf ihr erfolgten Diskussionsbeiträge zur Verfügung. Dies ermöglicht Ihnen die Suche nach alten Nachrichten zu einem bestimmten Thema. Einige moderierte Listen haben eine Digest-Funktion, mit deren Hilfe Sie den gesamten Schriftverkehr eines Tages in einem einzigen E-Mail Paket erhalten können, anstatt jeden Tag eine ganze Reihe einzelner E-Mails, die über diese Liste versandt wurden, in Ihrer Mailbox vorzufinden.

Teilnahme an einer Diskussionsliste

Um an einer Diskussionsliste teilzunehmen, sollten Sie sich erst einmal darauf eintragen und ein paar Wochen lang nur als stiller Beobachter in sie ›hineinhorchen‹ (dieser Vorgang wird in der Fachsprache *lurken* genannt). Beschränken Sie sich darauf, die Beiträge anderer auf dieser Liste zu lesen, bis Sie ein Gefühl dafür bekommen haben, worüber hier vorrangig diskutiert wird und wie es mit der Toleranz der Teilnehmer für Werbebotschaften aussieht. Wenn Sie das Gefühl haben, daß Sie die dort herrschende Etikette begriffen haben, können Sie mit Ihrer aktiven Teilnahme beginnen.

Dazu stehen Ihnen drei Möglichkeiten offen:

• Antworten Sie auf einen Beitrag von jemand anderem, wenn Sie das Gefühl haben, daß Sie zu dieser Frage etwas zu sagen haben.

• Stellen Sie neue Informationen zur Verfügung, von denen Sie glauben, daß sie für die anderen Teilnehmer der Diskussionsliste von Interesse sein könnten.

• Schlagen Sie einen neuen Diskussionspunkt vor, oder stellen Sie eine Frage, die sich auf das allgemeine Thema der Diskussionsliste bezieht.

Vergessen Sie nicht, daß Sie Ihre Beiträge immer an die Listenadresse richten müssen und nicht an die Adresse des Listenverwalters. *(Weitere Tips dafür, wie Sie am besten Ihre Botschaft formulieren finden Sie unter der Überschrift ›Marketing mit E-Mail‹ auf S. 92.)*

Eröffnung einer eigenen Diskussionsliste

Der Grund dafür, warum es im Internet an die 10.000 Diskussionslisten gibt, liegt darin, daß sich die meisten Diskussionsthemen immer weiter in Spezialgebiete aufgliedern lassen. Wenn jemand zum Beispiel vor langer Zeit eine Liste über Autos eingerichtet hat, können sich daraus im Laufe der Zeit Dutzende von Diskussionslisten über Autos aus verschiedenen Ländern, über Autoreparatur, Autorennen etc. entwickeln. Wenn Sie das Internet nach passenden Diskussionslisten absuchen und dabei zu dem Schluß gelangen, daß die vorhandenen Listen für Ihren Geschmack alle zu allgemein gehalten sind, besteht die Möglichkeit, Ihre eigene Diskussionsliste zu eröffnen. Je genauer Sie eine Gruppe von Menschen, die sich für einen bestimmten Fragenkreis interessieren, identifizieren können, desto größer sind Ihre Chancen, aus diesem Kreis eine erstklassige Liste heißer Interessenten für Ihr Unternehmen herauszufiltern.

Um eine Diskussionsliste zu eröffnen, benötigen Sie keine besondere Erlaubnis. Sie müssen aber:

1. eine E-Mail-Adresse einrichten, an die die Beiträge gerichtet werden sollen;
2. einen Anschluß an ein List-Manager-Programm herstellen (oder aber die Bereitschaft haben, die Beiträge zu verwalten);
3. die Bereitschaft und ausreichende Kontakte im Internet haben, um die Diskussionsliste so bekanntzumachen, daß genügend andere daran teilnehmen wollen.

Sie müssen auch eine Entscheidung darüber fällen, ob Sie Ihre Liste moderieren wollen.

Um die ersten beiden Voraussetzungen zu schaffen, ist Ihr Internet-Anbieter der erste Ansprechpartner. Die meisten ISPs können Ihnen helfen, einen Anschluß an ein List-Manager-Programm für Ihre Diskussionsliste herzustellen. Zumindest aber kann man Sie dort an jemanden verweisen, der dazu in der Lage ist. Die bekanntesten List-Manager-Programme sind Listserv, Listserver, Listproc, Mailbase, Majordomo und Procmail. Ihr Internet-Anbieter sollte Ihnen Zugang zu einem von diesen Programmen verschaffen können.

Wenn Sie Ihre eigene Diskussionsliste eröffnen, dann sollten Sie eine Beschreibung der Liste vorbereiten, die Auskunft über das behandelte Thema gibt und die darüber informiert, ob sie moderiert oder unmoderiert ist, wie man sich darauf eintragen und wieder abmelden kann und welche sonstigen Optionen zur Verfügung stehen. Außerdem sollten Sie unbedingt einen kurzen Absatz einfügen, aus dem hervorgeht, daß Sie sich als Listeninhaber das Recht vorbehalten, jeden Teilnehmer wieder von der Liste zu entfernen. Auf diese Weise haben Sie die Möglichkeit, wenn ein Mitglied ständig nicht zum Thema gehörigen Müll auf Ihrer Diskussionsliste ablädt, ihn oder sie von der Liste zu streichen.

Marketing mit E-Mail

E-Mail ist so schnell und bequem. Ihr Marketingerfolg erfordert jedoch eine behutsame Vorgehensweise. Jede Funktion von E-Mail eröffnet für Ihr Marketing viele Chancen, birgt aber auch hohe Risken. Besonderes Augenmerk sollten Sie insbesondere auf die folgenden Komponenten richten:

- Betreff-Zeilen *(Subject Lines)*,
- Textteile *(Message Bodies)*,
- Unterschriften *(Signatures)*,
- Ihre Adresse,
- Empfängerkreis Ihrer E-Mails,
- Ihre Fähigkeit, rasch auf das Interesse, das Sie mit Ihren Mails hervorrufen, zu reagieren.

E-Mail ist keine Briefpost

Abgesehen von der Methode ihres Versandes besteht noch eine Reihe weiterer, entscheidender Unterschiede zwischen E-Mail und Briefpost:

Bei der Briefpost trägt der Absender die Kosten für die Beförderung. E-Mail hingegen ist kostenlos, also die preisgünstige Form des Direktmarketing, was auch die rasante Zunahme von Werbe-E-Mails erklärt. Aber auch wenn E-Mail kostenlos ist: Online-Zeit kostet immer Geld. Sofern Ihr Adressat nicht an das Netzwerk eines Großunternehmens oder einer Universität angeschlossen ist, wo ihm seine Online-Zeit nicht direkt verrechnet wird, entstehen durch jede Sekunde Verbindungszeit Kosten. Die meisten Leute sind sich der Tatsache, daß bei ihren Ausflügen in die Online-Welt im Hintergrund ständig ein Zählwerk mitläuft, im höchsten Maße bewußt. Die Empfänger Ihrer Nachrichten müssen also für die benötigte Zeit, *um* Ihre E-Mails zu lesen, bezahlen. Sie opfern Ihnen diese Zeit, in der sie andernfalls online andere Dinge tun könnten.

E-Mail vermittelt immer den Eindruck einer direkten Verbindung. Insofern hat diese viel mehr Ähnlichkeit mit einem Telefongespräch oder einem persönlichen Besuch als mit dem Öffnen eines herkömmlichen Briefkastens und dem Durchblättern von Briefen. E-Mail ist ein viel direkteres Medium als Foren, Newsgroups oder selbst Diskussionslisten (wo Sie immerhin die Gewißheit haben, daß die Nachricht an viele Leute gleichzeitig versandt wird).

Idealerweise sollte die E-Mail, die Sie für Marketingzwecke versenden, so nützlich, informativ oder unterhaltsam sein, daß die Empfänger sich über ihren Erhalt freuen. Wenn Sie das nicht sicherstellen können (und das können Sie eigentlich nie wirklich), sollten Ihre Nachrichten zumindest so effizient wie nur möglich sein. Sie dürfen die Leute nicht langweilen. Und Sie dürfen nicht mehr von ihrer Zeit in Anspruch nehmen als unbedingt nötig.

Vom allerersten Wort in Ihrer Betreff-Zeile bis zum letzten Buchstaben Ihrer automatischen Unterschrift verstärkt alles, was Sie in einer Nachricht schreiben, Ihre Marketingbotschaft, oder aber es lenkt von ihr ab. Das Aussehen jeder einzelnen E-Mail ist ebenso wichtig wie das Erscheinungsbild Ihres Geschäftslokals, die Kleidung Ihrer Angestellten oder die Begrüßungsformel am Telefon. Ihre Aufgabe besteht darin, dafür zu sorgen, daß jeder Aspekt Ihrer E-Mail zu Ihrem Erfolg beiträgt.

Die Online-Ausdrucksweise

Das wichtigste Instrument für die Gestaltung Ihrer Nachricht sind die Buchstaben und Zeichen auf Ihrer Computertastatur. Die meisten Leute, die den Online-Markt besuchen, können nur diese Textzeichen *(Text Characters)* betrachten und übermitteln. Sie müssen sich deshalb in Ihrer Ausdrucksweise auf Worte und Standardsymbole, die auf jeder Schreibmaschine zu finden sind, beschränken.

Natürlich werden Sie bald feststellen, daß alle anderen

ebenfalls unter diesen beschränkten Bedingungen arbeiten müssen. Und jeder, der sein Unternehmen online vermarkten will, bemüht sich dabei um einen kleinen Aufmerksamkeitsvorsprung. Wann immer Sie also online irgend etwas zum besten geben (egal ob es sich um den Text einer E-Mail, deren Betreff-Zeile oder um eine Newsgroup, einen Beitrag zu einem Forum, den Namen Ihres Online-Shops oder dessen einzelne Abteilungen handelt), sollten Sie sich bei Ihrer Formulierung an einige Regeln halten, um die Leute nicht vor den Kopf zu stoßen. Genau wie bei der Dekoration eines wirklichen Schaufenster, wo Sie sich nach bestimmten Konventionen für die Beschriftung und Gestaltung richten, besteht eine Reihe von stilistischen Gepflogenheiten, die Sie berücksichtigen sollten, wenn Sie online etwas formulieren.

Bedienen Sie sich der normalen Regeln der Großschreibung. Wenn Sie Ihre ganze Nachricht in Großbuchstaben oder mit Ausrufungszeichen verfassen, so bedeutet das online, daß Sie schreien. Die meisten Menschen lehnen dies ab – das wirkt ungefähr so, als ob Sie vor der Tür Ihres Geschäftes stehen und alle Leute, die daran vorbeigehen, anbrüllen würden. Wenn Sie aber glauben, daß Ihre Betreff-Zeile dadurch mehr ins Auge sticht, daß Sie nur Kleinbuchstaben verwenden, so befinden Sie sich im Irrtum. Und schließlich sollten Sie beim Einsatz von Betonungszeichen wie Rufzeichen oder Dollarzeichen nicht übertreiben. Ihre Nachricht mit eigenwilliger Rechtschreibung oder Unterstreichungen aufzumotzen, ist ein ungeeigneter Ersatz für einen guten Schreibstil.

Setzen Sie Emoticons ein. Die meisten von uns sind nun einmal keine professionellen Schreiber. Deshalb fällt es uns schwer, Gefühlsregungen wie Zorn, Trauer oder Gelächter durch einen Text zu vermitteln. Die Internet-Gemeinde hat sich dazu etwas einfallen lassen und setzt zu diesem Zweck sogenannte *Emoticons* oder *Smileys* ein; das sind Kombinationen von Textzeichen, die wie ein Gesichtsausdruck aussehen, wenn man sie von der Seite betrachtet. Zum Beispiel:

:-)   Lächeln
:-(Finster dreinschauen
;-)   Zwinkern

Es gibt eine Reihe von Büchern, in denen Hunderte solcher
Smileys abgebildet sind. Normalerweise werden Sie aber mit
einer Handvoll der geläufigsten, wie den drei oben abgebil-
deten, auskommen. Sollten Sie vergessen, wie der richtige
Smiley für eine bestimmte Situation aussieht, können Sie
Ihren Gesichtsausdruck auch als Wort innerhalb von Grö-
ßer/Kleinerzeichen mitteilen, zum Beispiel <Grinsen>. Auf
Ihren Reisen durch die Online-Welt werden Sie eine Menge
Beispiele dafür finden, Sie sollten sich deshalb mit ihrem
Umgang vertraut machen.

Verwenden Sie Abkürzungen. Online wird eine ganze
Reihe von Abkürzungen verwendet, bei denen bekannte
Ausdrücke auf ein paar Buchstaben reduziert werden. Auf
diese Art und Weise spart man Zeit beim Tippen und für den
Leser ein. Zudem benötigt man weniger Platz auf dem Bild-
schirm. Es folgen einige Beispiele:

- IMHO – In my humble opinion (Meiner bescheidenen
  Meinung nach);

- BTW – By the way (übrigens);

- ROTFL – Rolling on the floor laughing (Ich kugle mich
  vor Lachen);

- FAQ – Frequently asked questions (Häufig gestellte Fragen). Im Internet gibt es Tausende von FAQ-Dateien, die
  Neulingen die wichtigsten, häufig gestellten Fragen über
  verschiedene Internetdienste, Newsgroups oder andere
  Anwendungen erklären;

- RTFM – Read the f...g manual (Lies das gottverdammte
  Handbuch) Eine übliche Antwort auf allzu dumme Fragen, die ohnehin in einer FAQ-Datei oder in jedem On-
  line-Handbuch beantwortet werden.

Achten Sie auf Ihre Rechtschreibung. Durch falsch geschriebene Worte stehen Sie als Amateur da, als jemand, der sich nicht die Mühe macht oder nicht über die nötige Intelligenz verfügt, um die Dinge richtig zu machen. Und wenn Ihre Nachricht diesen Eindruck erweckt, könnte bei den Interessenten leicht der Eindruck entstehen, daß dasselbe auf Ihre Produkte oder Ihre Dienstleistungen zutrifft. Wenn Sie sich bei der Rechtschreibung und Zeichensetzung nicht sicher fühlen, lassen Sie Ihre Nachrichten von jemand anders kontrollieren, bevor Sie sie versenden.

Die Betreff-Zeile ist das Eingangstor zu Ihrer Nachricht

Die Betreff-Zeile und Ihr Name als Absender sind gewissermaßen der Umschlag Ihrer E-Mail-Nachricht. Sie sind das einzige, was Ihre Empfänger beim Erhalten Ihrer Nachricht lesen. Sie allein entscheiden darüber, ob sich jemand die Mühe macht, Ihre Sendung auch tatsächlich zu öffnen und zu lesen. Denken Sie immer daran, daß Ihr Empfänger sich womöglich durch Dutzende von E-Mails wühlen muß, die er gleichzeitig mit Ihrer bekommen hat. Deshalb muß Ihre Betreff-Zeile sich von den anderen abheben. Eine gute Betreff-Zeile sollte klar und deutlich sagen, worum es in Ihrer Nachricht geht; sie sollte aber auch einen guten Grund dafür bieten, Ihre E-Mail zu öffnen; und wenn Sie Ihre Mails über einen kommerziellen Online-Service versenden, sollten Sie all das mit höchstens 32 Zeichen zustande bringen.

Diese 32-Zeichen-Regel wird durch das Medium E-Mail vorgegeben. Es ist leicht möglich, daß die Empfänger Ihrer Nachrichten auf kommerziellen Online-Diensten Mail-Programme verwenden, die in ihrer Betreff-Zeile für höchstens 32 Zeichen Platz haben (ISP-Mail-Programme haben bis zu 80 Zeichen Platz). Desbalb sollten Sie damit rechnen, daß alle Teile Ihres Betreffs, die über das 32. Zeichen hinausgehen, für den Empfänger unsichtbar sein könnten. Wenn Sie

unbedingt einen längeren Betreff schreiben müssen, achten
Sie zumindest darauf, daß die Zeile auch dann Sinn macht,
wenn man nur die ersten 32 Zeichen sehen kann.

Die Betreff-Zeile sollte einen zwingenden Grund enthalten, warum der Leser diese Nachricht öffnen sollte. Der
beste Grund besteht darin, daß die Nachricht eine Information enthält, die der Leser angefordert hat. Wenn Sie zum
Beispiel auf eine Anfrage für nähere Informationen zu
Ihrem Produkt oder Ihrer Dienstleistung antworten, könnte
die Betreff-Zeile etwa lauten: ›Gewünschter Bücherkatalog‹
oder ›Re: Informationsanfrage‹.

Wenn es sich bei Ihrer Nachricht hingegen um eine erst-
malige Kontaktaufnahme handelt, sollte darin der Betreff
eine Frage aufwerfen, von der Sie wissen, daß der Empfänger an ihr besonders interessiert ist. Oder Sie sollten auf eine
Nachricht Bezug nehmen, die der Empfänger vor kurzem
selbst versandt hat. Zum Beispiel: ›Re: Ihre Anmerkung zu
Spielzeug‹ oder ›Gratisplan für Puppenhaus‹.

Wenn es sich bei Ihrer Nachricht um einen sogenannten
›kalten‹ Kontakt handelt und Sie daher auf keinerlei frühere
Nachrichten Bezug nehmen können, die der Empfänger versandt hat, können Sie die Kraft Ihrer Betreff-Zeilen durch
den Einsatz der folgenden ›Powerworte‹ aus dem Guerilla-
Sprachschatz verstärken:

Sie	jetzt	warum
Geld	Geheimnis	ja
sicher	Ergebnisse	Vorzüge
neu	Gesundheit	Liebe
gratis	leicht	Entdeckung
Abverkauf	Sicherheit	Garantie
Ankündigung	wie	schnell
erwiesen		

Nachdem für viele Leute der Hauptgrund für ihre Reise auf
der Infobahn die Suche nach kostenloser Information ist,

sollte man dieser Liste noch die folgenden Begriffe hinzufügen:

Info	Information	Neuigkeit
Intelligenz	Bericht	Bulletin

Die mustergültige Nachricht

Nachrichten, die sich gut für den Verkauf eignen, sollten
nach den folgenden beiden Grundsätzen erstellt werden:

Fassen Sie sich kurz. Wenn das, was Sie sagen wollen, nicht
auf einer Seite (maximal zwei Seiten) Platz findet, sind Sie
scheinbar selbst nicht ganz sicher, was Sie eigentlich zum
Ausdruck bringen wollen. Diese Regel gilt für Werbebotschaften, nicht aber für ausführliche Beschreibungen Ihrer
Produkte oder Dienstleistungen. Der Erstkontakt mit einem
Online-Interessenten sollte kurz und einladend formuliert
sein. Wenn dabei bei dem Interessenten noch einige Fragen
offenbleiben, wird er sie Ihnen anschließend schon stellen.
Dann werden Sie Gelegenheit erhalten, Ihr Angebot im Detail und ausführlicher zu erläutern.

Überprüfen Sie das Format. Es gibt nichts Ärgerlicheres,
als eine Nachricht lesen zu wollen, die durch unnötige Zei-
lenschaltungen, zu kurze Zeilen oder fremdartige Sonderzei-
chen verunstaltet ist. Manchmal fügt Ihr Mail-Programm
oder Ihr Online-Service beim Versand Extrazeilenschaltun-
gen oder zusätzliche Zeichen ein. Dem können Sie jedoch
vorgreifen, indem Sie versuchen, das Problem in den Griff zu
bekommen. Zum Beispiel:

- Formatieren Sie Ihre E-Mails so, daß jede Zeile eine
  Länge zwischen 60 und 80 Anschlägen aufweist. Das ist
  die übliche Zeilenlänge in einem typischen Textverarbeitungsdokument.
- Fügen Sie nach jedem Absatz eine Zeilenschaltung ein,
  damit die Absätze nicht verschwimmen (Zeileneinzüge

oder Tabulatoren, die Sie verwenden, könnten bei der Übertragung verlorengehen).

- Verwenden Sie kein zentriertes oder Block-Format, weil auch diese Formatierungsoptionen die Reise durchs Internet möglicherweise nicht überstehen werden.

- Vermeiden Sie überhaupt besondere Formatierungsbefehle, die oftmals nur auf Ihrem eigenen Computersystem funktionieren, die Reise auf der Infobahn aber ebenfalls nicht überleben werden.

- Setzen Sie Unterstreichungszeichen am Beginn und am Ende eines Wortes oder eines Zitates ein, um durchgehende Unterstreichung oder Kursivschrift anzudeuten. Ihr Computersystem mag Ihnen ja Fettschrift, Unterstreichungen oder Kursivschrift gestatten, aber sie lassen sich ebenfalls nicht durch E-Mail-Nachrichten übertragen. Um den Titel eines Buches oder einer Zeitschrift hervorzuheben, setzen Sie einfach ein einzelnes Unterstreichungszeichen vor und nach dem Titel. Das kann dann folgendermaßen aussehen: »Für nähere Information siehe Jay Levinsons_Guerilla-Marketing_«

- Lesen Sie den Text noch einmal ganz durch, bevor Sie ihn versenden, um sicherzustellen, daß sich nicht in letzter Minute Tippfehler oder Formatprobleme eingeschlichen haben, die die Qualität Ihrer Nachricht beeinträchtigen. Schließlich könnte diese eine E-Mail Ihre einzige Chance sein, einen bestimmten Interessenten zu erreichen.

Ihre Unterschrift

Sie können Ihre Nachricht selbstverständlich mit einem ›Mit freundlichen Grüßen Hans Schmidt‹ beenden, wie Sie das auch bei einem Brief tun würden. Wenn das alles ist, verpassen Sie jedoch eine großartige Chance für Ihr Marketing. Es ist nämlich zur allgemein akzeptierten Gepflogenheit geworden, den E-Mails eine *sig* oder *signature,* also eine automatische Unterschrift, anzufügen. Darunter versteht man einen

Informationsblock, der einige Ähnlichkeit mit einer Visitenkarte hat und der unterhalb der eigentlichen Nachricht angefügt wird. In Ihrer Unterschrift dürfen Sie den Namen Ihres
Unternehmens anführen, Information für weitere Kontakte
bereitstellen und sogar einen kurzen Slogan an passender
Stelle anbringen.

Solche Unterschriften können Sie nicht nur in E-Mail-
Nachrichten einsetzen, sondern auch in Ihren Beiträgen zu
Newsgroups oder Foren, wo andere Formen des Marketing
verpönt sind.

So sieht beispielsweise eine vertikal ausgerichtete Unterschrift aus, die den Namen der Person, des Unternehmens,
die Postadresse (im Internet-Jargon *Snail Mail*, also *Schnek-
kenpost*, genannt), Telefonnummer, Fax und E-Mail-Adresse
enthält:

```
-------------------------------
Adam Bunting
ARB Mattress Company
460 Menkin Place
Drowse, Virginia 20150

Phone   (703) 555-9247
Fax     (703) 555-4560
E-mail  bedrest@arb.com


-------------------------------
```

Achten Sie auf die unterbrochenen Linien, die die Unterschrift nach oben und unten begrenzen. Sie wirken wie sichtbare Kanten dieser elektronischen Visitenkarte. Das einzige
Problem bei dieser Unterschrift ist, daß sie Bildschirmplatz ver-
geudet. Denken Sie immer daran: je mehr Zeilen Sie verwenden, desto länger dauert es, Ihre Nachricht zu übermitteln und
zu lesen. Deshalb sollte Ihre Unterschrift so platzsparend wie
möglich sein. Man wird Ihnen keinen herzlichen Empfang bereiten, wenn Ihre Unterschrift Sie als ignoranten Verschwender
von kostbarer Online-Übertragungskapazität ausweist.

Auf manchen Newsgroups und Diskussionslisten sind Unterschriften, die allzu offensichtlich Bildschirmplatz verschwenden, verpönt. Vier Zeilen werden allgemein als akzeptable Obergrenze betrachtet. Bei allem, was darüberliegt, riskieren Sie, als Übertragungsflegel gebrandmarkt zu werden. Die obenstehende Unterschrift hätte genausogut in vier Zeilen gepreßt werden können, wenn die Information statt dessen horizontal angeordnet worden wäre. Zum Beispiel so:

```
------------------------------------------------------
Chris Terman, Financial Aid Advisor: chris@clarity.com
Clarity College Funding Service: For info, info@clarity.com
Quality Scholarship Search Services for USA Students
PO Box 1002, Globe, AZ   85711  (602) 555-7155
------------------------------------------------------
```

Diese Unterschrift packt eine ganze Menge Information in nur vier Zeilen. Sie enthält sogar Informationen über die Art des Service, um den es hier geht, sowie die E-Mail-Adresse eines Mailbot-Programms, das automatisch Informationen versendet. Diese Version erscheint uns aber als etwas überfrachtet und schwer leserlich. Wie wäre es deshalb mit dem folgenden Beispiel:

```
Robin Shadegg: The Shadegg Corp.  | shadegg@mphisto.com
    Strategic Planning for        |
    Marketing Development          | Voice: 206-555-6477
8203 - 39th Street                 | Fax: 206-555-6553
Spokane, Washington 98115          | Home: 206-555-6551
```

Diese Unterschrift kombiniert jede Menge Information mit einem optisch ansprechenden Layout. Das einzige Problem, das wir hier erkennen können, sind die vertikalen Querstriche und die Einrückung des Unternehmensslogans. Wie Sie sehen, ergeben die Querstriche keine glatte Linie (auf manchen Computern tun sie das, auf anderen wieder nicht), und der Zeileneinzug sollte gleichmäßiger erfolgen.

Das Erscheinungsbild hängt als von der Computertype ab, mit der die Nachricht gelesen wird. Sie sollten Ihre Unterschrift aber ›übersetzungssicher‹ gestalten.

Anstelle eines Unternehmensslogans wie dem oben abgebildeten fügen manche Cybernauten ein Zitat an, das ihre Unternehmensphilosophie oder ihre Ansichten über das Leben im allgemeinen und ihr Geschäft im besonderen wiedergeben, wie etwa diese:

```
-------------------------------------------
   Adult Literacy Consultants
   415-555-8271  info@readme.com

"Knowledge will forever govern ignorance...."
      -James Madison
-------------------------------------------
```

Ascii-Graphiken scheinen eine gute Methode zu sein, um Ihre Unterschrift optisch hervorzuheben, aber sie bringen üblicherweise mehr Nachteile mit sich, als die ganze Sache wert ist. Die Probleme mit den Zwischenräumen und der Zeilenausrichtung, die entstehen können, wenn Ihre Nachricht auf unterschiedlichen Computertypen betrachtet wird, macht es schwer, wenn nicht gar unmöglich, eine Graphik zu entwerfen, die auf jedem Computer, auf dem sie gelesen werden könnte, so aussieht, wie Sie sich das vorstellen.

Dennoch sollten Sie Ihre eigene Unterschrift entwerfen. Sie muß nicht ausgefallen sein; sie muß lediglich Ihren Namen, den Namen Ihres Unternehmens und zumindest Ihre E-Mail-Adresse in übersichtlicher Form enthalten, so daß Ihre Mail-Partner Sie leicht erreichen können. Sie können auch für verschiedene Marketingzwecke verschiedene Unterschriften einsetzen. Wenn Sie in der Möbelbranche tätig sind, könnten Sie zum Beispiel eine Unterschrift verwenden, die Ihre Sachkenntnis bei Betten besonders hervorhebt, und eine andere, die Ihren Einrichtungsberatungsservice betont, und schließlich eine dritte, die Ihre günstigen Finanzierungskonditionen oder die Gratiszustellung anpreist.

Ihre Adresse

Egal, ob Ihre E-Mailbox bei einem kommerziellen Online-Service eingerichtet ist oder Sie über einen ISP ans Internet angeschlossen sind, Sie sollten jedenfalls eine Adresse haben, die Ihnen dabei hilft, Ihr Unternehmen zu vermarkten. Wenn Sie bei einem kommerziellen Online-Service angeschlossen sind, verwenden Sie den Namen Ihres Unternehmens oder einen auffälligen Begriff als Mailbox-Bezeichnung, wie etwa *schale@aol.com* für ein Bekleidungsgeschäft oder *literat@t-online.de* für eine Buchhandlung. Wenn Sie über einen Internet-Anbieter angeschlossen sind, können Sie einen Schritt weitergehen und Ihren eigenen Domain-Namen beantragen. Dadurch entsteht nach außen der Eindruck, daß Sie über ein eigenes Unternehmensnetzwerk verfügen. So könnte Ihre Buchhandlung etwa den Domain-Namen *literat.de* führen, und darauf könnten Sie eine oder Dutzende verschiedene E-Mail-Adressen einrichten, die Namen haben wie *verkauf@literat.de* oder *info@literat.de*.

Ein Domain-Name-Service wird von den meisten ISPs angeboten. Je nachdem, welche Art von Internetanschluß Sie haben, ist er manchmal sogar gebührenfrei, sonst aber für ein paar Mark pro Monat zu haben.

Stellen Sie nützliche Inhalte zur Verfügung

Die Teilnehmer im Internet befinden sich üblicherweise auf der Suche nach nützlichen Informationen – sie hängen im Cyberspace nicht bloß auf der Suche nach Gesprächspartnern herum, und wenn dem doch so ist, dann tun sie das in den extra dafür eingerichteten Plauderrunden der ›Chat-Rooms‹. Egal, ob Sie eine E-Mail an eine Einzelperson senden oder Beiträge an eine Diskussionsliste oder eine Newsgroup versenden, Sie sollten dafür sorgen, daß Ihre Nachrichten ein gutes Signal-Lärm-Verhältnis *(signal-to-noise ratio)* aufweisen. Darunter versteht man die Relation zwischen nützlichem Inhalt und bedeutungslosem Geschwätz. Das ist das beste Kriterium für jede gute Nachricht.

Bleiben Sie beim Thema. Sie würden es wohl auch nicht besonders schätzen, wenn Sie sich spätnachts von einem spannenden Fußballspiel im Fernsehen erheben müßten, um den Anruf eines Finanzberaters entgegenzunehmen, der Ihnen Kommunalobligationen verkaufen möchte. Die meisten Leute schätzen es nicht besonders, wenn man sie mit Nachrichten zu Themen belästigt, an denen sie nicht das geringste Interesse haben (oder auch gerade zu diesem Zeitpunkt und in einem bestimmten Zusammenhang kein Interesse haben). Der Hauptgrund, warum sogenannte *Spam Attacken* – das sind Massen-E-Mail-Sendungen oder Massenbeiträge auf Newsgroups – nicht funktionieren, ist der, daß sie für 99,5 Prozent der Leute, die sie erreichen, völlig uninteressant sind. Der Grund, warum gut-geschriebene Nachrichten an sorgfältig ausgewählte Märkte *sehr wohl* funktionieren, liegt darin, daß sie beim Thema bleiben. Sie tragen mit Informationen zu einer Diskussion bei, die von anderen geführt wird.

Mundpropaganda als Marketing-Instrument

Mundpropaganda ist die beste Werbung, weil sie von einem Freund stammt, der einem anderen etwas mitteilt, was er selbst für nützlich befunden hat. Die in jedem Mail-Programm eingebaute Forward-Funktion sorgt dafür, daß sich Mundpropaganda noch schneller verbreitet. Weil es so schnell und einfach geht, eine erhaltene E-Mail an jemand anders weiterzuleiten, wäre es natürlich großartig, wenn die Empfänger Ihrer Werbebotschaften oder Produktinformationen diese an andere Personen weiterleiten würden, von denen sie wissen, daß sie daran Interesse haben.

Manches davon wird auch ohne Ihr Zutun ohnehin weitergeleitet werden. Internet-Freunde senden sich ständig gegenseitig Informationen zu oder leiten sie an Diskussionslisten oder Newsgroups weiter, von denen sie annehmen, daß dort Interesse dafür besteht.

Aber genauso, wie Sie die Kunden Ihres Geschäftes bitten können, Sie an Freunde weiterzuempfehlen, die ebenfalls an Ihrem Produkt oder Ihrer Dienstleistung interessiert sein könnten, können Sie auch von sich aus Ihre E-Mail-Kunden ersuchen, Ihre Information an andere interessierte Personen weiterzugeben. Und das Schöne an E-Mail ist, daß diese Bitte unter Freunden geäußert wird, unter Gleichgesinnten, statt zwischen Verkäufern und Interessenten.

Sie müssen ja nicht mit der Tür ins Haus fallen, aber ein kurzes ›Wenn Sie diese Information nützlich finden, können Sie sie gerne weiterleiten‹ am Ende Ihrer Nachricht könnte Ihr Marketing verstärken, ohne daß Sie selbst etwas dazu tun müssen.

Speichern Sie Ihre Nachrichten ab, um Arbeit zu sparen

Nachdem Sie Stunden, Tage oder sogar Wochen damit verbracht haben, eine zündende Betreff-Zeile zu entwerfen, einen packenden Text zu verfassen und eine Unterschrift zu gestalten, die Ihren Interessenten in Erinnerung bleibt, wäre es wirklich eine Verschwendung, wenn Sie sie nur einmal verwenden würden. E-Mail ist solch ein schnelles und wirkungsvolles Medium, aber sie ist noch viel schneller und wirkungsvoller, wenn Sie Ihre bisherigen Nachrichten und Unterschriften wieder aus Ihrer Marketingablage holen und nach Bedarf noch einmal abfeuern können.

Wenn Sie Nachrichten und Unterschriften entwerfen, speichern Sie diese unter leicht merkbaren Dateinamen, Verzeichnissen und Ordnern (Foldern) auf Ihrem Computer ab. Während Ihre Marketing-Kampagne läuft, werden Sie Ihre persönliche Bibliothek mit ständig neuen Nachrichten auffüllen. Aber eine E-Mail, die Sie vor Wochen oder Monaten verfaßt haben, kann unter Umständen genau das Richtige für einen neuen Interessenten sein, und sie läßt sich leicht für einen anderen Marketingzweck umgestalten.

Testen Sie Ihre Nachrichten, bevor Sie sie verbreiten

Sie würden wohl auch einen Radio- oder Fernsehspot oder eine Zeitungsanzeige kaum veröffentlichen, bevor Sie sie nicht zuerst an ein paar Freunden oder Ihren Angestellten ausprobiert haben; also machen Sie diesen Fehler bitte auch nicht mit einer E-Mail, die Sie an eine Gruppe von Personen versenden wollen. Bevor Sie Ihre Nachricht verschicken, geben Sie sie anderen Leuten, die Sie kennen und denen Sie vertrauen, zum Durchlesen. Sorgen Sie dafür, daß Ihre Botschaft wirklich ins Schwarze trifft. Ihre erste Nachricht ist die beste Gelegenheit, Ihrer Online-Identität von Anfang an den richtigen Nimbus zu geben, und bei vielen Interessenten könnte das die einzige Chance sein, die man Ihnen gibt.

Führen Sie eine Kundenliste, und setzen Sie diese richtig ein

Die beste Quelle für künftige Verkäufe stellen jene Leute dar, die bereits bei Ihnen gekauft oder Interesse für Ihr Produkt bekundet haben. Wenn Sie Anfragen für Informationen oder Bestellungen erhalten, speichern Sie die Namen und E-Mail-Adressen dieser Leute zusammen mit einem Hinweis darüber, was der betreffende Kunde jeweils gekauft oder angefragt hat. Denselben Computer, mit dem Sie sich ans Internet anschließen, können Sie auch zur Einrichtung einer einfachen Datenbank für Kundeninformation verwenden. Auf diese Weise können Sie Kundenlisten erstellen, die Ihnen erlauben, aus Ihren Marketing-Aktivitäten das Optimum herauszuholen.

So könnten Sie zum Beispiel eine einfache Datenbankdatei eröffnen, in der es ein Feld für die E-Mail-Adresse gibt, ein anderes für den vollen Namen der betreffenden Person, ein drittes für das Datum der letzten Kontaktnahme und ein viertes für eine Anmerkung dazu, was derjenige gekauft beziehungsweise angefragt hat. Wenn Sie dann noch einheitliche Codewörter verwenden, um im Feld ›Anmerkungen‹ die verschiedenen Interessensgebiete Ihrer Kunden zu umschreiben, können Sie später Auszüge Ihrer Liste nach verschiedenen Kriterien abfragen. Wenn Sie beispielsweise Bücher verkaufen, könnte Ihr Anmerkungs-Feld Informationen zur Art der Lektüre enthalten, wie etwa Roman, Science-fiction, Geister und Kochen. Bei Ihrem nächsten Sommerschlußverkauf für Kochbücher können Sie dann das entsprechende Segment Ihrer Kundenliste über E-Mail anschreiben.

E-Mail erleichtert das Sammeln von Kundeninformation ungemein, weil die E-Mail-Adresse jeder Person im Kopfteil jeder Nachricht, die Sie von ihr erhalten, erscheint. Sie brauchen diese Adresse nur noch in das entsprechende Feld Ihrer Datenbank zu kopieren und dann die anderen Datenbankfelder auszufüllen.

Sobald Sie eine solche einfache Datenbank eingerichtet haben, in der Sie diese Informationen abspeichern, besteht die wahre Aufgabe darin, zu entscheiden, welche Arten von Adressen man künftig verwendet. Bei der Auswahl Ihrer Adressen für eine E-Mail-Sendung müssen Sie drei Kategorien von Interessenten unterscheiden:

1. Personen, die in der Vergangenheit bereits von Ihnen gekauft haben;
2. Personen, die von Ihnen in der Vergangenheit Informationen angefordert haben;
3. alle übrigen Personen, die möglicherweise Interesse haben könnten (Mitglieder von Newsgroups oder Diskussionslisten zum Beispiel).

Unser Ratschlag lautet, sich auf die Kategorien 1 und 2 zu konzentrieren. Eine Massensendung an Leute der Kategorie 3 wird Sie höchstwahrscheinlich als Müll-Mailer brandmarken, was Ihre Chancen, bei künftigen E-Mails ernstgenommen zu werden, drastisch senkt.

An die ersten beiden Kategorien sollten Sie jedoch regelmäßig alle paar Monate eine Nachricht schicken, um den Kontakt zu halten; besonders dann, wenn Sie für einen beschränkten Zeitraum ein spezielles Angebot haben, das in Ihren sonstigen Marketing-Aktivitäten nicht vorkommt. Das könnte in Form eines ›Dankeschön‹ oder ›VIP-Kunden‹-Angebotes passieren, oder Sie schicken einfach eine kurze Nachricht darüber, was es in Ihrem Unternehmen Neues gibt. Es kommt darauf an, Ihre Beziehung zu früheren Kunden und Interessenten zu pflegen. Denken Sie daran, daß Sie gemeinsam mit Dutzenden von anderen Unternehmen und Tausenden von anderen Informationsquellen im Internet um die Aufmerksamkeit der Kundschaft kämpfen. Deshalb müssen Sie ab und zu die Initiative ergreifen.

Jede zielgerichtete Nachricht sollte ein Angebot enthalten, die Empfänger von Ihrer Liste zu streichen. Manche Leute werden einfach keine Lust haben, Ihre E-Mails zu erhalten, besonders dann, wenn sie eine Extragebühr für den Empfang von Internet-Nachrichten über einen kommerziellen Online-Service entrichten müssen. Ein kurzer Satz am Ende Ihrer Nachricht mit dem Angebot, jeden, der dies wünscht, von Ihrer Kundenliste zu entfernen, signalisiert Ihr Fingerspitzengefühl für die Probleme mit unerwünschten E-Mails. Das ist wesentlich besser, als gar nichts zu sagen und zu warten, bis die Leute Sie boykottieren, weil Sie ihre Mailboxen stürmen.

Die zwölf besten E-Mail-Strategien

1. **Schreiben und lesen Sie Ihre E-Mail off-line.** Versuchen Sie nicht, neue Nachrichten oder Antworten auf erhaltene E-Mails zu schreiben, während Ihr Anschluß aktiv ist. Ihre Aufmerksamkeit wird durch das Wissen abge-

lenkt sein, daß Ihre Verbindung aktiv ist und in manchen Fällen der Zeitzähler mitläuft. Sie werden viel wahrscheinlicher eine wirkungsvolle Nachricht mit korrekter Rechtschreibung und richtiger Formatierung verfassen, wenn Sie die Muße haben, diese zu korrigieren und zu überarbeiten, ohne dabei an die Verbindungskosten denken zu müssen.

2. **Formulieren Sie eine wirkungsvolle Betreff-Zeile.** Sie haben möglicherweise keine Gelegenheit mehr, in Ihrer Nachricht weitere Erklärungen abzugeben, wenn die Interessenten diese gar nicht öffnen.

3. **Achten Sie auf Stil und Klarheit Ihrer Nachricht.** Sie würden ja im Büro auch nicht wie ein Clochard gekleidet erscheinen; also lassen Sie bitte Ihre Internet-Nachrichten auch nicht schlampig dastehen.

4. **Verwenden Sie eine wirkungsvolle Unterschrift.** Jeder verwendet gerne Visitenkarten, und Ihre Unterschrift ist Ihre elektronische Visitenkarte.

5. **Verwenden Sie eine prägnante Adresse.** Wählen Sie einen Arbeitsplatznamen, Benutzernamen oder Domainnamen, der dazu beiträgt, Ihr Unternehmen zu vermarkten.

6. **Fassen Sie sich kurz.** Noch einmal, verschwenden Sie nicht anderer Leute Zeit. Wenn diese mehr Information wünschen, werden sie danach fragen. Dann können Sie sich mehr Zeit nehmen, um die Dinge genauer zu erklären.

7. **Bieten Sie nützliche Informationen an.** Es gibt einen entscheidenden Unterschied zwischen Werbung und Information, und Ihre Leser kennen ihn.

8. **Legen Sie eine E-Mail-Bibliothek an.** Wenn Sie erfolgreiche Nachrichten und Unterschriften entwerfen, speichern Sie diese ab und setzen Sie sie später wieder ein. Sichern Sie auch all Ihre ausgehenden Nachrichten, damit Sie später wissen, was Sie wo und wann zum Besten gegeben haben.

9. **Bleiben Sie beim Thema.** Nichts ist für Ihren guten Ruf so schädlich wie der Versand von E-Mails, mit denen Sie den Leuten ihre Zeit stehlen, weil sie sich nicht dafür interessieren.

10. **Testen Sie Ihre Nachrichten.** Probieren Sie Ihre E-Mails zuerst an Einzelpersonen aus, bevor Sie sie an eine Gruppe versenden.

11. **Testen Sie Ihre Märkte.** Setzen Sie leicht unterschiedliche Antworttexte ein, um den Rückfluß aus verschiedenen Märkten testen zu können.

12. **Führen Sie eine Kundenliste und arbeiten Sie mit ihr.** Halten Sie regelmäßigen Kontakt zu Ihren Kunden und Interessenten, um diesen in Erinnerung zu bleiben.

5. Elektronische Schaufenster

Ein elektronisches Schaufenster ist ein Ort im Internet, an dem Sie Ihre Waren mittels Katalogen, Produktbeschreibungen, Preislisten und anderen Informationen ausstellen können. Kunden können bei Ihnen hereinschauen (im Internet-Slang wird dieser Vorgang *browsen* genannt) und online Bestellungen aufgeben. Wenn Sie viele verschiedene Artikel im Angebot haben, stellt ein solches Schaufenster eine ausgezeichnete Möglichkeit dar, Ihre Interessenten darüber zu informieren. Zahlreiche Unternehmen bieten online bereits Bücher, Musik, Blumen, Lebensmittel, Bekleidung, Koffer, Schmuck und zahlreiche andere Warensortimente an. Sie können das ebenso.

Guerillas setzen elektronische Schaufenster ein, um ihre virtuelle Verkaufsfläche zu vergrößern. Hier können Sie Ihre Produkte und Dienstleistungen Tausenden von hochmotivierten Menschen präsentieren, die Sie auf anderem Weg womöglich niemals erreichen würden. Über das Internet oder einen kommerziellen Online-Service kann eine kleine Buchhandlung in Berkeley, Kalifornien, eine internationale Marktpräsenz aufbauen. Eine New Yorker Kunstgalerie kann um drei Uhr nachts Poster nach Australien verkaufen.

Für die Gestaltung eines elektronischen Schaufensters gibt es eine ganze Reihe von Optionen. Sie können 150.000 DM für einen eigenen Server, eine eigene Graphikabteilung und eine Hochgeschwindigkeitsverbindung sowie für die personellen Kapazitäten zur Bearbeitung von Tausenden von Geschäftsfällen pro Tag aufwenden. Oder aber Sie investieren ein paar hundert Mark und richten Ihren virtuellen Laden in einer elektronischen Einkaufsstraße ein, wo Sie für weniger als 200 DM pro Monat Platz mieten können. In diesem Kapitel wollen wir uns mit jenen Fragen befassen, die bei der Einrichtung, beim Betrieb und bei der publikumswirksamen Darstellung eines elektronischen Schaufensters, das in Ihr

Budget und zu Ihrem gesamten Marketingplan paßt, auftauchen. Sie werden erfahren, wie Sie sich für die richtige Art des Schaufensters entscheiden, wie Sie es entwerfen und wie Sie die Kunden hineinlocken.

Es gibt Hunderte solcher elektronischer Schaufenster bei kommerziellen Online-Diensten und im Internet. Sie reichen von einer einfachen Ansammlung von Dateien auf einer FTP(File Transfer Protocol)-Anwendung bis zu einem aufwendigen Farbkatalog an einem Web-Server. Immer sind jedoch zwei grundlegende Merkmale zu berücksichtigen, die über Erfolg oder Mißerfolg eines solchen Geschäftes entscheiden: Standort und Gestaltung.

Standorte für Schaufenster

Der Standort ist ein entscheidender Faktor bei der Frage, ob ein Online-Shop Gewinne abwirft. Die tollste Auslage der Welt wird nichts zur Verbesserung Ihrer Bilanz beitragen, wenn die Menschen sie nicht finden. Der einfachste Laden hingegen wird Ihre Kasse klingeln lassen, wenn darin Dinge angeboten werden, die die Leute wollen, und das an einem Ort, der leicht zugänglich ist. Ihr Standort entscheidet darüber, wie einfach die Kunden Ihr Geschäft finden und besuchen können, wer Zugang hat und auf welche Weise Sie darin Ihre Informationen präsentieren können.

Manche Geschäfte sind einfacher zu erreichen als andere. Wenn Sie beispielsweise einen kommerziellen Online-Service anwählen, springt Ihnen das Shopping-Zeichen bereits am Eingangsbildschirm ins Auge. Deshalb ist es einfach, dieses Einkaufszentrum zu finden. Wenn Sie sich aber im Internet befinden, gibt es keine zentralen Shopping-Zeichen. Suchmaschinen und Kataloge bieten Listen von Hyperlinks zu den verschiedenen kommerziellen Anbietern im Internet.

Sie müssen entscheiden, ob Sie sich in einem Einkaufszentrum bei einem kommerziellen Online-Service ansiedeln oder Ihr eigenes Schaufenster im Internet einrichten wollen, entweder in einem dortigen Einkaufszentrum oder alleinstehend. Manche Online-Guerillas schwören auf einen kleinen Winkel in einem Einkaufszentrum eines kommerziellen Online-Dienstes und argumentieren, daß diese Online-Dienste die höchste Käuferdichte aufweisen. Andere wiederum versprechen sich vom Internet einen Goldrausch, weil sie dort Zugang zu Käufern auf der ganzen Welt haben.

Der Standort bei einem kommerziellen Online-Service

Wenn Sie sich bei einem kommerziellen Online-Service ansiedeln, richten Sie ein Schaufenster im Shoppingbereich oder im Einkaufszentrum dieses Dienstes ein. Ihr ›Geschäft‹ ist faktisch ein Menüpunkt oder ein Icon in diesem Einkaufszentrum. Wenn Kunden diesen Eintrag oder diesen Icon anklicken, werden sie in Ihr Geschäft geführt, wo ihnen eine Auswahl von Gütern oder Dienstleistungen präsentiert wird.

Vor- und Nachteile

Ein Standort bei einem kommerziellen Online-Service hat seine guten und seine schlechten Seiten. Manche Geschäfte verschwinden innerhalb weniger Monate wieder sang- und klanglos von einer solchen Einkaufsstraße, während andere Jahr für Jahr saftige Gewinne abwerfen. Die Hauptvorteile eines Standortes bei einem kommerziellen Online-Service sind die folgenden:

Unterstützung bei der Einrichtung. Kommerzielle Online-Dienste wie CompuServe, AOL und T-Online ›bauen‹ Ihr elektronisches Schaufenster für Sie, wenn Sie Platz auf deren Computer anmieten. Bei diesen Diensten haben alle Schaufenster ein standardisiertes Aussehen – Sie müssen nur noch den Text und die Graphiken bereitstellen, die Sie dort ausstellen wollen. Dieser Vorgang dauert etwa ein bis zwei Monate, und die Kosten dafür sind in der Geschäftsmiete für Ihr Schaufenster inbegriffen. (Wenn Sie über ein eigenes Gateway verfügen, liegt die Einrichtung des Geschäftes bei Ihnen.)

Ein fester Abonnentenkreis. Kommerzielle Online-Dienste verschaffen Ihrem Geschäft große, gutsituierte Gruppen von Abonnenten. Wenn Sie sich statt dessen im Internet niederlassen, müssen Sie selbst mehr dazu beitragen, um Ihre Kunden anzuziehen.

Sichtbarkeit. Das Einkaufszentrum ist eine der Hauptattraktionen jedes kommerziellen Online-Dienstes. Deshalb ist es für seine Abonnenten leicht, Ihr Geschäft zu finden.

Verkaufsförderung. Ihr Mietvertrag enthält eine gut sichtbare Neuheitenanzeige am Einstiegsbildschirm des kommerziellen Online-Dienstes. Jeder Abonnent wird etwa eine Woche lang die Ankündigung Ihres neuen Geschäftes bemerken.

Der wichtigste Nachteil eines Geschäftes in einer solchen Einkaufsstraße sind die Kosten. Die preisgünstigste Option für den Betrieb eines Geschäftes im Einkaufszentrum von CompuServe beträgt ca. 30.000 DM pro Jahr plus zwei Prozent des Umsatzes, der durch dieses Geschäft erzielt wurde. Sie müssen schon eine ganze Menge Umsatz machen, damit sich ein solcher Shop auch wirklich rechnet. Jüngste Statistiken über den Einkaufsbereich von CompuServe ergaben, daß nur vier Prozent der Personen, die CompuServe besuchen, auch wirklich etwas gekauft haben. Aber vier Prozent ist immerhin ein höherer Prozentsatz als bei den meisten Direkt-Mailings; und wenn das Einkaufszentrum täglich mehrere Tausend Besucher hat, kommt bei diesen vier Prozent schon einiges zusammen.

Der Standort im Internet

Wenn Sie ein Schaufenster im Internet einrichten, haben Sie mehr Einfluß darauf, woraus es sich zusammensetzt, wo es angesiedelt ist und wie die Informationen präsentiert werden. Hier können Sie ein Geschäft für weit weniger Geld eröffnen.

Das Internet besteht aus einer Mischung verschiedener Computertypen und Zugangstechnologien. Daher haben Sie eine große Auswahl für die Gestaltung Ihres Geschäftes. Um im Internet ein Schaufenster einzurichten, benötigen Sie:

- einen Computer (oder Speicherkapazität auf einem fremden), der über einen Internet Service Provider (ISP) mit dem Internet verbunden ist;
- ein Schaufenster auf diesem Computer, also ein System von Menüs oder Icons, das die Angebote Ihres Geschäftes in übersichtlicher Form darstellt und das es den Kunden ermöglicht, sich darin umzusehen und sich einen Eindruck von Ihrem Angebot zu verschaffen.

Wie man zu einem Standort kommt

Wenn Sie in der Lage sind, Ihr Schaufenster selbst zu gestalten, benötigen Sie lediglich einen ISP, der Ihnen Speicherplatz auf einem seiner Computersysteme vermietet und den Zugang zum Internet herstellt. Aber Guerillas wissen eben, wie sie das meiste aus ihrer Zeit und ihrem Geld machen. Deshalb werden Sie wahrscheinlich lieber einen Berater oder einen Internet Presence Provider (IPP) – das ist ein ISP, der seinen Kunden auch Marketingberatung bietet – dafür bezahlen, daß er Ihr Geschäft einrichtet.

Um das selbst zu machen, müßten Sie sich mit den Finessen der Unix-Servertechnologie, der Gestaltung von Interfaces und mit Internet-Verbindungen auseinandersetzen. Es gibt zwar schon jede Menge Software, die die Gestaltung eines eigenen Schaufensters wesentlich erleichtert, aber dennoch brauchen Sie dazu immer noch großes technisches Wissen. Außerdem benötigen Sie auch einen Netzwerk-Server, auf dem Sie Ihren elektronischen Laden betreiben können.

Als Guerilla wollen Sie natürlich die größtmögliche Marktpräsenz für möglichst wenig Zeit und Geld erreichen. Auf dem Online-Markt bedeutet das, daß man technische Ausstattung anmietet und einen Berater engagiert. Je nach der Größe Ihres Schaufensters ist so etwas bereits für ein paar hundert Mark zu haben *(siehe im Anhang über Internet-Marketingberatungsagenturen)*.

Ihr Schaufenster im World Wide Web

Wenn Sie Ihr Geschäft im Internet errichten, können Sie für seine Präsentation zwischen verschiedenen Arten von Servern wählen. Die Art des Servers hat großen Einfluß darauf, wie leicht Kunden ein Geschäft finden und darauf zugreifen können, in welcher Form Sie Ihre Waren dort ausstellen können und welche Methoden zur Verfügung stehen, um für das Vorhandensein dieses Online-Ladens zu werben.

Ein Web-Server. Web-Server ermöglichen den Aufbau von mustergültigen Schaufenstern im Internet. Sie können Text, Grafiken, Animationen, Audio und sogar Videos einbinden. Wenn Sie Ihren Kunden einen möglichst realistischen Eindruck von Ihren Produkten vermitteln wollen, ist das ›Web‹ genau das richtige für Sie. Bei der Einrichtung haben Sie die Möglichkeit, Hyperlink-Verbindungen (also hervorgehobene Textstellen oder Grafiken zum Anklicken) einzubauen, die auf verschiedene Angebote auf Ihrem Server verweisen.

Durch solche Hyperlink-Verbindungen kann Ihr Geschäft von überall aus dem Internet besucht werden. So können Sie zum Beispiel Querverbindungen von anderen kommerziellen Einkaufszentren herstellen lassen. Sie können wie Banken, die in Einkaufszentren und an anderen frequentierten Standorten Geldautomaten aufstellen, durch solche Web-Querverweise (oder *Links*) Ihr Geschäft zum Kunden bringen, statt den Kunden zu zwingen, Ihr Geschäft aufzusuchen.

Sobald Ihre Web-Seite erst einmal steht und im Einsatz ist, können Sie Ihre bestehenden Kunden an diese Adresse verweisen und Hypertext-Verbindungen zu anderen Web-Seiten herstellen, damit deren Kunden auch leicht zu Ihnen finden. Außerdem können Sie Ihre WWW-Adresse über E-Mail, Newsgroups und Diskussionslisten verbreiten.

Ein eigener Web-Server kostet mindestens DM 5.000 sowie monatliche Gebühren, um ihn in das Netz des ISP einzubinden Einen ›virtuellen Server‹, der auf einem fremden Web-Server eingerichtet ist, kann man schon ab DM 100 im Monat mieten. Der Preis hängt im allgemeinen davon ab, wieviel Speicherplatz und Bandbreite für Kundenabfragen Sie benötigen. Der Einsatz von Web-Anwendungen entwickelt sich rasant. Mittlerweile bieten die kommerziellen Online-Dienste ihren Abonnenten nicht nur einen Web-Zugang, sondern auch die Möglichkeit eigene Web-Seiten zu gestalten und auf ihren Servern abzulegen. Die grafische Gestaltung von Web-Sites kann je nach Umfang des Projekts von einigen Hundert Mark bis hin zu DM 10.000 und mehr kosten.

Die Gestaltung Ihres Schaufensters

Sobald Sie den Standort für Ihren Online-Shop festgelegt haben, können Sie sich dem Design, dem Aussehen und der Stimmung, die Ihr Schaufenster vermitteln soll, widmen. Das Aussehen Ihres Geschäftes auf einer bestimmten Art von Server hängt in hohem Maße von der Art des Produkts, das Sie verkaufen, und von den Menschen, die Ihre Zielgruppe bilden, ab. Dabei sind verschiedene Gesichtspunkte zu berücksichtigen.

Das Eingangsportal. Wenn Sie in einer elektronischen Einkaufsstraße angesiedelt sind, wird das Aussehen Ihres Eingangsportals durch die Möglichkeiten des betreffenden Einkaufszentrums teilweise vorgegeben. Kommerzielle Online-Dienste, Gopher-Server und FTP-Anwendungen bieten hierfür Menüs, die Textinformationen enthalten, daher bekommen deren Besucher vorerst nur den Namen Ihres Unternehmens oder Kaufhauses zu Gesicht. Web-Einkaufszentren hingegen können Graphiken anzeigen, deshalb haben Sie hier die Möglichkeit, Ihr Logo oder ein auffallendes Bild einzubauen. Das Ladenschild von Grant's Flowers im Branch-Mall-Einkaufszentrum sieht beispielsweise so aus:

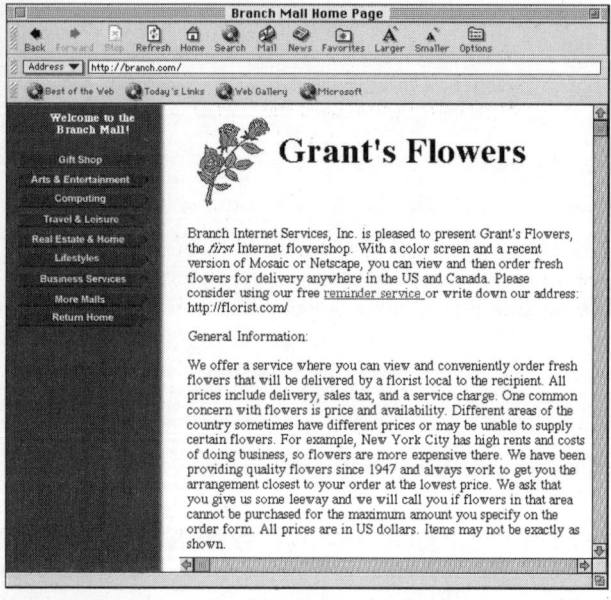

Der Inhaber beweist seinen Guerilla-Instinkt und bietet Besuchern aus Fernost eine japanische Version seiner Web-Site an.

Das Navigationssystem. Ein Ausflug durch Ihr Geschäft erfolgt normalerweise durch Anklicken von Menüoptionen oder Icons oder durch Herunterladen von Dateien. Die Reise beginnt mit einer *Home Page* (wenn es sich um eine Web-Seite handelt) oder mit einem *Top-Menü,* auf denen die

Besucher einen Überblick über den Inhalt Ihres Geschäftes erhalten. Wenn Sie in einem Einkaufszentrum zu Hause sind oder Server-Platz mit anderen Firmen teilen, müssen die Kunden zuerst den Namen Ihres Unternehmens in einer chronologischen Liste auswählen, um Ihr Schaufenster auf den Bildschirm zu bekommen.

Die Fassade Ihres Geschäftes ist dieses Top-Menü beziehungsweise seine Home Page. Das ist der geeignete Ort, um Ihr Angebot zu vermarkten. So sieht zum Beispiel das elektronische Schaufenster eines Juweliers aus:

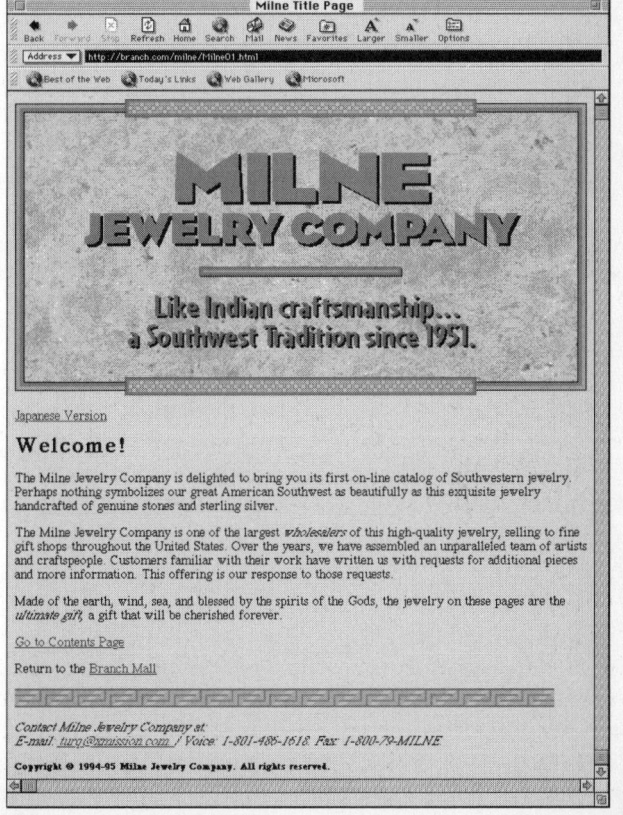

119

Hier geht es vor allem darum, die Kunden zu bewegen, weiter in Ihren Laden vorzudringen. Wenn Sie genügend Neugier geweckt haben, klickt der Besucher den Punkt ›Go to Contents Page‹ an und erhält nun ein Menü der weiteren Optionen, um Ihren Laden zu durchwandern:

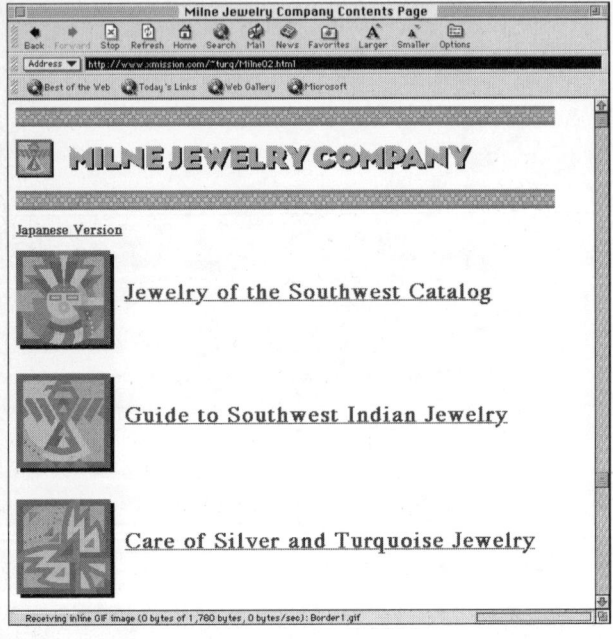

Ihr Navigationssystem sollte so einladend wie möglich sein, damit Ihre Besucher sich auf das konzentrieren können, was Sie verkaufen, anstatt sich Gedanken darüber machen zu müssen, wie sie die gewünschte Information erhalten. Wenn sich Ihr Geschäft im Web befindet, sorgt der Web Browser dafür, daß Ihre Kunden schnell und einfach auf die vorhergehende Seite zurückkehren oder zur nächsten weitergehen können. In unserem Beispiel dienen die Pfeile links oben im Browser-Fenster zum Betrachten der nächsten oder vorhergehenden Seite. Ihr System sollte den Besuchern auch einen einfachen Bestellmodus anbieten – am besten als eine der Hauptoptionen.

Präsentation der Information. Je nach Art Ihres Schaufensters und seines Standortes müssen Sie sich möglicherweise auf Textbeschreibungen beschränken, oder Sie können auch Graphik einsetzen. Graphiken aber kosten Geld für den Entwurf, und sie benötigen eine gewisse Zeit zur Betrachtung, deshalb sollten Sie sich mit Graphiken zurückhalten, falls Ihr Produkt sich auch ohne diese gut verkauft. Online-Buchhandlungen etwa kommen ganz gut mit kurzen, aussagekräftigen Inhaltsangaben der Bücher zurecht, die sie im Angebot haben. Zusätzlich sollte es einen Katalog geben, dem man die Buchtitel und deren Preise entnehmen kann. Blumenhändler und Kunstgalerien hingegen verkaufen Optik, deshalb ist in diesen Fällen Graphik eine wesentliche Voraussetzung für deren Verkauf.

Viele Web-Pioniere haben den Einsatz von Graphiken übertrieben und damit ihre Kunden in die Flucht geschlagen. Das Einlesen von Graphiken über eine Telefonleitung benötigt einige Zeit, in der der Kunde aufgehalten wird und warten muß. Wenn ein Kunde Interesse bekundet und kaufen möchte, ist das Letzte, was Sie in dieser Situation gebrauchen können, ein Datenstau. Es ist eine Sache, ein kleines, auffallendes Logo auf Ihrer Home Page oder in Ihrem Top-Menü zu haben oder aber Ihren Kunden die Möglichkeit zu bieten, ein Bild der Ware zu betrachten. Eine ganz andere Sache aber ist es, die Kunden warten zu lassen, während ein Haufen Bilder, die die Nutzer überhaupt nicht interessieren, auf deren Bildschirmen eingelesen werden.

Wenn Sie einen Laden im World Wide Web einrichten, sollten Sie ihn so gestalten, daß Ihre Kunden die Informationen, nach denen sie suchen, wahlweise mit oder ohne Graphiken abfragen können. Deshalb bieten manche Internet-Einkaufszentren den Käufern eine Auswahloption, bei der sie entscheiden können, ob sie die dargebotene Information als reinen Text oder mit Grafik betrachten wollen. Statt automatisch die Bilder zu erhalten, sehen die Kunden zuerst eine Textversion und kleine Buttons, mit denen Bilder einzeln abgerufen werden können.

Sie können auch in den Voreinstellungen Ihres Web Browsers festlegen, ob er die Bilder auf den Web-Seiten darstellen soll oder nicht.

Der Bestellmodus. Sie müssen entscheiden, ob Sie den Käufern die Möglichkeit geben wollen, ihre Bestellungen direkt online aufzugeben, und wenn ja, wie das funktionieren soll. Wollen Sie die Bestellungen per Nachnahme, mit Kreditkarte oder auf Rechnung abwickeln? Werden Sie verlangen, daß die Leute ihre Bestellung per Fax oder Telefon bestätigen? Wenn Sie sich wegen Hackern Sorgen machen, die Kreditkartennummern aus Ihrem Geschäft stehlen könnten, wenden Sie sich an Ihren Internet Service Provider, kommerziellen Online-Service oder Ihre Internet-Marketingagentur, und erkundigen Sie sich, welche Optionen für die verschlüsselte Übermittlung heikler finanzieller Informationen zur Verfügung stehen. Heutzutage gibt es schon eine Menge Sicherheitsmaßnahmen für dieses Problem.

Überlegen Sie sich auch, auf welchem Weg Sie Ihre Bestellungen erhalten werden. Diese können zum Beispiel an Ihre E-Mail-Box gerichtet sein. In diesem Fall müssen Sie dafür sorgen, daß diese regelmäßig abgefragt wird.

Die Auswahl eines elektronischen Schaufensters

Die beste Methode, um Ihre verschiedenen Möglichkeiten zu testen, besteht darin, selbst durch das Internet oder einen kommerziellen Online-Service zu surfen. Wenn Sie keinen Internet-Anschluß haben, der Ihnen erlaubt, alle Arten von Servern anzuwählen, besorgen Sic sich cinen und sehen Sie sich ausgiebig um. Auf diese Weise werden Sie eine Menge FTP-, Gopher- und WWW-Anwendungen zu Gesicht bekommen.

Sobald Sie sich einen guten Überblick darüber verschafft haben, was es da draußen so alles gibt und wie Ihr eigener Online-Shop auf jeder dieser Server-Arten aussehen könnte, stellen Sie sich selbst ein paar Fragen zur Umsetzung.

Wieviel Zeit können Sie erübrigen?

Jede der bestehenden Optionen, um einen Online-Laden einzurichten, erfordert einen bestimmten Zeitaufwand. Sie investieren bereits Ihre Zeit, um herauszufinden, welche verschiedenen Möglichkeiten Ihnen zur Verfügung stehen. Sie werden aber noch viel mehr Zeit darauf verwenden müssen, sie selbst umzusetzen. Sehen wir uns einmal die unterschiedlichen Zeiterfordernisse für die Schaufenstervarianten an.

Ein WWW-Server. Hierfür müssen Sie zuerst intensive Marktforschung betreiben, um herauszufinden, welche Server und virtuellen Server angeboten werden, und um die Kosten abschätzen und das beste Angebot einholen zu können. Anschließend müssen Sie das Design für Ihre Web-Seiten entwerfen (in welcher Form die Information in Menüs organisiert werden und welches Aussehen sie haben soll), die Informationen aufbereiten und auf dem Server abspeichern. Danach müssen Sie für Ihre Anwendung werben und diese laufend betreuen.

Ein Shop im Einkaufszentrum eines kommerziellen Online-Dienstes. Wenn Sie sich für diese Variante entscheiden, müssen Sie die Angebote der verschiedenen großen Online-Dienste prüfen, Ihr Schaufenster entwerfen (möglicherweise mit Hilfe des Einkaufszentrums), die Informationen aufbereiten und auf den Computer Ihres Partners laden. Danach müssen Sie für diese Anwendung ebenfalls werben und die Betreuung übernehmen.

Wenn Sie unter Zeitdruck stehen, ist es am besten, Sie engagieren einen Berater oder eine Internet-Marketingagentur (IPP), damit diese die ganze Angelegenheit für Sie abwickelt. Der Berater beziehungsweise der Vertreter des Internet

Presence Providers wird sich mit Ihnen hinsetzen, Ihre Marketingerfordernisse analysieren und Ihnen bei der Suche nach der richtigen Art von Schaufenster helfen. Danach wird man die für Sie günstigste Variante aussuchen und Ihnen bei der Einrichtung zur Hand gehen. Sie müssen dann nur noch an einigen Besprechungen teilnehmen und die Informationen zur Verfügung stellen, die Sie in Ihrem Geschäft einem breiten Publikum zugänglich machen wollen.

Während der Einsatz eines Beraters einerseits weit weniger Streß für Sie bedeutet, machen Sie sich dadurch aber andererseits von jemandem abhängig. Jedesmal, wenn Sie das Aussehen Ihres Ladens verändern wollen, brauchen Sie diese Person. Das kann zu Verzögerungen von geplanten Veränderungen führen, etwa wenn Sie Ihren Berater oder IPP nicht sofort erreichen können. Gleichzeitig verursacht jede künftige Änderung auf diese Weise zusätzliche Kosten.

Wenn Sie also mehr Kontrolle über all diese Vorgänge wollen, sollten Sie das selbst in die Hand nehmen. Das heißt aber, daß Sie sich das nötige Wissen zur Einrichtung eines eigenen Servers oder für die Anmietung von Server-Kapazität bei einem Internet Service Provider (ISP) und über die Gestaltung des Aussehens Ihres Schaufensters sowie für dessen laufende Betreuung selbst aneignen müssen. Auf diese Weise haben Sie eine direktere Kontrolle über Ihren Laden und können Änderungen selbst durchführen, wann immer Sie wollen, ohne dabei auf eine dritte Person angewiesen zu sein. Aber das nimmt eben viel mehr von Ihrer Zeit in Anspruch.

Ein Mittelweg zwischen diesen beiden Alternativen könnte so aussehen, daß Sie einen Berater nach Bedarf beschäftigen. Sie könnten ihn etwa damit beauftragen, den billigsten oder besten ISP für Ihr Schaufenster ausfindig zu machen, oder Ihnen beim Entwurf oder der Einrichtung behilflich zu sein. Die eigentliche Einrichtung und die Betreuung könnten Sie selbst übernehmen.

Damit Sie einen Eindruck davon bekommen, wieviel Zeit Sie für jede dieser Alternativen aufwenden müssen, suchen

Sie sich einfach ein paar gute Schaufenster im Internet aus und kontaktieren Sie deren Inhaber. Die meisten werden sich freuen, mit Ihnen über ihre Erfahrungen zu plaudern, sofern sie keine unmittelbaren Konkurrenten sind.

Was wollen Sie an wen verkaufen?

Der beste Standort für einen Freiberufler ist nicht unbedingt auch der beste für ein Unternehmen der Konsumgüterbranche.

Wenn Sie in einer Dienstleistungsbranche tätig sind, wollen Sie vielleicht überhaupt kein Schaufenster haben. Möglicherweise können Sie Ihr Online-Marketing durch E-Mail und die Teilnahme an Foren, Diskussionslisten und Newsgroups betreiben. Andererseits wäre ein Online-Schaufenster der geeignete Ort, um Gratisinformationen zur Verfügung zu stellen, wodurch Sie die Aufmerksamkeit für Ihre Dienstleistung erhöhen könnten. Wenn Sie ein Steuerberater oder ein Anlageberater sind, könnten Sie in Ihrem Online-Shop etwa kostenlose Informationen über Budgetierung, Pensionspläne und so weiter anbieten, damit neue Kunden auf Sie aufmerksam werden.

Wenn Sie technische Beratungsdienste anzubieten haben, können Sie Ihre Zielgruppe möglicherweise ebensogut über eine FTP-Anwendung oder einen Gopher-Server erreichen und so die Extraausgabe für einen Web-Server sparen.

Falls Sie in der Kosmetikbranche tätig sind, sollten Sie einen kommerziellen Online-Service mit einem hohen Prozentsatz weiblicher Mitglieder auswählen.

Um gute demographische Informationen über einen kommerziellen Online-Service zu erhalten, müssen Sie nur danach fragen. Wenn Sie die Einrichtung eines Schaufensters im Internet planen, können Sie Kunden in spezialisierten Newsgroups und Diskussionslisten, die sich mit einem verwandten Thema befassen, darauf hinweisen.

Ihr Standort wird auch darüber entscheiden, wieviel Werbung Sie jeweils machen müssen. Wenn Sie sich im Einkaufszentrum eines kommerziellen Online-Dienstes ansiedeln, wird dieses Einkaufszentrum ganz von selbst viele *Surfer* anziehen. Wenn Sie etwa Mitglied bei CompuServe sind, enthält Ihr Mietvertrag für das dortige Einkaufszentrum einen Gutschein für einen Anzeigenplatz in dem monatlichen Hochglanzmagazin dieses Online-Dienstes sowie für einige elektronische Einstiegsanzeigen *(Marquees)*. Wenn Sie eine Web-Site im Internet einrichten, werden Sie sich mehr anstrengen müssen, damit die Leute auf Ihr Schaufenster aufmerksam werden, etwa durch Teilnahme an Newsgroups und Diskussionslisten oder indem Sie Ankündigungen an Internet-Zeitschriften versenden. Außerdem sollten Sie Ihre Web-Site bei Suchmaschinen und Katalogen registrieren und Betreiber von Einkaufszentren und anderen, thematisch ähnlichen Web-Sites bitten, Hyperlinks zu Ihren Angeboten zu integrieren.

Mit wieviel Kundenverkehr rechnen Sie?

Ihr Standort sollte für den Andrang, mit dem Sie rechnen, gerüstet sein. Zumindest aber sollte er leicht erweiterbar sein, falls sich die Besucherfrequenz erhöht. Wenn Sie damit rechnen, daß 10.000 Menschen pro Tag Ihr Geschäft betreten, müssen Sie dafür sorgen, daß Ihr Schaufenster dies technisch verkraften kann. Es gibt nichts Schlimmeres, als Kunden vor Ihren Laden zu locken, die dann vor verschlossenen Türen stehen. Wenn Sie in Ihren kühnsten Träumen mit vielleicht 100 Besuchern pro Tag rechnen, kommen Sie auch mit einer langsameren Version aus.

Wieviel Geld können Sie investieren?

Alle Ausgaben in Zusammenhang mit Ihrem elektronischen Schaufenster gelten als Marketingkosten. Schließlich dient Ihre Online-Präsenz ja dazu, Ihre sonstigen Marketing-Aktivitäten zu verstärken. Ein Online-Schaufenster muß deshalb in Ihr allgemeines Marketingbudget passen. Die Kosten für den Betrieb eines solchen Ladens können nämlich stark variieren.

Wenn Sie eine eigene Ausstattung anschaffen wollen, müssen Sie im ersten Betriebsjahr mit 80.000 bis 150.000 DM für den Server und die Telefonleitung rechnen. Falls Sie mit gemieteten Kapazitäten auskommen, werden Sie mindestens 500 DM pro Monat veranschlagen müssen. Wenn Sie nur einen virtuellen Server (= gemietete Kapazität auf einem fremden Server) benötigen, läßt sich diese Summe auf unter 100 DM pro Monat drücken. FTP-Anwendungen sind sogar noch billiger.

Wenn Sie die Kosten für die Einrichtung eines Schaufensters kalkulieren, sind die Ausgaben für die Hardware und den Anschluß erst der Anfang. Nachfolgend finden Sie eine Liste weiterer Kosten, mit denen Sie rechnen müssen.

Produktionskosten. Sobald Sie die physischen Voraussetzungen für die Errichtung Ihres Schaufensters geschaffen haben, müssen Sie es auch füllen. Dazu müssen Sie die Informationen aufbereiten, die Sie darin anbieten wollen, ein Server-Interface oder ein Menüsystem entwerfen (wenn Ihr ISP, Ihr Berater oder Ihre Marketingagentur das nicht für Sie übernimmt), Ihre Information in das richtige Format bringen und die dazugehörigen Graphiken, Menüs und Icons entwerfen. Sie können eine Menge Arbeit sparen, wenn Sie sich aus den umfangreichen Clipart-Sammlungen bedienen, die auf CD-ROM oder im Internet zu finden sind.

Speicherplatz. Wenn Sie einen Server oder einen virtuellen Server mieten, werden Sie vermutlich eine monatliche Gebühr für den beanspruchten Speicherplatz entrichten müssen. Der Preis wird üblicherweise nach der Anzahl der Megabytes oder Gigabytes pro Monat verrechnet. Sie müssen daher abschätzen, wieviel Information Sie anbieten wollen, wieviel Speicherplatz Sie dafür benötigen und wieviel Sie dafür bezahlen müssen.

Betreuung. Sobald Ihr Schaufenster angeschlossen ist und funktioniert, werden Sie jemanden bezahlen müssen, der seine Frequenz überwacht, von Zeit zu Zeit sein Aussehen oder den Inhalt der Informationsdateien verändert und vielleicht neue Verbindungen oder Gateways zu anderen Einkaufszentren herstellt.

Anschluß. Wenn Sie einen eigenen Server besitzen, fallen monatliche Gebühren für die Telefonverbindung zwischen Ihrem Server und dem Internet-Anbieter sowie Bearbeitungsgebühren des ISP an. In den Preisen für gemietete Server oder virtuelle Server sind diese Anschlußkosten normalerweise enthalten. Manche ISP verrechnen eine Pauschalgebühr, aber oft werden Ihre Kosten je nach der Aktivität, die sich auf Ihrem Server entfaltet, variieren.

Führt Ihr Internet Service Provider eine Besucherstatistik?

Jeder, der über einen Unix-Rechner und eine gemietete Telefonverbindung zum Internet verfügt, kann heute als Internet-Anbieter auftreten. Es gibt bereits Tausende von ISPs auf der ganzen Welt. Die Bereitstellung von Server-Kapazität oder Internet-Anschlüssen ist seit ein paar Jahren eine der größten Wachstumsbranchen im Internet. Aber die Qualität des Erscheinungsbildes Ihres Schaufensters und die Verläßlichkeit und Geschwindigkeit, mit der Ihre Kunden darauf zugreifen können, sind entscheidend für Ihren Erfolg. Sie sollten deshalb Ihre Internet-Präsenz nicht jemandem anvertrauen, der erst seit kurzem in der Branche tätig ist.

Ihr Internet-Anbieter sollte zumindest eine gewisse Auswahl an Serviceleistungen für unterschiedliche Ansprüche bereithalten, inklusive der Vermietung virtueller Server und eigener Server. Wenn Sie bei der Gestaltung Ihres Schaufensters Unterstützung brauchen, suchen Sie sich einen ISP oder einen Internet Presence Provider, der das für Sie erledigen kann. Fragen Sie nach Kundenreferenzen von Inhabern an-

derer Schaufenster, die mit dieser Firma schon zusammenge-
arbeitet haben, damit Sie einen Eindruck davon bekommen,
wie groß die Möglichkeiten dieses Internet-Anbieters bei der
Ausgestaltung der Geschäfte und den Zugangsmöglichkeiten
von außen sind. Vergleichen Sie die Angebote. Preislisten für
die Einrichtung von Schaufenstern und Internet-Anschlüssen finden sich überall. Ein Anbieter versucht möglicherweise, einen fünfmal so hohen Preis zu verrechnen wie ein
anderer im selben Bezirk. Erledigen Sie Ihre Hausaufgaben,
damit Sie nicht zuviel bezahlen.

Der Entwurf Ihres elektronischen Schaufensters

Für welche Art von elektronischem Schaufenster Sie sich
auch schließlich entscheiden, Ihr wichtigstes Ziel dabei ist
dasselbe wie in der wirklichen Welt. Ihr Laden sollte auffal-
len, leicht erreichbar sein und zu einem Besuch einladen. Die
folgenden grundlegenden Vorschläge sind auf jede Art von
Online-Shop anwendbar.

Leichte Zugänglichkeit

Sobald Sie einen Standort für Ihr Geschäft gefunden haben,
haben Sie mit dieser Entscheidung gleichzeitig wesentliche
Elemente der Methode und der Leichtigkeit, mit der Ihre
Kunden darauf zugreifen können, bestimmt. Aber egal, um
welche Art von Geschäft es sich dabei handelt, es sollte sich
jedenfalls von den anderen abheben.

Es muß gut sichtbar sein. Wenn Ihr Geschäft in einem Einkaufszentrum angesiedelt ist, dann sorgen Sie dafür, daß der
Name Ihres Ladens und seine Beschreibung gut sichtbar
sind. Oft sind die Inhaltsverzeichnisse solcher Einkaufszentren länger als ein Computerbildschirm. Deshalb sollte Ihr
Name möglichst am oberen Ende des Menüs oder der Home

Page erscheinen, oder zumindest ganz oben in der Unterabteilung der Branche, zu der Sie gehören. Wenn Ihr Geschäft im Internet eingerichtet ist, versuchen Sie, es in möglichst vielen anderen Verzeichnissen unterzubringen und Querverbindungen zu anderen Web-Seiten herzustellen. Ein Geschäft, das ganz allein und verloren im Cyberspace herumsteht, ist wie ein Buch in einer Bibliothek, von der niemand weiß – es kann passieren, daß sich ab und zu jemand hineinverirrt, aber dann nur per Zufall. Indem Sie Ankündigungen zu Ihrem Geschäft in der ganzen Online-Welt verbreiten und zusätzliche WWW-Querverbindungen einrichten, erhöht sich Ihre Sichtbarkeit noch mehr.

Es muß schnell sein. Jede Sekunde, die man online mit Warten verbringen muß, erscheint einem wie eine Ewigkeit. Deshalb sollten Sie Ihr Geschäft so einrichten, daß die Präsentation möglichst schnell erfolgt. Das bedeutet, daß die Informationen, die Sie darin anbieten, schnell übertragbar sein müssen. Vermeiden Sie allzu viele Graphiken oder übergroße Schriftzüge in Ihren Beschreibungen, und richten Sie eine Auswahloption für Graphik oder Text ein. Setzen Sie Hilfsprogramme ein, die die Farbauflösung Ihrer Grafiken ohne Qualitätsverluste reduzieren, damit sich die Ladezeit für Ihre Besucher verkürzt.

Die Bezeichnungen, die Sie für Ihre Unterabteilungen und Beschreibungen wählen, sollten kurz und prägnant sein. Schreiben Sie eher kurze als lange Absätze. Unterüberschriften fungieren in Ihren Informationsdokumenten wie Lesezeichen, an denen der Blick der Leute hängenbleibt, während sie Ihren Text überfliegen.

Es muß einfach zu bedienen sein. Käufer können leicht frustriert werden, wenn man ihnen zu viele Schritte abverlangt, um an eine Information heranzukommen. Deshalb sollte man auf jeden einzelnen Bestandteil Ihrer Information so direkt wie möglich zugreifen können. Anstatt also in Ihrem Eingangsmenü oder Ihrer Home Page drei Optionen anzubieten, die sich in der nächsten Ebene dann jeweils wieder in zwei neue Menüpunkte untergliedern, sollten Sie besser gleich alle sechs Optionen in Ihrem Einstiegsmenü auflisten, so daß die Leute direkteren Zugriff darauf haben. Das Bestellformular sollte nach Möglichkeit nicht nur vom Topmenü, sondern auch von jeder der folgenden, darunterliegenden Seiten aus erreichbar sein.

Achten Sie auch auf ein einheitliches Erscheinungsbild aller Ihrer Informationsseiten. Wenn Sie eine Web-Seite haben und Ihre Home Page Navigationsbuttons enthält, mit deren Hilfe man zum Beispiel zu Ihrem Katalog oder Ihrem Bestellformular weiterwandern kann, so sollten all diese Buttons auf all Ihren Seiten gleich aussehen. Zwingen Sie Ihre Kunden nicht, sich jedesmal an ein neues Layout gewöhnen zu müssen, wenn sie in Ihrem Geschäft von einer Abteilung zur anderen wandern.

Es muß übersichtlich sein. Eine Methode, um die Kunden zu verwirren, besteht darin, mehrdeutige oder mißverständliche Namen für Menüoptionen oder Buttons in Ihrem Geschäft zu verwenden oder so viele Informationen hineinzustopfen, daß diese bereits schwer verdaulich werden. Deshalb setzen Sie zum Beispiel Ihre Preisliste unter einen Menüpunkt ›Preise‹ und nicht unter ›Verkauf‹.

Wenn Sie über eine Web-Seite verfügen und Graphik einsetzen, dann sollten Sie dafür sorgen, daß Ihre einzelnen Seiten auch ohne diese Graphiken noch einen Sinn ergeben.

Bezug zum Kunden

Es gibt eine ganze Menge schlecht gestalteter Seiten im Internet, wie etwa Menüs von Web-Seiten, die einfach dastehen und warten, daß Kunden kommen und sich die Mühe machen, sie zu erforschen. Die wirklich guten Schaufenster, die den Online-Guerillas gehören, setzen Computertechnologie ein, um ihrem Geschäft ein besseres Erscheinungsbild zu verleihen. Dazu stehen Ihnen die elektronischen Pendants zu Schildern, Fähnchen, Lichtern und Sirenen zur

Verfügung, um die Kunden weiter ins Ladeninnere zu locken.

Setzen Sie Werbeslogans ein. Das Einstiegsmenü oder die Home Page Ihres Geschäftes sollte einen Werbeslogan enthalten, den Sie regelmäßig auswechseln. Jeder kommerzielle Online-Service hat sogenannte ›Welcome Messages‹, die täglich verändert werden. Das ›Diese Woche neu‹-Fenster von CompuServe begrüßt die Kunden jedesmal, wenn sie sich einschalten. Ihr Schaufenster sollte immer etwas Neues und Aufregendes für Ihre Kunden bieten. In Ihrem Einstiegsmenü sollte es eine ›Diese Woche neu‹- oder ›Neuigkeiten‹-Auswahl zum Anklicken geben, damit regelmäßige Besucher sofort wissen, was sie sich diesmal zuerst ansehen sollten. Dieser Menüpunkt ›Neuigkeiten‹ kann verschiedenes enthalten: Ankündigungen über Preisnachlässe oder neue Produkte, ein neugestaltetes graphisches Design, eine neue Feedback-Einrichtung, in der Kunden ihre Meinung abgeben können, oder sonstige Anwendungen, die in Ihrem Geschäft erst seit kurzem angeboten werden.

Setzen Sie Graphiken ein. Wenn Ihr Geschäft sich im World Wide Web befindet, dann nützen Sie die graphischen Optionen, die Ihnen dort zur Verfügung stehen. Sie sollten Ihre Kunden nicht mit unerwünschten oder überflüssigen Graphiken überhäufen, aber es gibt Produkte, die sich einfach nicht verkaufen lassen, wenn man nicht zuerst einen Blick darauf werfen kann. Wenn eine Abbildung den Verkauf tatsächlich unterstützt, sollten Sie eine bereitstellen. Am besten stellen Sie sie in verschiedenen Größen und Auflösungsgraden zur Verfügung, damit der Kunde selbst entscheiden kann, wie lange er auf das Einlesen warten möchte. Grant's Flowers hat im Einkaufszentrum Branch Mall einen Kundenservice, den Blumenhändler, die telefonische Bestellungen entgegennehmen, nicht anbieten können: Dort kann man online Farbfotos von jedem seiner Blumenarrangements betrachten und weiß daher genau, wie der bestellte Strauß aussehen wird. Grant sagt, daß er Bestellungen aus

Japan, Australien, Europa und anderen Orten erhält, die er früher niemals erreicht hätte.

Bieten Sie kostenlose Informationen an. Auch in Ihr wirkliches Geschäft werden immer mal wieder Besucher kommen, die sich bloß aus purer Langeweile ein bißchen umsehen wollen. Die meisten Leute am Online-Markt befinden sich aber auf der Suche nach Informationen. Je mehr Informationen Sie deshalb in Ihrem Geschäft anbieten, desto wahrscheinlicher ist es, daß die Leute bei Ihnen vorbeischauen. Ihre Produktbeschreibungen und Preislisten stellen an sich schon solche Informationen dar, aber Ihre Kunden erwarten mehr als das. Erhöhen Sie den Wert Ihres Geschäftes, indem Sie Gratisinformationen zu verwandten Gebieten anbieten, die glcichzeitig den Verkauf Ihrer Ware unterstützen.

Benutzerfreundlichkeit

Gutes Marketing ist wie ein Kreis, der mit Ihrer Verkaufsbotschaft beginnt und mit einem zufriedenen Kunden endet. Ihr Online-Schaufenster ist solange nichts als ein Gespenst im Cyberspace, bis Ihr Kunde einen Kauf abschließt, der ihm Freude bereitet. Das ist etwa so, als ob man etwas von einem Katalogversand bestellt, von dem man noch nie zuvor etwas gehört hat – man fühlt sich so lange ein bißchen unsicher, bis man diesen Sweater, die Krawatte oder die Elvis-Erinnerungstafel tatsächlich vor sich liegen hat.

Gestalten Sie Ihr Geschäft und das darin angebotene Sortiment deshalb so, daß die Bedenken Ihrer Kunden hinsichtlich Ihrer Verläßlichkeit und Ihrer Vertrauenswürdigkeit möglichst zerstreut werden. Dazu stehen Ihnen verschiedene Möglichkeiten zur Verfügung:

Übernehmen Sie eine Garantie. Jeder Katalogversand, der seine Briefmarken wert ist, garantiert den Kunden Zufriedenheit. Eine größere Bequemlichkeit für den Kunden gibt es kaum.

Geben Sie Ihre reale Geschäftsadresse und Ihre Telefonnummer bekannt. Ihre Kunden werden ein wesentlich besseres Gefühl haben, wenn sie wissen, daß Ihr Online-Shop eine Zweigstelle eines tatsächlich existierenden Ladens irgendwo auf diesem Planeten ist. Sie werden lieber bei einem Unternehmen bestellen, das irgendwo in einem richtigen Gebäude zu Hause ist, als bei jemandem, der vom Küchentisch aus online Verkäufe tätigt.

Richten Sie eine Feedback-Funktion ein. Entwerfen Sie eine Anwendung, mit der Ihre Kunden Fragen stellen und Kommentare abgeben können. Zumindest sollten Sie darauf hinweisen, daß Sie sich über solche Rückmeldungen freuen würden. Kaufen und Verkaufen ist immer eine zweiseitige Angelegenheit. Deshalb ermuntern Guerillas ihre Kunden immer zum Dialog, weil ihnen so eine bedeutendere Rolle zugeschrieben wird. Wenn Sie die Einträge in Ihrer Feedback-Funktion sammeln und beantworten, sollten Sie gleich jene Fragen, die öfter auftauchen, in einer FAQ-(Frequenty Asked Questions, häufig gestellte Fragen)Datei sammeln, die den Kunden online zugänglich ist. Das ist ein weiteres Informationsangebot und erspart Ihnen, immer wieder dieselben Fragen zu beantworten.

Verwenden Sie ein Bestellformular, das nicht abschreckend wirkt. Die Leute mögen die Vorstellung nicht, daß sie zu etwas gezwungen werden. Ein schlecht gestaltetes Bestellformular kann leicht akute Unzufriedenheit hervorrufen. Wenn möglich, sollten Sie die gesamte Bestellinformation auf einer einzigen Computerbildschirmseite sichtbar machen, damit Ihre Kunden jederzeit leicht ihre gesamte Bestellung überblicken können. Bieten Sie am Bestellbildschirm eine leicht bedienbare Funktion zur Stornierung der Bestellung an, damit die Kunden wissen, daß sie jederzeit ihre Meinung wieder ändern können. Das kann etwa so aussehen:

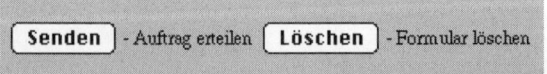

Schreiben Sie ein paar Worte darüber, wie die Bestellungen abgewickelt werden. Sie sollten etwas über Lieferzeiten, Reklamationsabwicklung und andere Fragen Ihrer Online-Geschäftspolitik aussagen, damit die Kunden sich gut betreut fühlen. Schließlich sollten Sie immer auch eine alternative Option zur Bestellung per Fax oder über eine 0130-Service-Telefonnummer anbieten. Es gibt jede Menge Menschen, denen es widerstrebt, eine Kreditkartennummer im Cyberspace bekanntzugeben.

Der Betrieb eines elektronischen Schaufensters

Ist Ihr Schaufenster erst installiert und funktionstüchtig, wird die Art und Weise, wie Sie es betreuen und bedienen, wesentlich zu Ihrem Erfolg oder Mißerfolg beitragen.

Seien Sie aufmerksam

Kunden verlangen Service. Service ist die einzige Methode, um Glaubwürdigkeit zu erlangen. Denken Sie immer daran, daß Kunden ihre digitalen Bits und Bytes nur dem schwarzen Loch des Cyberspace anvertrauen, bis Sie ihnen antworten. Erst dann können sie sicher sein, daß auf der anderen Seite des Bildschirms ein wirkliches menschliches Wesen sitzt. Es gibt verschiedene Möglichkeiten, wie Sie den Kunden Ihre Aufmerksamkeit beweisen können.

Rufen Sie Rückmeldungen und Bestellungen regelmäßig ab. Die Frage, wie oft in Ihrem Fall ›regelmäßig‹ sein sollte, hängt im wesentlichen von der Besucherfrequenz in Ihrem Online-Laden ab. Mehr als vierundzwanzig Stunden sollten jedoch niemals vergehen, ohne daß Sie Ihr Geschäft nach eingegangenen Rückmeldungen und Bestellungen abfragen. In den ersten paar Wochen sowie nach jeder neuen Werbekampagne für Ihre Anwendung, sollten Sie möglichst sogar alle zwei Stunden eine Abfrage machen. Wenn Ihnen das nicht möglich sein sollte und Sie in einer Internet-Einkaufsstraße angesiedelt sind, versuchen Sie zu arrangieren, daß man eingehende Bestellungen sofort per Fax an Sie weiterleitet. Manche Internet-Anbieter mit Marketingberatung können Ihnen diesen Service bereits anbieten.

Antworten Sie rasch. Je schneller Sie auf Bestellungen und Rückmeldungen antworten, desto besser wird der Eindruck sein, den Sie bei Ihren Kunden erwecken, und desto schneller werden sie Ihnen ihr Vertrauen schenken. Niemand macht gerne Geschäfte mit jemandem, für den seine Arbeit lediglich ein Teilzeithobby darstellt. Die Aufmerksamkeit, die Sie Ihrem Online-Shop widmen, wird die Kunden davon überzeugen, daß Sie sich ganztags damit befassen – selbst, wenn dies gar nicht der Fall ist. Sofern Sie nicht in der Lage sind, die bestellte Ware innerhalb eines Tages zuzustellen, sollten Sie dem Käufer außerdem eine Bestätigung für jede Bestellung zukommen lassen. So weiß er, daß die Bestellung bei Ihnen angekommen ist und daß die Ware unterwegs ist.

Testen Sie gelegentlich Ihren eigenen Service. Sie können ein Problem nicht aus der Welt schaffen, solange Ihnen gar nicht bewußt ist, daß Sie eines haben. Deshalb sollten Sie sich von Zeit zu Zeit in die Rolle Ihrer Kunden hineinversetzen, um sicherzustellen, daß Ihr Geschäft so funktioniert, wie es sollte. Wählen Sie das Internet oder Ihren kommerziellen Online-Service an und durchwandern Sie Ihren eigenen Online-Shop. ›Browsen‹ Sie einige Zeit darin herum und holen Sie sich die darin enthaltene Information auf Ihren Bildschirm. Geben Sie selbst eine Bestellung auf. Wiederholen Sie diesen Vorgang zu verschiedenen Tages- und Nachtzeiten und an unterschiedlichen Tagen, um festzustellen, wann möglicherweise Zugriffsprobleme auftauchen.

Spionieren Sie bei der Konkurrenz. Wenn Sie schon beim ›Surfen‹ im Internet sind oder ein Einkaufszentrum abklappern, statten Sie doch gleich anderen Anbietern einen Besuch ab, insbesondere jenen, die in derselben Branche wie

Sie tätig sind. Sehen Sie nach, was die so anbieten. Sie könnten dort auf Verkaufsförderungsideen oder ein Design stoßen, die oder das Sie bislang noch gar nicht in Betracht gezogen haben.

Verändern Sie Ihren Online-Shop regelmäßig

Guerillas verändern das Erscheinungsbild ihrer wirklichen Geschäfte in regelmäßigen Abständen. Sie tauschen immer wieder Schilder und Beschriftungen aus und stellen die Eingänge ihrer Geschäfte um. So macht das Geschäftslokal immer einen frischen und einladenden Eindruck. Dasselbe gilt für Ihren Online-Shop. Ändern Sie jede Woche Ihren Werbeslogan. Bieten Sie regelmäßig neue Informationen an, die keinen direkten Bezug zu Ihren Produkten aufweisen, aber die Aufmerksamkeit der Kunden erwecken. Lassen Sie sich dazu einen ›Tip des Tages‹, der Woche oder des Monats einfallen, oder berichten Sie über Neuigkeiten oder Trends in Ihrer Branche. Oder bilden Sie einfach ein Zitat des Tages oder der Woche ab, um die ›Menschheit zu erleuchten‹.

Der Zeitpunkt des nächsten Besuches in Ihrem Geschäft wird während des gegenwärtigen bestimmt. Machen Sie Ihr Geschäft zu einem Ort des Erlebnisses, von dem man weiß, daß es dort immer etwas Neues zu entdecken gibt. Wie Sie bereits wissen, sind die ›Netizens‹, die Bewohner des Internet, Informationsjäger. Und wenn Ihr Geschäft sich den Ruf erwirbt, daß man dort regelmäßig neue, nützliche Informationen erhält, werden Ihnen diese Leute regelmäßige Besuche abstatten.

Werben Sie für Ihren Online-Shop

Wenn Sie sich damit begnügen, ein elektronisches Schaufenster zu eröffnen und auf Kunden zu warten, die bei Ihnen einkaufen, können Sie lange warten. Aber es gibt ein paar praktische Taktiken, wie Sie Ihre Besucherfrequenz erhöhen können.

Erzählen Sie herum. Unternehmen Sie jeden Tag, an dem Sie sich ins Netz hängen, etwas, um Ihr Unternehmen zu vermarkten. Dazu genügt es nicht, nur die Rückmeldungen aus Ihrem eigentlichen Shop zu beantworten. Sie sollten auch aktiv an Newsgroups, Foren und Diskussionslisten zu Ihrer Branche teilnehmen. *(Näheres dazu finden Sie in Kapitel 7.)* Hinterlegen Sie Kleinanzeigen in den Gratissektionen einschlägiger Foren oder bei kommerziellen Online-Diensten, die über Gratisanzeigen verfügen. Schicken Sie Ankündigungen zu Ihrem Geschäft an Fachzeitschriften wie etwa *Pl@net* oder *Global Online*.

Ersuchen Sie um Referenzen. Wenn Sie die Anfragen Ihrer Kunden beantworten, bitten Sie sie gleich, die Informationen an andere Personen weiterzuleiten, für die diese auch von Interesse sein könnten. Falls Ihre Informationen wirklich nützlich sind, werden die Leute sie gerne mit anderen teilen.

Suchen Sie sich Partner für Gemeinschaftsmarketing. Schließen Sie mit anderen Unternehmen, die Ihr eigenes Angebot ergänzen, eine Vereinbarung über Gemeinschaftsmarketing ab. Wenn Sie Sportbekleidung verkaufen, könnten Sie sich mit einem Geschäft zusammentun, das Sportgeräte vertreibt: Der Sportgerätehändler weist in seinem elektronischen Schaufenster auf Ihr Geschäft hin und umgekehrt.

Suchen Sie verschiedene Online-Einkaufszentren und Branchenverzeichnisse *(Gelbe Seiten)* ab und sorgen Sie unbedingt dafür, daß Ihr Geschäft darin erscheint. Manche Verzeichnisse (wie Web.De oder Jahoo!) listen Ihr Geschäft gratis auf; andere Einkaufszentren werden den Namen Ihres Unternehmens oder einen Querverweis auf Ihre WWW-Seite zum Anklicken für etwa 100 DM pro Monat führen.

Organisieren Sie eine Online-Konferenz oder schreiben Sie einen Artikel. Wenn Sie aktives Mitglied in einem Forum sind, können Sie eine Konferenz zu einem Thema organisieren, bei dem Ihre Qualifikation zur Geltung kommt. *(Näheres dazu finden Sie in Kapitel 8.)*

Veranstalten Sie Wettbewerbe. Lassen Sie sich einen verrückten Wettbewerb einfallen, der einen Bezug zu Ihrem Unternehmen aufweist, und stiften Sie einen wertvollen Preis für den Gewinner. Kündigen Sie diesen Wettbewerb in Ihrem Online-Shop an, um mehr Leute anzuziehen. Gleichzeitig sollten Sie ihn in Newsgroups, Foren und, falls dies dort vorgesehen ist, über kommerzielle Online-Dienste ankündigen.

Machen Sie Pläne für die Neubelebung des Interesses. Die meisten Inhaber von Online-Shops berichten von einem rapiden Rückgang des allgemeinen Interesses, sobald ein paar Wochen seit der Eröffnung vergangen sind. Wenn eine Anwendung neu ist, schaut jeder gerne einmal vorbei. Viele aber kommen nie mehr wieder. Planen Sie deshalb eine Verkaufsförderungsmaßnahme oder einen Wettbewerb für den zweiten Monat Ihrer Online-Präsenz. So locken Sie die Käufer wieder in Ihr Geschäft zurück. Kündigen Sie dieses bevorstehende Ereignis aber bereits bei der Eröffnung an. Auf diese Weise werden all die Leute, die Ihrem Geschäft in seinen ersten Tagen einen Besuch abstatten, wissen, daß es einen guten Grund gibt, ein paar Wochen später noch mal vorbeizuschauen. Wenn Ihr Geschäft also im Oktober seine elektronischen Pforten öffnet, können Sie gleich eine Nikolauspromotion ankündigen.

Werben Sie für Ihr Schaufenster auch off-line. Informieren Sie Ihre regulären Kunden über Ihre neuen Online-Aktivitäten. Richten Sie in Ihrem Geschäftslokal einen öffentlich zugänglichen PC ein, und laden Sie Ihre Kunden ein, dort Ihren Online-Shop zu besuchen. Erwähnen Sie Ihr Geschäft auch in Ihren gedruckten Anzeigen und in Ihren Prospekten. Geben Sie Ihren Kunden einen guten Grund, Ihnen auch online einen Besuch abzustatten (beispielsweise die kostenlose Information, die dort zur Verfügung steht).

Achten Sie auf gute Nachbereitung

Die beste Gelegenheit, um Ihren guten Ruf zu festigen und das Terrain für künftige Umsatzrekorde zu bereiten, besteht dann, wenn Ihr Kunde noch voller Zufriedenheit über seinen letzten Kauf bei Ihnen übers ganze Gesicht strahlt. Deshalb sollten Sie einen Auftrag jedes Mal, nachdem die Ware zugestellt oder Ihre Dienstleistung abgeschlossen wurde, nachbereiten, etwa in Form eines Dankschreibens, in dem Sie Ihrem Kunden für das erwiesene Vertrauen danken. Solche Nachbereitungsbriefe geben dem Kunden das Gefühl, daß Ihnen seine Zufriedenheit am Herzen liegt und nicht bloß sein Geld.

Haben Sie Geduld

Die meisten elektronischen Schaufenster haben eine lange Anlaufphase. Sie werden möglicherweise wochen- und monatelang nur leere Kilometer zurücklegen, bevor Sie anfangen, online beständige Umsätze zu erzielen. Wenn Sie also ein solches Schaufenster einrichten, sollten Sie sich darauf einstellen, es jedenfalls zumindest ein Jahr lang geöffnet zu halten. Denken Sie daran, daß es da draußen im Internet Millionen von Menschen gibt. Selbst mit der besten Werbung wird es einige Zeit dauern, bis viele von ihnen von der Existenz Ihres Online-Shops erfahren. Außerdem verändert sich das Internet mit atemberaubender Geschwindigkeit. Immer mehr Leute haben immer besseren Zugang zu den verschiedenen Anwendungen. In einem Jahr haben Sie Zeit genug, um Ihr Schaufenster Monat für Monat einem immer größer werdenden Kreis von Interessenten zur Kenntnis zu bringen.

Sieben Strategien für elektronische Schaufenster

Die sieben Top-Guerilla-Strategien für die Auswahl und den Betrieb eines elektronischen Schaufensters lauten:

1. **Wählen Sie den richtigen Standort aus.** Entscheiden Sie
   sich für eine Schaufenster-Technologie und einen Standort, die den Möglichkeiten Ihres Marketingbudgets, Ihrem
   Wunsch nach breitestmöglichem Online-Marktzugang und
   der Art von Produkt, das Sie verkaufen, am besten entsprechen. Jedenfalls sollte Ihr Geschäft die folgenden Eigenschaften aufweisen:

   • Es sollte für möglichst viele Kunden leicht zugänglich sein.
   • Ihre Produkte sollten sich darin so gut wie möglich dar-
     stellen lassen.
   • Sie sollten in der Lage sein, den geschätzten Besucher-
     strom zu bewältigen.
   • Das Geschäft sollte Ihrem Zeit- und Geldbudget ent-
     sprechen.

2. **Gestalten Sie Ihr Schaufenster attraktiv, originell und benutzerfreundlich.** Sie befinden sich im Irrtum, wenn Sie
   annehmen, daß die Leute nur so in Ihr Geschäft strömen,
   weil Online-Shopping soviel Spaß macht. Ihr Schaufenster
   muß nicht nur mit anderen Online-Shops konkurrieren,
   sondern auch mit gedruckten Katalogen und richtigen Geschäftslokalen. Es sollte deshalb einladend und attraktiv
   gestaltet sein, und es muß Spaß machen und einfach sein,
   sich darin umzusehen. Wenn möglich, sollte es eine besondere Attraktion oder eine besondere Bequemlichkeit aufweisen, die den Kunden anderswo nicht geboten wird.

   • Engagieren Sie einen Berater oder einen Designer, um
     die äußere Erscheinung Ihres Geschäftes so anziehend
     wie möglich zu gestalten. Das fängt übrigens bereits bei
     der Namensgebung für die einzelnen Abteilungen und
     Menüoptionen an.
   • Setzen Sie Werbeslogans ein, um Ihrem Geschäft immer
     ein frisches Aussehen zu verpassen.
   • Gestalten Sie Ihr Geschäft benutzerfreundlich. Es muß
     ganz einfach sein, sich darin zu bewegen.

- Präsentieren Sie Ihre Informationen in kleinen Einheiten, die eine Bildschirmgröße nicht übersteigen. Ihre Produktinformationen sollten sich keinesfalls über mehrere Bildschirmlängen hinziehen. Verwenden Sie für Ihre Beschreibungen einprägsame Begriffe, die im Kopf des Lesers Bilder davon hervorrufen, was ihr Produkt oder Ihre Dienstleistung für ihn bringen kann.
- Bieten Sie Ihren Stammkunden einen Sonderrabatt dafür, daß sie online bei Ihnen kaufen.

3. Machen Sie aus ihrem Geschäft eine Informationsquelle. Geben Sie dem Käufer eine kostenlose, nützliche Information zu Themen, die mit Ihrem Produkt oder Ihrer Dienstleistung zusammenhängen, mit auf den Weg, und zwar immer wieder etwas Neues. Baumärkte machen ihre besten Geschäfte, wenn sie einem Hausbesitzer dabei helfen, ein Problem zu lösen, oder wenn sie ihren Kunden etwas über den Hausbau beibringen. Wenn sich Ihr Schaufenster zu einer verläßlichen Informationsquelle entwickelt, werden immer mehr Menschen dort kaufen und regelmäßig dorthin zurückkehren.

4. Versichern Sie den Kunden ihre Beständigkeit. Tun Sie alles in Ihrer Macht Stehende, um die Bedenken Ihrer Kunden gegen Online-Shopping zu zerstreuen.

- Wenn Sie eine richtige Geschäftsadresse haben, geben Sie diese auch in Ihrem Online-Shop bekannt und fordern Sie die Leute auf, Sie doch einmal zu besuchen.
- Bieten Sie eine ›100-Prozent-Zufriedenheit-Sonst-Geld-Zurück-Garantie‹ auf Ihre Waren an.
- Erklären Sie genau, wie bei Ihnen die Bestellungen und Reklamationen abgewickelt werden.
- Geben Sie den Leuten Gelegenheit, Fragen zu stellen, und beantworten Sie diese umgehend.

- Entwerfen Sie ein übersichtliches Bestellformular, auf dem die Kunden auch eine Möglichkeit haben, den ganzen Vorgang wieder rückgängig zu machen.

5. **Seien Sie aufmerksam.** Wenn es Ihnen gelungen ist, Kunden anzuziehen, liegt es an Ihrem Service, ob diese danach auch wirklich vollständig zufrieden sein werden. Verfolgen Sie deshalb aufmerksam die Vorgänge in Ihrem eigenen Geschäft.

- Fragen Sie Ihre E-Mailbox, Ihre Feedback-Funktion und Ihre elektronischen Bestellungen zumindest alle zwei Stunden ab, damit Sie so schnell wie möglich auf Anfragen Ihrer Kunden antworten können.
- Kaufen Sie gelegentlich selbst in Ihrem Online-Shop ein, und zwar zu verschiedenen Zeiten und an verschiedenen Wochentagen, damit Sie sicherstellen können, daß auch wirklich alles zufriedenstellend funktioniert.
- Bitten Sie Freunde, die verschiedene Computersysteme haben und unterschiedliche Internet-Software einsetzen, Ihrem Geschäft einen Besuch abzustatten und Ihnen von eventuell dabei auftauchenden Problemen zu berichten.

6. **Erzählen Sie überall von Ihrem Online-Shop.** Am Online-Markt ist Werbung extrem wichtig, weil Ihr Geschäft solange unsichtbar bleibt, bis die Leute davon erfahren haben.

- Verwenden Sie eine E-Mail-Unterschrift, in der der Name Ihres Ladens und seine Adresse erscheint.
- Nehmen Sie an Newsgroups und Diskussionslisten teil, die sich mit Ihrer Branche befassen, und bauen Sie sich so einen guten Ruf als verläßliche Informationsquelle auf.
- Gründen Sie Gemeinschaftsmarketing-Partnerschaften mit den Inhabern anderer elektronischer Schaufenster.

- Setzen Sie Instrumente zur Verkaufsförderung wie etwa Ankündigungen in verschiedenen ›What's New‹-Bereichen, Wettbewerbe und Hypertext-Querverbindungen zu andern Seiten am World Wide Web ein, um den Namen Ihres Ladens bekanntzumachen. Laden Sie die Leute einfach ein, einmal bei Ihnen vorbeizuschauen.

7. **Achten Sie auf gute Nachbereitung.** Bauen Sie eine Beziehung zu Ihren Kunden auf, die über einen einzelnen Verkauf hinausgeht. Und hören Sie niemals mit dem Versuch auf, Ihren Online-Shop zu verbessern.

- Auf jeden Kauf sollte ein kurzes Dankschreiben per E-Mail folgen, in dem die Kunden gleichzeitig ersucht werden, ihren Freunden von Ihrem Produkt oder Ihrer Dienstleistung zu erzählen.
- Verfassen Sie monatliche oder vierteljährliche Rundschreiben über Neuigkeiten in Ihrem Geschäft, und verschicken Sie sie an Ihre Kunden.
- Halten Sie sich über neue Entwicklungen im Internet oder bei kommerziellen Online-Diensten auf dem laufenden, und fügen Sie Ihrem Marketing-Mix ständig neue Dienste hinzu.
- ›Surfen‹ Sie weiterhin selbst ausgiebig im Online-Markt herum, und halten Sie Ausschau nach Ideen, mit denen Sie Ihr eigenes Geschäft verbessern könnten.

6. Elektronische Kleinanzeigen und Anschlagtafeln

Werbung ist die mit Abstand beste Methode, um Ihr Unternehmen zu vermarkten. Mit Hilfe von Werbung bringen Sie Ihre Botschaft an die Öffentlichkeit. In der wirklichen Welt können Sie an allen möglichen Stellen Anzeigen plazieren: auf Plakatwänden, Sitzbänken, Autobussen und in Taxis, in Zeitungen, Zeitschriften und in Form von Werbespots im Fernsehen. Die Werbemöglichkeiten am Online-Markt sind etwas beschränkter. Dennoch können die Ergebnisse genauso aufregend sein.

Werbung sollte ein selbstverständlicher Bestandteil des Online-Marketing-Mix jedes Guerillas sein, weil sie Ihr Unternehmen sichtbar macht. Denken Sie immer daran, daß Ihr Unternehmen solange unsichtbar bleibt, bis jemand zu Ihrem Schaufenster vordringt oder den Namen Ihres Unternehmens irgendwo anders aufschnappt. Werbung hilft Ihnen dabei, Ihr Unternehmen über den ganzen Cyberspace hinweg bekannt zu machen.

Die beiden wichtigsten Werbemedien am Online-Markt sind Kleinanzeigen und Anschlagtafeln, sogenannte *Billboards*. Die meisten kommerziellen Anbieter und sogar einige Bulletin Board Services verfügen über eigene Rubriken für Kleinanzeigen, in denen Sie genau wie in einer Zeitung eine kurze Anzeige über Ihr Unternehmen aufgeben können. Im Internet stellen einige Newsgroups faktisch Sammlungen von Kleinanzeigen dar. Diese sind ebenfalls kostenlos.

Kleinanzeigen

Online-Kleinanzeigen können zwei Zwecken dienen:

- entweder sollen sie für eine Online-Anwendung werben, die Sie eingerichtet haben, etwa so, wie Sie für Ihren

Online-Shop auch in gedruckten Anzeigen werben oder Abonnenten für Ihren Online-Newsletter suchen;
- oder sie stellen für sich bereits die Methode zum Verkauf eines bestimmten Produktes oder einer Dienstleistung dar.

Wie Kleinanzeigen funktionieren

In der Online-Welt ist eine Rubrik für Kleinanzeigen wie eine Diskussionsrunde oder wie ein Bulletin-Board organisiert. Der einzige Unterschied besteht darin, daß die darin enthaltenen Nachrichten reine Werbetexte enthalten statt Diskussionsbeiträgen zu einem bestimmten Thema. Eine Online-Rubrik für Kleinanzeigen enthält eine Liste von Nachrichten, von denen jede eine Überschrift trägt. Wenn Sie durch eine solche Rubrik ›browsen‹, sehen Sie vorerst nur diese Überschriften. Erst wenn Sie eine davon anklicken, erscheint die darunterliegende Nachricht auf Ihrem Bildschirm. Die Handhabung für das Hinterlegen von Beiträgen und das Lesen dieser Anzeigen variieren je nachdem, ob Sie Ihre Anzeige bei einem kommerziellen Online-Service, einem BBS oder aber in einer Newsgroup im Internet plaziert haben.

Anzeigen bei kommerziellen Online-Diensten und bei Bulletin Board Services

In den meisten Fällen bestehen die Kleinanzeigenrubriken der kommerziellen Online-Services oder der Bulletin Board Services (BBS) aus mehreren Untergliederungen, genau wie die Kleinanzeigenrubriken in einer Zeitung oder einer Zeitschrift. Das Hauptverzeichnis der Kleinanzeigen bei CompuServe etwa hat folgendes Aussehen:

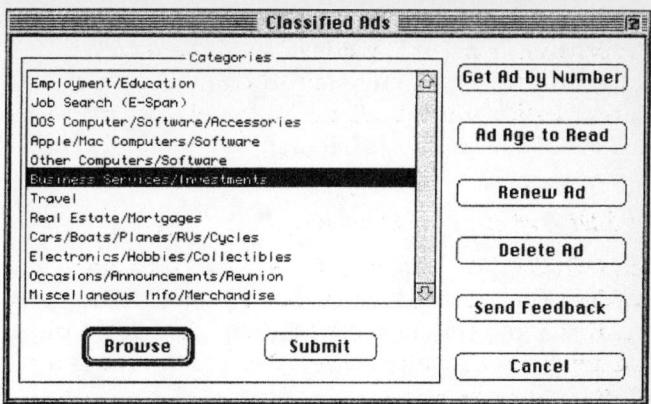

Es gibt mehrere verschiedene Rubriken, von denen jede wiederum in Unterkategorien geteilt ist. Die Rubrik ›Business Services/Investments‹ beispielsweise führt zu mehreren Untergliederungen. Die Anzeigenliste der Unterkategorie ›Advertising/Promotions‹ sieht folgendermaßen aus:

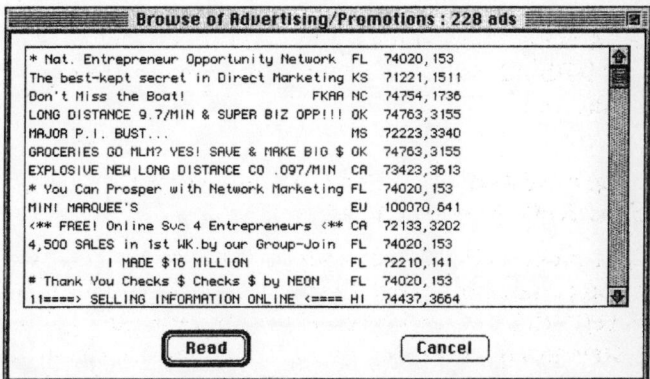

In dieser Rubrik finden sich 228 Anzeigen. Neben der Anzeigenüberschrift erscheint jeweils die CompuServe-Adresse und der Bundesstaat, in dem die Person beheimatet ist, die die Anzeige aufgegeben hat.

Im Gegensatz zu gedruckten Anzeigen sind die Anzeigen hier nicht alphabetisch aufgelistet. Statt dessen erscheinen sie auf der Liste in der Reihenfolge, in der sie plaziert wurden. Ihre brandneue Anzeige wird deshalb zuerst immer ganz oben auf der Liste stehen und immer weiter nach unten rutschen, wenn andere Anzeigen nachfolgen. Das geht solange, bis Ihre Anzeige nicht mehr im Einstiegsfenster erscheint. Ist Ihre Anzeige nicht mehr auf den ersten Blick im Fenster sichtbar, müßten die Leser das Fenster weiterrollen, um sie zu finden. Es ist klar, daß deshalb der beste Platz für Ihre Anzeige immer das obere Ende der Liste ist. Es erfordert allerdings einige Anstrengung, es dort zu halten.

Fühlt sich nun jemand von der Überschrift Ihrer Anzeige angesprochen, so klickt er sie an, und der Text öffnet sich im nächsten Fenster. Die meisten Online-Kleinanzeigen sind kurz und prägnant, ungefähr so:

Diese Anzeige hätte im Fenster wesentlich mehr Platz zur Verfügung, als der Verfasser verwendet hat. Die Online-Teilnehmer erwarten jedoch von Anzeigen, daß sie kurz gehalten sind. Viele Interessenten gehen gerne durch die Kleinanzeigenrubriken, die sie online finden, aber sie wollen nicht viel Zeit fürs Durchlesen aufwenden.

Bei dieser Anzeige ist es für den Kunden ganz einfach, darauf zu antworten und weitere Informationen anzufordern. Bei CompuServe und anderen kommerziellen Online-Services gibt es zu diesem Zweck einen bequemen ›Reply‹-Button. In anderen Anzeigen werden die Leser aufgefordert, anzurufen oder ein Fax oder eine E-Mail zu schicken.

Ebenso wie in gedruckten Medien werden Kleinanzeigen nur für einen bestimmten Zeitraum geschaltet. Selbst auf Diensten, die keine Gebühren dafür verrechnen, wird Ihre Anzeige nach ein paar Wochen automatisch durch den zuständigen Administrator gelöscht werden. Die Lebensdauer jeder Anzeige hängt vor allem davon ab, wie aktiv diese Anzeigensektion ist und wieviel Speicherplatz dafür auf dem Computer des kommerziellen Online-Dienstes zur Verfügung steht. Deshalb sollten Sie alle paar Tage Ihre Online-Kleinanzeigenrubriken überprüfen, um sicherzugehen, daß Ihre Anzeigen noch da sind.

Anzeigen in Newsgroups

In den meisten Newsgroups im Internet sind reine Werbeschaltungen verboten, aber einige wurden genau zu diesem Zweck eingerichtet. Andere Newsgroups wiederum haben sich im Lauf der Zeit für Anzeigen geöffnet, und es ist heute nicht mehr von Bedeutung, ob dies ursprünglich in der Absicht der Initiatoren lag oder nicht. Die folgenden Newsgroups enthalten ausschließlich oder vorwiegend Anzeigen:

- alt.business.misc
- biz.misc
- misc.entrepreneurs
- misc.forsale
- news.whats.for.sale

Jede Newsgroup, die das Kürzel *forsale* in ihrem Namen führt, dient der Veröffentlichung von Kleinanzeigen, sofern

149

nicht ein kleines *.d* am Ende des Namens steht. Das *.d* zeigt
an, daß es sich um eine Diskussionsgruppe handelt. So handelt es sich beispielsweise bei *misc.forsale.d* um eine Diskus-
sions-Newsgroup über Produkte, die auf der Newsgroup
misc.forsale zum Verkauf angeboten werden.

Es gibt jede Menge *forsale*-Newsgroups. Sie sind entweder
in geographischer Hinsicht festgelegt wie etwa *ca.forsale*
(Kalifornien) und *nj.forsale* (New Jersey), oder aber einer
bestimmten Warengattung gewidmet, beispielsweise Computerausrüstung.

Kleinanzeigen in Newsgroups funktionieren in dreifacher
Hinsicht anders als Anzeigen bei kommerziellen Online-
Diensten oder auf Bulletin Board Systems:

Ihre Kleinanzeige ist kostenlos. Es gibt keine Möglichkeit, auf einer Newsgroup Gebühren für das Hinterlegen
von Beiträgen zu erheben. Alles, was Sie zahlen müssen, ist
die Online-Zeit, die Sie benötigen, um die Anzeige dort zu
deponieren. Gerade weil Newsgroups gratis sind, herrscht
dort mehr Benutzerfrequenz als in den Kleinanzeigenrubriken der kommerziellen Online-Dienste. Einige der
Newsgroups, die der Publikation von Anzeigen gewidmet
sind, erhalten täglich Dutzende oder Hunderte neuer
Beiträge. Während manche kommerziellen Anbieter Ihnen
oft nur gestatten, eine bestimmte Anzeige in einer festgelegten Anzeigenrubrik zu plazieren, können Sie im Internet
eine Anzeige gleichzeitig in mehreren Newsgroups deponieren.

**Anzeigen in Newsgroups sind nicht nach Rubriken un-
terteilt.** Die Kleinanzeigenrubriken kommerzieller Anbieter
sind in verschiedene Kategorien untergliedert, damit man
jene Branche aussuchen kann, die nur Anzeigen für eine bestimmte Art von Waren oder Dienstleistungen enthält. Eine
Newsgroup hingegen ist immer nur eine lange Liste unge-
ordneter Anzeigeneinträge, etwa so:

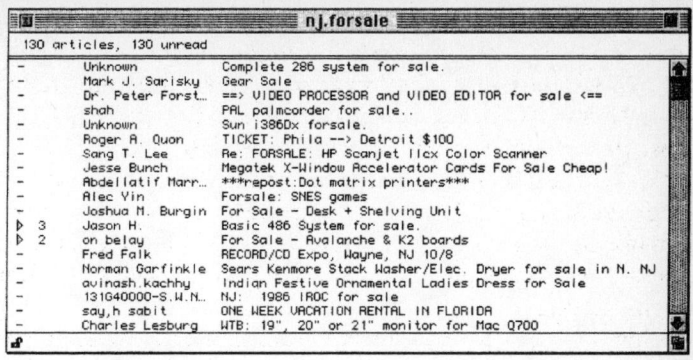

Wie Sie sehen, enthält diese Newsgroup ein Gemisch von Anzeigen für alles Mögliche, von Ferienwohnungen über Autos und Kleidung bis zur Computerausrüstung. Die meisten Leute, die Anzeigen in solchen *forsale*-Newsgroups aufgeben, tun das an mehreren Orten gleichzeitig. Deshalb ist dieses Chaos ganz normal. Die Namen einiger Newsgroups helfen zumindest, die Warenart einzugrenzen *(misc.forsale. computers.pc-clone* beispielsweise ist PC-kompatiblen Computern gewidmet). Trotzdem werden Sie jedesmal, wenn Sie in eine Newsgroup einsteigen, eine solche lange Liste vorfinden.

Anzeigen in Newsgroups sind in der Regel länger. Für Newsgroups gelten nicht dieselben Einschränkungen wie für die eher formalisierten Anzeigenrubriken der kommerziellen Online-Dienste. Außerdem erscheinen die Anzeigen in Newsgroups normalerweise wochen- und monatelang. Und selbst wenn Einträge gelöscht werden, werden sie häufig noch in Archivdateien oder auf einem FTP-Server gespeichert und zugänglich gemacht.

Wie bei einem kommerziellen Anbieter erfolgt die Plazierung der Anzeigen chronologisch. Sobald neue Anzeigen hinzukommen, bewegt sich Ihre eigene ein Stück nach unten. Deshalb ist es ganz wesentlich, daß Sie jede dieser Anzeigen alle paar Tage überprüfen, um sicherzustellen, daß sie noch gut sichtbar ist. Im Gegensatz zu kommerziellen Anbietern können Sie eine Anzeige mit derselben Überschrift in einer Newsgroup deponieren, so oft Sie wollen.

Um einen Eindruck davon zu erhalten, was es alles gibt und wer welche Art von Anzeigen aufgibt, begeben Sie sich am besten selbst auf eine ›Reise‹ durch verschiedene Newsgroups.

Marketing mit Kleinanzeigen

Bei Tausenden von Anzeigen an Dutzenden von unterschiedlichen Orten im Cyberspace müssen Sie mit der Konkurrenz hart um die Aufmerksamkeit Ihrer Leser kämpfen. Ihr Produkt oder Ihre Dienstleistung ist nicht einzigartig. Und selbst, wenn dies der Fall sein sollte, müßten Sie dennoch dafür sorgen, daß Ihre Leser genügend Interesse dafür aufbringen, um weiterzulesen. Hier finden Sie nun ein paar Ideen für Kleinanzeigen, die ihre Wirkung nicht verfehlen werden.

Die Überschrift

Die Überschrift Ihrer Anzeige ist möglicherweise Ihre einzige Chance, einen Interessenten zu erreichen, also lassen Sie sich etwas einfallen. Ihr Titel muß sich von der langen Liste von Überschriften deutlich abheben und den Leser neugierig machen:

- Für Anzeigen bei einem kommerziellen Online-Dienst sollten Sie mit 32 Zeichen oder weniger auskommen. Mehr Platz haben Sie dort nämlich nicht zur Verfügung. Es wäre doch schade, wenn der beste Teil Ihrer Überschrift für die Leser unsichtbar bliebe.
- Setzen Sie prägnante Schlagworte *(vgl. Kap. 4)* ein, um die Neugier Ihrer Leser zu wecken.

- Formulieren Sie eine Frage. Auf diese Weise gelingt es Ihnen, das, was Sie verkaufen, als Lösung für ein Problem darzustellen. Beispiele wären etwa: »Haben Sie genug von der Steuer?« oder »Wollen Sie zurückschlagen?«
- Verwenden Sie Großbuchstaben, Sternchen oder andere Hervorhebungszeichen, um Schlüsselwörter in Ihrer Überschrift optisch zu betonen. Großbuchstaben und Unterstreichungszeichen sollten jedoch in normaler E-Mail oder in Beiträgen zu Newsgroups nicht eingesetzt werden, weil sie im Text zu aufdringlich erscheinen. Kleinanzeigen sind dabei die Ausnahme von dieser Regel.
- Testen Sie verschiedene Überschriften in unterschiedlichen Anzeigenrubriken oder Newsgroups. So finden Sie heraus, welche am besten ankommen. Bitten Sie beispielsweise Ihre Kunden, ihre Antwort an die Abteilung T (für T-Online) beziehungsweise an die Abteilung C (für CompuServe) zu richten, oder aber an die Abteilung B für eine Anzeige in der Newsgroup *biz.misc.*

Die Botschaft

Wenn die Überschrift Ihrer Anzeige den Leser dazu bewogen hat, Ihre Nachricht tatsächlich zu öffnen, so sollten Sie diesen Schwung bis zum Verkauf beibehalten. Drücken Sie sich möglichst kurz und bündig aus:

- Wählen Sie zwei oder drei Hauptvorzüge Ihres Produktes oder Ihrer Dienstleistung aus, und bringen Sie jeden davon in einem oder zwei Sätzen zum Ausdruck.
- Sprechen Sie den Leser direkt an, so, als ob dies ein persönliches Gespräch zwischen Ihnen wäre. Sagen Sie ›Sie‹ anstatt man und schlagen Sie in Ihrer Nachricht einen persönlichen Ton an. So klingt etwa der Satz »Unsere Experten können Ihnen zeigen, wie Sie Ihre Finanzierungsprobleme lösen« um einiges besser als »Die ABC Finanzgruppe ist bundesweit für ihr Fachwissen anerkannt.«

- Erklären Sie den Wettbewerbsvorteil Ihres Unternehmens. Das ist nämlich ein guter Grund, warum die Kunden mit Ihnen ins Geschäft kommen sollten. Sorgen Sie dafür, daß der Kunde diesen Vorteil kennt, egal, woraus er besteht.

- Geben Sie dem Leser einen besonderen Anreiz, Ihnen zu antworten, indem Sie ihm etwas gratis anbieten, z. B. eine Liste von Tips für die Gartenarbeit, Ihren zweiseitigen Bericht über Neuigkeiten im Steuerwesen oder einen Rabatt auf die erste Bestellung für Büromaterial.

- Vergessen Sie nicht, Ihre E-Mail-Adresse, Server-Adresse, Telefonnummer, Telefaxnummer oder Postadresse anzugeben, damit die Leute wissen, wie man Sie erreichen kann.

- Lesen Sie Ihre Botschaft nochmals durch und geben sie sie auch anderen zum Lesen, bevor Sie sie abschicken. Ihre Mitarbeiter werden vielleicht Fehler im Text entdecken, die Ihnen als Autor entgangen sind.

Fragen Sie die Rückantworten ab

Sie können auf die Anfrage eines Kunden nicht rasch reagieren, wenn Sie nicht wissen, daß überhaupt eine Anfrage vorliegt. Fragen Sie deshalb regelmäßig Ihre Kleinanzeigen und die dort angegebene Antwortadresse ab. Wenn Sie eine Anzeige in einer Newsgroup oder in der Kleinanzeigenrubrik eines Diskussionsforums plaziert haben, schauen Sie mindestens einmal pro Tag nach, ob Antworten auf Ihre Beiträge eingegangen sind. Den meisten Newsgroup- und Forum-Lesern wird es angenehmer sein, wenn sie statt einer E-Mail oder eines Anrufs für weitere Informationen einen einfachen Reply-Button ihrer Newsreader-Software bedienen können. Dieser Reply-Button setzt dann einen neuen Eintrag für die Beantwortung Ihrer Nachricht an den Kopf der Eintragsliste.

Sie wissen auf einen Blick, ob Antworten auf Ihre Nach-

richt eingegangen sind, weil daneben eine entsprechende
Zahl erscheint.

```
  -        Alec Yin           Forsale: SNES games
  -        Joshua M. Burgin   For Sale - Desk + Shelving Unit
▷ 3        Jason H.           Basic 486 System for sale.
▷ 2        on belay           For Sale - Avalanche & K2 boards
  -        Fred Falk          RECORD/CD Expo, Wayne, NJ 10/8
```

In diesem Fall sind auf die Botschaft von Jason H. drei
Antworten abgeschickt worden.

Antworten Sie rasch

Wenn Sie in Ihrer Kleinanzeige kostenlose Informationen
anbieten, dann sollten Sie dafür Sorge tragen, daß Sie diese
Information tatsächlich fertig vorbereitet haben, um sie auf
Anforderung rasch weitergeben zu können. Je schneller Sie
auf solche Anfragen reagieren, desto mehr Leser werden anfangen, Ihnen zu vertrauen. Wenn Sie Ihre Mailbox bei
einem Internet Service Provider eingerichtet haben, lassen
Sie sich dort ein Mailbot-Programm einrichten, das die kostenlosen Informationen automatisch verschickt, wenn jemand danach fragt (vgl. Kapitel 4).

Online-Plakatwände (Billboards)

Ein Online-Billboard gibt Ihnen die Möglichkeit, potentielle
Kunden mit Ihren Werbebotschaften dort zu erreichen, wo
diese mit ihren Reisen im Cyberspace beginnen. Die meisten
dieser Anschlagtafeln erscheinen am Bildschirm, ohne daß
der Leser sie aktiv abfragen muß. Sie können auch eine Bill-
board-Einschaltung auf einer World-Wide-Web-Seite kaufen, in der Sie Ihr Produkt beschreiben und Angaben machen, wo und wie man es erwerben kann. Sehen wir uns einige dieser Billboard-Anwendungen näher an.

155

CompuServe-Marquees

Wenn Sie ein Geschäftslokal in der elektronischen Einkaufsstraße von CompuServe einrichten, umfaßt Ihr Mietvertrag normalerweise auch eine bestimmte Anzahl von Marquees. Marquees sind Mini-Billboards, die jedesmal auf dem Bildschirm erscheinen, wenn ein Kunde in die elektronische Einkaufsstraße einsteigt oder wenn ein Kunde eine bestimmte Warenkategorie anklickt. Das sieht dann zum Beispiel so aus:

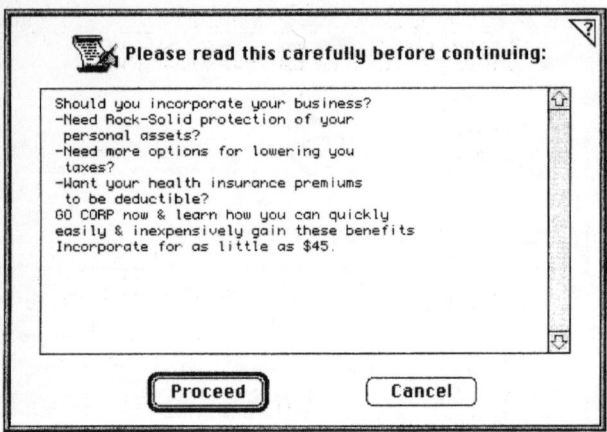

CompuServe-Marquees verfügen über keine graphischen Optionen, und man kann von ihnen aus auch keinen Button bedienen, mit dem ein Bestellformular oder eine Anfrage für weitere Information am Bildschirm erscheint.

›Diese Woche neu‹-Einschaltungen

›Diese Woche neu‹-Einschaltungen sind ein Bestandteil des Einstiegsbildschirms, der erscheint, wenn Abonnenten sich bei einem kommerziellen Online-Service einwählen. CompuServe verfügt sogar über ein eigenes Fenster, in dem ›Diese Woche neu‹-Einschaltungen gesammelt werden. Normalerweise wird für diese Anzeigen keine Extragebühr verrechnet.

World-Wide-Web-Hyperlink-Verbindungen

Wenn sich ihr Online-Shop auf einem Web-Server im Internet befindet, erfüllen Hyperlink-Verbindungen zu anderen Servern die Funktion solcher Anschlagtafeln. Die Verbindungen bestehen aus einem Button oder einer Auswahloption, der die Besucher direkt zu Ihrer Web-Site führt. Ein Beispiel sieht etwa so aus:

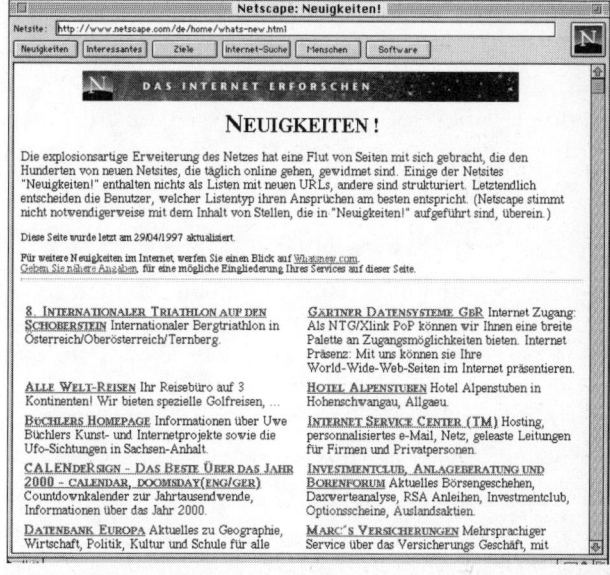

Dies ist die ›Neuigkeiten‹-Seite von Netscape, dem Entwickler der Software Netscape Navigator, mit dem viele Leute im World Wide Web ›surfen‹. Netscape machte diese Software zunächst gratis verfügbar, und kooperierte mit ISPs, die sie ihren Kunden zur Verfügung stellten. Das führte dazu, daß diese Software mittlerweile von den meisten Web-Benutzern verwendet wird.

Die Liste der ›Neuigkeiten‹ wird monatlich aktualisiert. Sie enthält Ankündigen über alle Arten von Web-Seiten, egal ob es sich um Unternehmen oder akademische bzw. wissenschaftliche Seiten handelt. Sie können hier kostenlos einen Aushang für Ihre Web-Seite deponieren, in dem Sie den Hyperlink ›Geben Sie nähere Angaben‹ anklicken. Dies führt Sie zu einem Fragebogen, auf dem Sie die wichtigsten Daten über Ihr Projekt an die Redaktion von ›Neuigkeiten‹ übermitteln können. Von hier aus finden Sie auch Links zu anderen Ankündigungsdiensten, die Ihre Web-Seite im Internet bekannt machen.

Durch die regelmäßige Aktualisierung der ›Neuigkeiten‹-Seite wird Ihre Anzeige nach kurzer Zeit wieder verschwunden sein. Da die ›Neuigkeiten‹-Seite eine der gefragtesten Anwendungen im Internet ist, sollte Ihnen eine Einschaltung den Zeitaufwand wert sein, immer wieder eine Ankündigung an die Redaktion zu schicken.

World-Wide-Web-Plakatwände (Billboards)

Selbst wenn Sie keinen Computer haben, können Sie online für Ihre Produkte oder Ihre Dienstleistungen Werbung machen, indem Sie ein Billboard auf einer Web-Seite schalten, wobei Sie die Kunden auf Ihr Fax, Ihre Telefonnummer oder Ihre Postadresse verweisen. Das könnte etwa so aussehen (siehe gegenüberliegende Seite).

Dieses WWW-Billboard ist im Einkaufszentrum *Branch Mall* plaziert. Man hat zwar nicht die Möglichkeit, direkt zu bestellen, dennoch wird für das Sortiment der Buchhandlung geworben. Hier kann man die Preise und Serviceleistungen erfahren. Die Kunden werden aufgefordert, per Fax, Telefon, Post oder E-Mail ihre Bestellungen aufzugeben.

Sieben Strategien für Kleinanzeigen und Billboards

Jedermann kann eine Anzeige aufgeben oder ein Billboard anmieten, aber ein Guerilla wird das Maximum dabei herausholen. Die folgenden sieben Strategien machen den Unterschied aus:

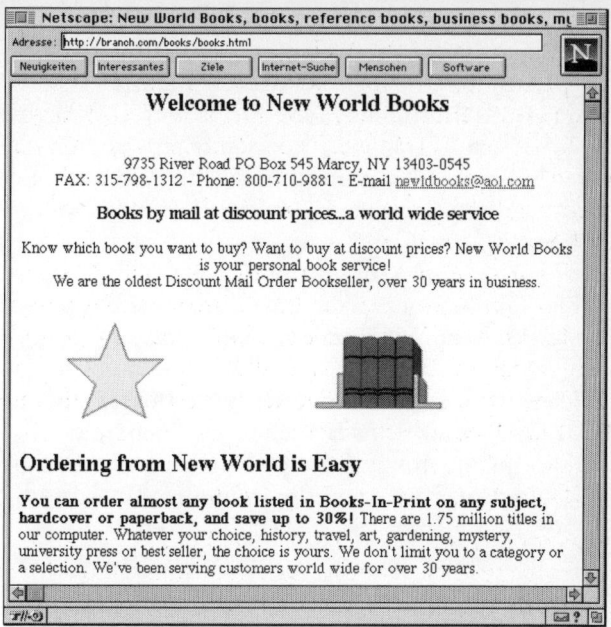

1. **Verwenden Sie eine Überschrift, die ins Auge springt.** Egal, ob Sie eine Überschrift für eine elektronische Kleinanzeige oder für ein Billboard entwerfen: Verwenden Sie einen kurzen, verlockenden Titel, der die Neugier des Kunden weckt und ihn dazu ermuntert, den nächsten Schritt zu tun.
2. **Sprechen Sie die Leute direkt an.** Die Botschaften von solchen Anzeigen und Billboards sollten immer an eine bestimmte Person gerichtet sein und nicht an eine undefinierbare Masse. Der Text sollte im selben Tonfall wie ein persönliches Zwiegespräch gehalten sein.
3. **Setzen Sie die Powerworte ein.** Sehen Sie sich die Liste der Powerworte in Kapitel 4 noch einmal genau an, und setzen Sie diese in den Überschriften Ihrer Anzeigen und Billboards sowie in den Texten Ihrer Botschaften ein. Sie werden ihre Wirkung bestimmt nicht verfehlen.

4. **Sorgen Sie für eine einfache Antwortmöglichkeit.** Wenn der kommerzielle Online-Service eine Button-Option anbietet, mit deren Hilfe die Leser leicht und schnell zu einem Bestellformular oder zu einem standardisierten Antwortfenster gelangen können, dann sollten Sie von dieser Möglichkeit Gebrauch machen. Wenn das nicht der Fall ist, sollten Sie eher E-Mail als normale Briefpost für die Kontaktaufnahme anbieten, weil Ihr Interessent ja gerade über seinen Computer mit dem Netzwerk verbunden ist. Deshalb kann er in diesem Moment leicht und schnell eine E-Mail an Sie senden. Wenn möglich, setzen Sie Mailbot ein.

5. **Bieten Sie etwas gratis an.** Geben Sie Ihren Kunden einen guten Grund, auf Ihre Botschaft zu reagieren: ein Angebot, das nur noch kurze Zeit gültig ist, einen Rabatt oder kostenlose Information. Selbst wenn ein Interessent ohnehin von sich aus an Ihrem Produkt oder Ihrer Dienstleistung interessiert ist, wird dieses Gratis-Angebot dazu beitragen, daß er den nächsten Schritt auf dem Weg zum Verkauf unternimmt.

6. **Fragen Sie Ihre Anzeigen regelmäßig ab.** Wenn Sie eine Kleinanzeige bei einem kommerziellen Online-Service oder einer Newsgroup schalten, prüfen Sie täglich ihre aktuelle Position, um sicherzugehen, daß die Anzeige immer noch gut sichtbar ist. Wenn Ihre Anzeigen weiter als zwei Bildschirmlängen nach unten rutschen, geben Sie diese nochmals auf. Wenn Ihre Anzeigen in einer Newsgroup oder in einem Forum plaziert wurden, fragen Sie regelmäßig ab, ob Antworten dazu eingegangen sind.

7. **Codieren Sie die Anzeigen, um die Wirkung in verschiedenen Online-Medien zu testen.** Geben Sie den Kunden Kennworte für die Rückantwort vor, um die Wirksamkeit verschiedener Anzeigen und Banner im Vergleich zu testen.

7. Foren und Newsgroups

Zu den zwei wichtigsten Elementen einer erfolgreichen Marketing-Kampagne zählen sichtbare Präsenz und Glaubwürdigkeit. Die Kunden werden nicht bei Ihnen kaufen, solange sie nicht wissen, wer Sie sind oder ob man sich auf Sie verlassen kann. Mit Online-Werbung machen Sie auf Ihr Unternehmen aufmerksam, aber diese kostet Geld. Außerdem können Sie nur schwer überprüfen, wer jeweils Ihre Nachricht liest. Indem Sie an Foren und Newsgroups teilnehmen, können Sie hingegen direkt mit den Menschen in Kontakt treten, die mit großer Wahrscheinlichkeit an Ihrem Unternehmen interessiert sind, und zwar in einer Weise, die Ihnen sowohl sichtbare Präsenz als auch Glaubwürdigkeit einbringt. Und noch besser: es kostet Sie nichts außer ein bißchen Zeit.

Diskussionsgruppen-Marketing erfordert Diskretion und Takt. Statt Ihr Produkt oder Ihr Serviceangebot in einer Kleinanzeige anzupreisen, antworten Sie auf Messages oder schlagen eigene Diskussionsthemen vor. Es mag zunächst aussehen, als würde man mit dieser Methode nur auf Umwegen Kunden gewinnen, aber sie funktioniert, manchmal sogar ganz ausgezeichnet. Ein Beispiel soll dies illustrieren:

Ein uns bekannter ›Netizen‹ interessiert sich für Terminhandel. Er hat auch einige Bekannte im Maklergewerbe. Als er eines Nachts im Internet ›herumsurfte‹, stieß er auf eine Newsgroup, die sich mit Termingeschäften befaßte. Es handelte sich um eine relativ inaktive Group, die damals nur 17 Eintragungen aufwies. Eine davon enthielt eine Frage zu Termingeschäften, und unser Freund konnte diese teilweise beantworten. Er führte in seiner Nachricht außerdem einen befreundeten Makler an, der die gesamte Antwort parat haben würde und lieferte auch gleich dessen Telefonnummer mit.

Am nächsten Tag rief der Makler unseren Freund an, um ihm zu danken. Er bekam nämlich schon den ganzen Vormittag Anrufe von Leuten, die diese Newsgroup-Eintragung gelesen hatten. Innerhalb von zwei Tagen hatte der Makler

23 neue Termingeschäfte abgeschlossen, die auf diese Message zurückzuführen waren; viele der Anrufer eröffneten schließlich ein Konto.

Dieser Makler gibt normalerweise um die DM 600,– aus, um ein einziges neues Termingeschäft abzuschließen, doch dank einer einzigen Nachricht in einer Newsgroup, die er weder selbst gemacht noch in die Wege geleitet hatte, gewann er ganz umsonst eine Handvoll Kunden dazu. Wenn Sie in Diskussionsgruppen für sich selbst Marketing betreiben, können Sie sogar noch besser aufsteigen. Von Online-Guerillas wissen wir, daß die Teilnahme an Newsgroups und Foren, gleich hinter E-Mails, die beste Art ist, Verkaufserfolge zu erzielen.

Ihre Online-Marketing-Strategie sollte unbedingt Newsgroups- oder Foren-Marketing beinhalten. Man braucht Zeit und Geduld, um es richtig zu machen, aber es macht sich bezahlt. Sehen wir uns einmal genauer an, wie solche Groups funktionieren und wie Sie das beste daraus machen können.

Foren

Foren sind Diskussionsgruppen, die auf kommerziellen Online-Diensten für Online-Werbung und in einigen elektronischen Anschlagebrettern, den sogenannten Bulletin-Board Services (BBS), plaziert sind. Manchmal bezieht sich ein Forum nur auf einen bestimmten Themenbereich, in anderen Fällen ist es mehreren verwandten Themen gewidmet. Zusätzlich enthalten Foren oft Bibliotheken von Dateien, die von Mitgliedern eingegeben werden, und Konferenzräume, in denen sich die Teilnehmer miteinander unterhalten können. Manche Foren verfügen sogar über einen eigenen Bereich für Kleinanzeigen.

Um an einem Forum teilnehmen zu können, müssen Sie in dem betreffenden Online-Service beziehungsweise im BBS, zu dem es gehört, eingetragen sein. Bei kommerziellen Anbietern stellt die Teilnahme an den verschiedenen Foren oft

162

eine zusätzliche Option dar, die nicht in den Gebühren des Grundabonnements enthalten ist. Der Aufpreis ist oftmals minimal: Fragen Sie Ihren Anbieter nach den Preisen.

Im Normalfall können Sie die Nachrichten jedes Forums als Besucher durchsehen; doch Sie werden wahrscheinlich erst formelles Mitglied werden müssen, bevor Sie Zugang zu seinen Bibliotheken, seinem Conference Room oder seinem Kleinanzeigenbereich bekommen. Doch kein Grund zur Sorge: Mitglied werden heißt nur, Ihren Namen in die Diskussionsliste einzutragen. Diese Möglichkeit steht Ihnen immer offen, sobald Sie ein Forum aufrufen.

Navigation in einem Forum

Sehen wir uns als typisches Beispiel für ein Forum einmal das MACup-Forum bei CompuServe an. Der Forumsbereich ist ein Hauptelement von CompuServe wie auch der meisten kommerziellen Online-Dienste. Zugang erhalten Sie durch Eingabe von Go: Macup. Sie werden dann gefragt, ob Sie Mitglied werden möchten. Zu diesem Zweck tragen Sie Ihren Namen in das dafür vorgesehene Feld ein. Die Eintragung ist kostenlos. Sie hilft den Administratoren des Forums genau festzustellen, welche und wie viele regelmäßige Mitglieder es hat.

Sobald Sie sich bei dem Forum eingetragen haben, erscheint dessen Hauptfenster:

163

Dieses Fenster beinhaltet Icons für alle Elemente des Forums. Dieselben Grundelemente finden Sie auch in den meisten Foren eines kommerziellen Online-Dienstes. Durch Anklicken eines Icons gelangen sie in den nächsten Bereich.

Kurzmeldung ist ein Ankündigungsbereich, in dem die Administratoren des Forums Neuerungen, die das Forum selbst betreffen, deponieren. Die Administratoren machen in diesem Bereich auf Neuerscheinungen in den Software-Bibliotheken aufmerksam, oder sie kündigen Zeit und Ort einer Veranstaltung zu einem bestimmten Thema an. Dieser Bereich informiert Sie auch über die Themen, die das Forum abdeckt, über allgemeine Verhaltensregeln im Forum und über die Forumsadministratoren – wer sie sind und wie man sie erreicht. In anderen kommerziellen Online-Diensten wird dieser Bereich auch als *Forum Information* oder ähnlich bezeichnet.

Raum betreten... führt Sie in den Konferenzraum des Forums. Das ist ein Raum, in dem die Mitglieder jederzeit miteinander plaudern können oder wo sie sich zu bestimmten Zeiten zu einer vorbereiteten Konferenz zusammenfinden, in der ein Experte zu einem spezifischen Thema Stellung nimmt.

Das MACup-Forum könnte beispielsweise einen JSDN-Spezialisten einladen, um zu einem bestimmten Termin eine Konferenz zu diesem Thema abzuhalten. Diese Veranstaltung würde im Bereich Newsflash angekündigt. Zur angegebenen Zeit würden Dutzende von Mitgliedern den Konferenzraum betreten, um den Fachfragen des Konferenzmoderators zuzuhören oder um selbst Fragen zu stellen.

Anwesende informiert Sie darüber, welche anderen Mitglieder zur Zeit im Forum schmökern. Sie können jedes beliebige anwesende Mitglied einladen, sich auf ein Kurzgespräch (Chat) mit Ihnen in den Konferenzraum zu begeben.

Bibliotheken listet Ihnen die Software-Bibliotheken des Forums auf, zum Beispiel so:

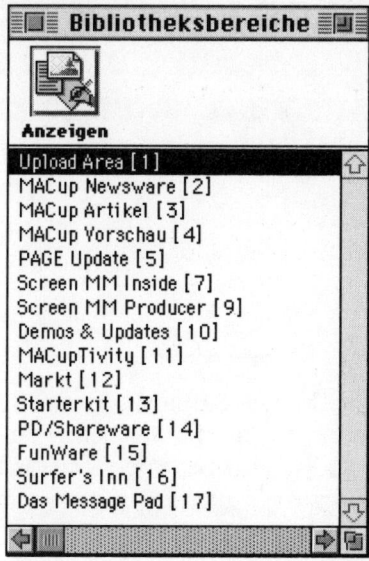

In diesem speziellen Forum gespeicherte Dateien werden in mehr als einem Dutzend Bibliotheken zusammengefaßt (wir haben sie hier nicht alle angeführt). Wenn Sie eine beliebige Bibliothek auswählen, erhalten Sie eine Liste aller darin enthaltenen Dateien, die Sie auf Ihren Computer laden können. Für gewöhnlich beinhalten diese Bibliotheken Programme oder Artikel zu den Themen des Forums. In unternehmensbezogenen Foren wird es jeweils eine Bibliothek für Produktinformationen, Kurzdarstellungen oder Firmeninformationen geben.

Nachrichten bringt Sie zu den Nachrichtensektionen des Forums. In unserem Beispiel hat das Forum neun verschiedene Nachrichtenbereiche.

Innerhalb jedes Message-Boards lassen sich die einzelnen Messages aufrufen. Klicken Sie zum Beispiel MACup Stammtisch an, so erhalten Sie folgende Nachrichten:

Jede Nachricht ist mit einem Titel und auf der rechten Seite mit der Anzahl der Antworten zu der jeweiligen Nachricht versehen. Gibt es auf eine Nachricht eine oder mehrere Reaktionen, so nennt man die gesamte Nachrichten-Gruppe

›Zweig‹ (oder *Thread*). Die angezeigten Nachrichten können Sie online lesen und beantworten, oder markieren, um sie auf ihrem Computer abzuspeichern (siehe auch ›Nachrichten lesen und senden‹).

Wartende Nachrichten ist eine Liste privater Nachrichten, die andere Mitglieder des Forums an Sie gesandt haben. Mit dieser Einrichtung können die Mitglieder direkt innerhalb des Forums Nachrichten austauschen, statt zuerst aussteigen und in die allgemeine E-Mail-Funktion des kommerziellen Online-Servers einsteigen zu müssen.

Nachrichten lesen und senden

Um eine Nachricht oder einen Zweig online zu lesen, öffnen Sie die gewünschte Nachrichtensektion und wählen Sie jene Nachricht aus, die Sie lesen wollen. Die Nachricht erscheint in einem Fenster dieser Art:

Dem Kopf dieser Nachricht entnehmen Sie die Titelbezeichnung und Herkunft der Nachricht (Absender und Nachrichtensektion) sowie die Anzahl der Antworten und die Sendezeit. CompuServe bietet Ihnen außerdem zahlreiche Optionen zu den Nachrichten, und zwar in Form von Icons am oberen Rand des Fensters. Sie können die verschiedenen Themen des Boards durchsehen, sich die einzelnen Botschaften innerhalb dieses Zweigs ansehen, einen *Baum* aufrufen, der Ihnen anzeigt, worauf die aktuelle Nachricht Bezug nimmt, auf die Nachricht antworten, den Zweig mittels Markierung laden, die Nachricht in eine Datei auf Ihr Laufwerk kopieren oder löschen. Diese Funktionen können Sie auch durch Menübefehle in anderen Serviceeinrichtungen aktivieren, sofern jene im aktuellen Nachrichtenfenster nicht verfügbar sind.

Klicken Sie beispielsweise die Schaltfläche *Antwort* an, so erscheint ein leeres Nachrichten-Feld, in das Sie Ihre Antwort schreiben können. Die Nachricht wird dann an diesen Zweig angehängt. Um eine Nachricht zu einem neuen Thema zu versenden, bedienen Sie sich eines Menübefehls in der CompuServe-Software.

Da Sie für jede Minute bezahlen, die Sie mit einem Forum im CompuServe oder einem anderen kommerziellen Online-Dienst verbunden sind, haben Sie die Möglichkeit, Nachrichten oder Zweige zu markieren und auf Ihren eigenen Computer zu laden. Dort können Sie diese dann nach Verlassen der Verbindung in aller Ruhe lesen. Wahrscheinlich wollen Sie nicht alle Nachrichten, die hier erscheinen, laden. Deshalb können Sie die gewünschten durch Markieren auswählen. Ist das Kästchen links von einer Nachricht abgehakt, so bedeutet dies, daß die betreffende Nachricht markiert ist.

Durch diese Form des Markierens können Sie auch festhalten, welche Botschaften Sie bereits gelesen haben. In diesem Forum werden alle Nachrichten automatisch markiert, sobald Sie zum ersten Mal einsteigen. Sobald Sie dann einzelne Nachrichten lesen oder aufrufen, können Sie die Markierung aufheben, damit, wenn Sie in diesem Bereich eine neue Nachricht erhalten, nur diejenigen erscheinen, welche Sie noch nicht kennen.

Ein eigenes Forum einrichten

Jeder kommerzielle Online-Service beinhaltet Dutzende verschiedenster Foren. Wenn Sie jedoch die meiste Zeit mit einem bestimmten Dienst arbeiten, der kein für Ihr Unternehmen relevantes Forum anbietet, dann möchten Sie vielleicht ein eigenes einrichten. Entwerfen Sie zu diesem Zweck einen Plan, in dem Sie den Zweck des Forums und seine Hauptelemente (Nachrichtensektionen, Bibliotheken, Konferenzen, Werbung und anderes) angeben. Als nächstes schlagen Sie das Forum Ihrem kommerziellen Online-Dienst vor, der Ihnen wahrscheinlich sagt, wie Sie genau vorgehen müssen, um ein neues Forum zu starten.

Sie sollten ein neues Forum einerseits so individuell gestalten, daß Ihr Unternehmen auf potentielle Kunden attraktiv wirkt, und es andererseits so allgemein halten, daß es auch für einen großen Teil der sonstigen Online-Server-Kunden interessant ist. Wenn Sie Holzverarbeitungswerkzeug verkaufen, möchten Sie vielleicht ein Holzverarbeitungsforum einrichten. Das wäre wahrscheinlich zu speziell für den Duchschnittsteilnehmer des kommerziellen Online-Services. Doch ein Handwerkerforum wäre vielleicht allgemein genug, und Sie könnten einen eigenen Bereich für Messages zur Holzverarbeitung einrichten und dort Ihren Ruf ausbauen, indem Sie einschlägige Fragen beantworten. Außerdem könnten Sie eine Bibliothek über Holzverarbeitung eröffnen und gleich zu Beginn Ihre eigenen Artikel über Schnitztechniken oder Tips zur richtigen Werkzeugwahl bereitstellen.

Mit einem eigenen Online-Forum haben Sie mehr Freiheit, Ihre Firmeninformationen an den Interessenten zu bringen (da ja Sie derjenige sind, der die Regeln des Forums bestimmt), doch gleichzeitig müssen Sie täglich die Zeit investieren, online die Aktivitäten im Forum zu verfolgen und nötigenfalls Änderungen vorzunehmen. Ihr Forum muß stets Neues für seine Mitglieder bieten (nicht nur in Form von

Nachrichten), damit Ihnen sowohl die Laufkundschaft Interesse entgegenbringt als auch die ständigen Mitglieder die Treue halten.

Newsgroups

Eine Newsgroup ist die Internet-Version eines Forums. Hier plaziert und liest eine Gruppe von Menschen Nachrichten zu einem bestimmten Thema. Im Gegensatz zu Foren sind in Newsgroups keine Bibliotheken oder Konferenzräume eingerichtet. Sie dienen ausschließlich dem Austausch von Nachrichten.

Doch trotz dieser Einschränkung stellen Newsgroups ein wirkungsvolles Marketing-Instrument dar. Man muß in keinem kommerziellen Online-Service oder Bulletin Board Service Mitglied sein, um sich einer Newsgroup anschließen zu können. Zu Ihrem potentiellen Publikum gehört jeder, der Zugang zum Internet hat und der sich für das bestimmte Thema der Newsgroup interessiert. Viele Newsgroups werden von Tausenden von Menschen auf der ganzen Welt kontaktiert. Und sobald Sie Zugang zum Internet haben, können Sie an beliebig vielen Newsgroups teilnehmen, und es kostet Sie keinen zusätzlichen Pfennig.

Wie erhalten Sie Zugang zu einer Newsgroup

Um Zugang zu einer Newsgroup zu erhalten, muß Ihre Verbindung zum Internet einen *Newsreader* beinhalten. Das ist ein Programm, das auf Newsgroups zugreifen und deren Inhalt lesen kann. Es gibt Programme, die eigens dazu bestimmt sind, Newsgroups nur zu lesen, wie zum Beispiel *Newswatcher tin* oder *rn,* und es gibt andererseits Web-Browser wie *Netscape,* die außerdem die Fähigkeit haben, aktiv an Newsgroups teilzunehmen. Wenn Sie über einen Shell-Account verfügen, dann werden Sie über Ihren Internet-Service-Provider (ISP) die Möglichkeit haben, Newsgroups zu lesen.

Jeder ISP ist Mitglied einer ganzen Palette von Newsgroups, doch es gibt Tausende von Newsgroups, und kein ISP
hat Zugang zu allen. Um zu einer bestimmten Newsgroup
Zugang zu bekommen, muß Ihr ISP dort Mitglied werden.

Finden Sie heraus, zu welchen Newsgroups Sie Zugang
haben, indem Sie Ihr Newsreader-Programm starten. Es
zeigt Ihnen dann eine Liste der in Ihrem System verfügbaren
Newsgroups an. (Wenn Sie sich in einem Online-Service befinden, gehen Sie in dessen Internet-Bereich und bedienen
Sie sich der Funktion zum Lesen von Newsgroups.) Wenn
Sie von einer Newsgroup hören, die für Ihr Unternehmen interessant sein könnte, aber nicht im Programm Ihres ISP enthalten ist, so könnten Sie Zugang bekommen, indem Sie Ihre
ISP-Administratoren bitten, dort Teilnehmer zu werden.
Sollte Ihr ISP dies ablehnen, dann steigen Sie mit Ihrem In-
ternet-Account auf einen ISP um, der damit einverstanden
ist.

Namen und Kategorien von Newsgroups

Es gibt mehrere Typen von Newsgroups am Netz, doch die
größte Sammlung von Groups ist das *Usenet*. Usenet ist in
18 Kategorien, in die sogenannten *Hierarchies* (Hierarchien),
unterteilt. Der erste Teil des Namens einer Newsgroup gibt
die Hierarchie an. Einige Beispiele für Usenet-Hierarchien
sind:

.alt (alternative Themen),
.biz (business),
.comp (Computer),
.misc (sonstige Themen),
.news (Neues und Diskussion über das Usenet selbst),
.rec (Erholung, Freizeit),
.ci (Wissenschaft),
.soc (soziale Themen),
.talk (Diskussionsgruppen).

171

Der zweite Teil des Namens enthält einen Hinweis auf das Thema. Beispielsweise enthält *news.announce.newsgroups* Ankündigungen über neugebildete Usenet-Groups, und *misc.entrepreneurs* konzentriert sich auf Unternehmen.

Es gibt zwei Klassen von Gruppenhierarchien: Mainstream- und alternative Hierarchien. Die meisten ISP sind Teilnehmer an allen Mainstream-Hierarchien mit den Bezeichnungen *comp, misc, news, rec, sci, soc* und *talk.* Doch ISP nehmen in der Regel nur an wenigen alternativen Gruppen teil, zu denen die Hierarchies *alt* und *biz* gehören.

Moderierte und unmoderierte Newsgroups

Es gibt moderierte und unmoderierte Newsgroups. In einer unmoderierten Newsgroup werden Beiträge von jedem und über alles angenommen daher hängt es von den einzelnen Mitgliedern ab, ob sie beim Thema bleiben – was manchmal nicht der Fall ist. Wenn die Newsgroup nicht bei ihrem Thema bleibt, dann wird sie bald von Nachrichten überflutet, die nicht hierher gehören. Dazu kommen dann noch die unvermeidlichen Nachrichten mit Beschwerden über diejenigen, die nicht bei der Sache bleiben können und solche, die sich über das sinkende Niveau der Newsgroup im allgemeinen beklagen. Andererseits werden Beiträge in unmoderierten Newsgroups automatisch versandt, das heißt sie erscheinen wenige Minuten später im Internet.

Beiträge zu einer moderierten Newsgroup hingegen werden automatisch an die E-Mail-Box Ihres Moderators weitergeleitet. Dieser liest sie und entscheidet, ob sie dazupassen oder nicht. Danach schickt er sie entweder ab oder weist sie zurück. Moderierte Newsgroups bleiben beim Thema, doch es kann einen Tag oder länger dauern, bis Ihre Message weitergegeben wird, da sie zuerst gelesen und beurteilt werden muß.

Wie man sich einer Newsgroup anschließt

Es ist ganz einfach, sich auf einer Newsgroup einzutragen, vorausgesetzt Ihr ISP bietet Zugang zu der von Ihnen gewünschten Newsgroup. Sie müssen lediglich den Internet-Bereich Ihres Online-Servers aufrufen und sich alle verfügbaren Newsgroups auflisten lassen. Falls Sie bei einem ISP angeschlossen sind, zeigt Ihnen die dortige Newsreader-Software alle verfügbaren Newsgroups an. Das geschieht normalerweise automatisch, sobald Sie den Newsreader aufrufen.

Ein bekannter Newsreader für Macintosh-Anwender ist das Programm *NewsWatcher*. Es steht im Internet kostenlos zur Verfügung. Rufen Sie es auf, so erhalten Sie eine Liste der von Ihrem ISP abonnierten Newsgroups. Sie könnte folgendermaßen aussehen:

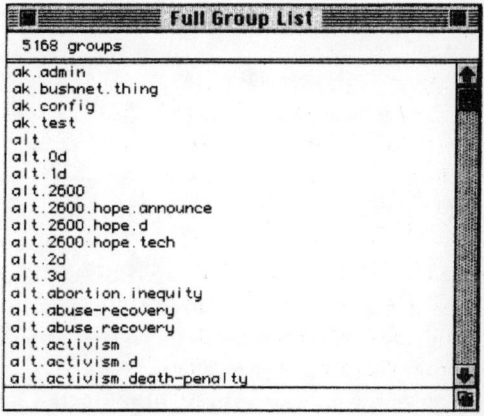

Das Fenster zeigt alle Newsgroups an (in diesem Fall sind es 5168), die bei diesem speziellen ISP verfügbar sind. Ihr Newsreader-Fenster kann natürlich anders aussehen, da es viele verschiedene Newsreader-Programme gibt. Beispielsweise zeigt das tin-Programm in einer Spalte die Gruppennamen (group names) und in einer zweiten eine kurze Beschreibung jeder Newsgroup an.

Sobald die Liste der Newsgroups auf Ihrem Bildschirm erscheint, können Sie sich den Inhalt jeder beliebigen Newsgroup durch Anklicken anzeigen lassen. Manchmal dauert es eine Minute oder länger, bis die Messages einer großen Newsgroup erscheinen, die Hunderte oder Tausende von Messages enthält. Sie können Ihren Zugang zu bestimmten Newsgroups beschleunigen, indem Sie mit Hilfe Ihrer Newsreader-Software eine persönliche Gruppenliste (group list) anlegen. Wenn Sie eine Newsgroup finden, die Sie interessiert, sagen Sie Ihrem Newsreader, daß Sie Teilnehmer werden wollen. Sobald Sie als Teilnehmer registriert sind, weiß Ihr Programm, daß es immer alle neuen Artikel anzeigen soll, die seit Ihrer letzten Einsichtnahme dort hinterlegt wurden. So kann eine persönliche Gruppenliste aussehen:

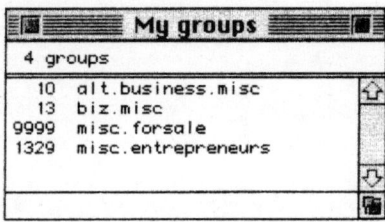

Beachten Sie, daß die Gruppenliste die Zahl der ungelesenen Messages jeder Newsgroup angibt. So wissen Sie sofort, ob sich in einer Newsgroup viel getan hat, seit Sie diese zum letzen Mal aufgerufen haben.

Wenn Sie an einer Newsgroup nicht mehr teilnehmen wollen, streichen Sie einfach deren Namen von Ihrer persönlichen Gruppenliste.

Messages (Nachrichten) lesen und beantworten

Wie in einem Forum erscheinen auch die Nachrichten einer Newsgroup in einer Liste. Um eine Nachricht zu lesen, wählen Sie diese an. Sie kann eine oder mehrere Antworten im Anhang enthalten. Während Sie eine Eintragung geöffnet haben, können Sie darauf direkt antworten, indem Sie in Ihrem Newsreader einen Reply-Befehl wählen und anschließend Ihre Nachricht eingeben.

Sobald Sie eine Message lesen, wird sie automatisch als gelesen markiert. Im Normalfall haben Sie in Ihrem Newsreader die Wahl, entweder alle Messages in einer Newsgroup auflisten zu lassen oder nur die jeweils noch ungelesenen. Wenn eine Newsgroup Hunderte oder Tausende von Nachrichten enthält, geht es schneller, nur die ungelesenen anzuzeigen. Sie können durch einen Befehl in Ihrem Newsreader auch Nachrichten als gelesen markieren, ohne sie wirklich gelesen zu haben. (Oft erkennen Sie schon am Titel einer Nachricht, daß Sie sie nicht lesen wollen.)

Üblicherweise können Sie alle neuen Eintragungen auf Ihren Computer speichern, um sie später in Ruhe offline zu lesen. Das erspart Ihnen, die vielen Nachrichten im Rekordtempo lesen zu müssen, während der Zähler Ihrer Online-Verbindung läuft.

Wie Sie sich über neue Newsgroups informieren

Im Internet gibt es Tausende von Newsgroups, und mit Ihrer Newsreader-Software haben Sie möglicherweise zu den meisten davon eine Verbindung. Doch nur einige wenige werden für Ihre Marketingzwecke geeignet sein. Der Trick *nun* liegt darin, herauszufinden, welche Newsgroups das sind.

Eine Methode, den Wert einer Newsgroup zu beurteilen, ist ›Versuch und Irrtum‹ (trial and error). Gehen Sie die Liste der Newsgroups durch, die Ihr Newsreader anzeigt, öffnen Sie eine beliebige, die Ihnen interessant erscheint und lesen Sie ein paar der dort enthaltenen Nachrichten. So können Sie sich rasch ein Bild machen, ob Sie an der betreffenden Newsgroup regelmäßig teilnehmen möchten oder nicht. Wenn diese interessant erscheint, schreiben Sie sich ein, und beobachten Sie ein paar Wochen lang die dortigen Aktivitäten.

Ihre Newsreader-Software wird Sie auch regelmäßig über jede neue Newsgroup informieren, die im Internet erscheint. Neue Newsgroups entstehen wöchentlich (wenn nicht sogar täglich). Die meisten Newsreader zeigen automatisch eine separate Liste von neuen Newsgroups an, die seit Ihrem letzten Aufrufen der Newsgroup-Liste hinzugekommen sind. Interessant erscheinende Newsgroups sollten Sie näher unter die Lupe nehmen. Es ist immer leichter, Reputation in einer Newsgroup zu erlangen, wenn man von Anfang an dabei ist.

Sie können sich über neue Newsgroups auch informieren, indem Sie ein Internet-Magazin lesen oder in einem Verzeichnis wie *The Internet Yellow Pages* nachschlagen. In solchen Verzeichnissen sind die Newsgroups nach Namen und Themen aufgelistet. In Zeitschriften zum Internet findet man auch oft Artikel über neue oder interessante Newsgroups.

Zu guter Letzt können Sie die Newsgroup *news.announce.-newsgroups* im Internet selbst nach Nachrichten durchsehen, in denen neugegründete Newsgroups vorgestellt werden.

Wie man eine eigene Newsgroup gründet

Wenn Sie keine Newsgroup finden, die Ihren Marketingzwecken entspricht, dann gründen Sie eine eigene. Eine Newsgroup existiert nicht nur auf einem Host-Computer-System, und es ist oft nicht einmal erforderlich, eine gesonderte Erlaubnis einzuholen, um eine Newsgroup einzurichten. Softwarefirmen wie Oracle und Computerfirmen wie Digital Equipment verwalten ihre eigenen Newsgroups zur Produktinformation und Beratung. Diese Möglichkeit steht auch Ihnen offen.

Eine Newsgroup befindet sich auf dem Speicherplatz, der von jedem teilnehmenden Internet Service Provider (ISP) zur Verfügung gestellt wird. Neue Beiträge an einer Newsgroup werden über das Internet weitergeleitet und erreichen so alle ISPs, die an der betreffenden Newsgroup teilnehmen; das heißt, der Bestand einer Newsgroup und ihr Leserkreis wird durch die Anzahl der ISPs in der speziellen Newsgroup und durch die Anzahl der Personen, die durch die verschiedenen an der Newsgroup teilnehmenden ISPs miteinander verbunden sind, bestimmt.

Es gibt zwei Möglichkeiten, eine Usenet-Newsgroup einzurichten:

- Richten Sie eine Newsgroup in einer alternativen Hierarchie wie *alt* oder *biz* ein, indem Sie die gewünschte Newsgroup durch Ihren ISP oder einen Ihrer Berater installieren lassen. Dann kündigen Sie diese neue Newsgroup an und laden zur Teilnahme ein.
- Beantragen Sie in einer der Mainstream-Usenet-Hierarchien formell die Einrichtung einer neuen Newsgroup. Danach leiten Sie eine Diskussion ein und stimmen anschließend ab, ob die Newsgroup eingerichtet werden soll. Geht Ihr Antrag durch, so wird die Newsgroup dort direkt eingerichtet.

Eine Newsgroup in den Mainstream-Hierarchien zu haben, bietet den Vorteil, daß die meisten ISPs an ihr teilnehmen werden, während eine Newsgroup in den Hierarchien *alt* oder *biz* geringere Verbreitung haben wird.

Wie man eine alternative Newsgroup startet

Um eine Newsgroup in einer alternativen Hierarchie einzurichten, müssen Sie nur einen Anbieter finden, der die dazu erforderlichen Unix-Befehle beherrscht. Sobald die Newsgroup existiert, kündigen Sie diese mittels einer Notiz in *news.announce.newsgroups* und in geeigneten Internet-Medien an. Da die verschiedenen ISPs nicht automatisch an alternativen Groups teilnehmen, sollten Sie für Ihre Newsgroup mit Ankündigungen in ähnlichen Newsgroups und

Diskussionslisten werben. Je mehr Menschen Sie für Ihre Newsgroup interessieren können, um so größer wird die Nachfrage bei den ISPs sein und um so mehr kommerzielle Online-Services werden daher Mitglied werden.

Wie man eine Mainstream-Newsgroup startet

Um in einer der Usenet-Mainstream-Hierarchien eine Newsgroup zu starten, schlagen Sie den Gruppennamen und das Diskussionsthema unter *news.announce.newsgroups* (und in allen mit Ihrem Thema verwandten Newsgroups) und eine Diskussion darüber vor. Die Diskussion wird in der Newsgroup *news.group* geführt. Stellen Sie hier detailliertere Pläne für Ihre Newsgroup vor: welche Themen sie umfassen soll, ob sie moderiert sein soll und, wenn ja, von wem.

Nach einer dreißigtägigen Diskussion entscheidet die Newsgroup dann darüber, ob die neue Newsgroup zugelassen werden soll. In diesem Fall erscheinen Sie mit einem offiziellen Namen und den Benutzerbedingungen der Newsgroup. Danach rufen Sie zu einer offiziellen Abstimmung über die Einrichtung der neuen Newsgroup auf. Die Stimmen werden von einer unabhängigen Newsgroup, der Usenet Volunteer Votetakers, entgegengenommen. Die Abstimmung dauert 21 Tage, und die Ergebnisse werden in *news.announce.newsgroups* veröffentlicht. Da Ihre Newsgroup nun zu den Mainstream Usenet Groups gehört, wird sie von den meisten IPSs automatisch abonniert.

Wann soll eine Newsgroup moderiert werden

Die nächste große Entscheidung, die Sie bei der Einrichtung einer Newsgroup zu treffen haben, besteht darin, ob Sie diese moderieren wollen oder nicht. Wenn sie sich auf ein spezielles Thema konzentriert, wird eine Moderation nicht nötig sein. Ist Ihr Thema jedoch sehr allgemeiner Natur, dann ist es wahrscheinlich ratsam, die Newsgroup zu moderieren, damit keine Abschweifungen vom Thema, das Ihren Marketingabsichten entspricht, möglich sind.

Wenn Sie sich für die Moderation einer Newsgroup entschließen, denken Sie daran, daß dies einen beträchtlichen Zeitaufwand für Sie bedeutet, da Sie jeden Beitrag lesen und jeweils darüber entscheiden müssen, ob er veröffentlicht werden soll oder nicht.

Marketing in Foren und Newsgroups

Der Einsatz von Foren und Newsgroups läßt sich leicht erlernen. Mit einem minimalen Aufwand an Nachforschung können Sie die richtigen Newsgroups herausfinden, in denen Sie Ihre Online-Reputation aufbauen können. Aber Vorsicht! Diese Bereiche der Online-Märkte strotzen nur so vor Nachrichten, die nie gelesen werden oder, noch schlimmer, die unfreundliche Reaktionen hervorrufen. Sich in einer Newsgroup einen guten Ruf zu erwerben, erfordert Zeit und viel Taktgefühl.

Erst beobachten, dann erst aktiv werden

Bevor Sie eine Nachricht an eine Newsgroup oder ein Forum senden, beobachten Sie zuerst mindestens eine Woche lang deren Aktivitäten. Zu den wichtigsten Punkten, die Sie verstehen lernen müssen, zählen:

- welche Arten von Werbung akzeptiert werden und welche nicht;
- was als angemessene Länge für eine Nachricht gilt;
- welche Themen für die Gruppenmitglieder am interessantesten sind;
- welche Gruppenmitglieder die aktivsten sind und welche ähnliche Ansichten haben wie Sie selbst;

- auf welche Beiträge oder Überschriften die meisten Reaktionen erfolgen.

Lesen Sie eifrig Nachrichten und finden Sie heraus, welche Arten von Informationen und welche Ausdrucksweisen am besten ankommen. So werden Sie rasch ein angesehenes Newsgroup-Mitglied werden.

Verwenden Sie aussagekräftige Überschriften

Die Namen, die Sie Ihren Nachrichten geben, sollten in den Newsgroup-Mitgliedern Neugier auf deren Inhalt wecken. Wenn Sie auf eine Botschaft antworten, schlägt Ihnen Ihr Newsreader beziehungsweise Ihre Forum-Software zum Beispiel als neue Überschrift *RE:sowieso* vor. Es ist sehr verlockend, diesen Namen einfach zu übernehmen, doch das Problem ist, daß eine Menge anderer Leute dasselbe macht. Lautet Ihr Titel *RE:sowieso,* genau wie bei sechs anderen Nachrichten, dann wird Ihre Überschrift nicht besonders hervorstechen. Kaum einer, der die erste dieser Nachrichten geöffnet und dort nichts Interessantes gefunden hat, wird sich die Mühe machen, die restlichen fünf zu lesen. Der Titel Ihrer Nachricht sollte bereits Ihre Hauptaussage enthalten.

Seien Sie diskret

Wie auch immer Sie vorgehen, versenden Sie auf keinen Fall einfach eine Marketing-Botschaft oder eine Firmenanzeige. Das ist der sicherste Weg, sich in den Diskussionsgruppen und Foren Sympathien zu verscherzen (außer sie sind eigens für Werbung eingerichtet). Sie könnten damit Ihren Ruf auf Dauer schädigen.

Eine Message an eine Newsgroup über Gartengestaltung, die für Ihr Gartencenter online wirbt, könnte etwa so aussehen:

```
 I've been enjoying the discussion here for awhile,
and would like to ask for some help. I'm in the lawn
and garden supplies business and am looking for useful
information to post on my Web server. I already post
excerpts from articles in Green Thumb News, as well as
a list of seasonal gardening tips for four different
regions of the United States. Does anyone here have
ideas for other selections of information?

Thanks for your help!

George Beasley
--------------------------------------------------------
Garden City Online
http://www.gardencity.com, email: info@gardencity.com
The Gardener's Source For Supplies & Info
--------------------------------------------------------
```

Im Gegensatz zu einer reinen Werbeanzeige wird in dieser Nachricht zunächst die Fachkenntnis der Newsgroup betont und um Hilfe gebeten. Diese Nachricht gibt möglicherweise Anlaß zu einer weiteren Diskussion darüber, was nützliche Gärtnerinformationen sind. Vielleicht ermutigen sie auch Experten in der Newsgroup, von ihnen verfaßte Artikel in Ihre WWW-Seite zu stellen. Jedenfalls werden Name und Adresse Ihrer WWW-Anwendung in einer interessierten Newsgroup vorgestellt. Mit großer Wahrscheinlichkeit wird sie den einen oder anderen Besucher dorthin locken.

Seien Sie nicht banal

Neulinge begehen oft den Fehler, eine Nachricht als ›Probesendung‹ zu deponieren, wenn sie sich an einer Diskussion beteiligen wollen. Sollten Sie sich nicht sicher sein, wie man eine Nachricht versendet oder ob Sie sich in der richtigen Newsgroup befinden, gehen Sie in die Newsgroup *news.announce.newusers*, und lesen Sie erst die dort enthaltenen Informationsdateien.

Auch wenn Sie sicher sind, sich am richtigen Ort zu befinden, und genau wissen, wie man eine Nachricht versendet, sollten Sie nicht auf den Kommentar eines anderen antworten, indem Sie ihm einfach Recht geben. Eine Nachricht, die nur eine andere wiederholt beziehungsweise die Übereinstimmung damit ausdrückt, ist für jeden Beteiligten Zeitverschwendung. Bleiben Sie solange auf dem Beobachterposten, bis Sie Neues zur Diskussion beitragen können.

Geben Sie nützliche Informationen

Jede Diskussionsgruppe hat ihre eigenen Vorstellungen darüber, welche Informationen ›nützlich‹ sind, aber es gibt Möglichkeiten, die Chancen zu erhöhen, wie man ins Schwarze trifft.

- Glauben Sie nicht, daß man an Ihrer persönlichen Meinung interessiert ist, solange Sie sich keinen Namen gemacht haben als jemand, dessen Meinung zählt. Untermauern Sie Ihre Ansicht mit Zitaten aus anderen Quellen oder mit aktuellen Erfahrungen.

- Wenn Ihnen ein kurzer Artikel oder Nachrichten in einer anderen Newsgroup unterkommen, die für Ihre Newsgroup-Mitglieder wertvoll sein könnten, dann verwenden Sie diese (außer Sie verstoßen dabei gegen das Copyright), und fügen Sie Ihre eigene Meinung hinzu.

- Wenn Sie einen Artikel geschrieben und irgendwo online gespeichert haben, von dem Sie glauben, daß er nützlich für Ihre Gruppenmitglieder ist, fassen Sie seine Hauptaussagen in einer Nachricht zusammen, und geben Sie die Quelle des ganzen Artikels an.

- Beantworten Sie Fragen anderer Teilnehmer, wenn Sie konstruktive Tips geben können. Geben Sie aber nicht vor, über Erfahrungen oder Daten zu verfügen, die Sie nicht haben. Wenn Sie eine Teillösung anbieten können, tun Sie es. Versuchen Sie auch, Hilfesuchende an andere weiterzuverweisen, die mehr über ein Problem wissen. Das wird den Gruppenmitgliedern zeigen, daß Sie nicht nur an sich selbst denken.

Firmenunterschrift und Konzentration auf wenige Ziele

Unterzeichnen Sie mit einer Firmenunterschrift. Entwerfen Sie eine Unterschrift, die Ihr Unternehmen und dessen Online-Adresse ausweist. Kunden finden nur zu Ihnen, wenn Sie ihnen den Weg mitteilen.

Legen Sie sich auf wenige Ziele fest. Mehr Zeit haben Sie nicht pro Tag, und mehr können Sie Foren und Newsgroups nicht widmen. Übertreiben Sie es nicht. Sehen Sie sich nach zwei bis drei Newsgroups um, deren Themen mit Ihrem Unternehmen in engem Zusammenhang stehen, und konzentrieren Sie sich in der Folge auf diese. Widmen Sie sich nicht vielen Newsgroups gleichzeitig. Halten Sie sich von Newsgroups fern, die so aktiv sind, daß Sie nicht mithalten können, und auch von solchen, die so inaktiv sind, daß kaum einmal eine Nachricht dort eingeht. Sie sollten in der Lage sein, eine kurze Liste von Foren oder Newsgroups zusammenzustellen, die Ihrem Markt entsprechen. Wenn Sie versuchen, mit mehr als drei aktiven Newsgroups Schritt zu halten, dann wird Ihnen das wahrscheinlich bei keiner davon wirklich gelingen.

Seien Sie ein aktives Mitglied

Überprüfen Sie jedes Forum beziehungsweise jede Newsgroup täglich oder zumindest jeden zweiten Tag auf neue Nachrichten, und versuchen Sie, auf Anfragen zu antworten oder mit hilfreichen Kommentaren an der Diskussion teilzunehmen. Mit häufigen Beiträgen bleiben Sie immer präsent.

Schlagen Sie in Ihrem Forum eine Konferenz vor

Wenn Sie sich bei einem kommerziellen Online-Service in einem Forum befinden, senden Sie an dessen Verwalter eine Nachricht, in der Sie vorschlagen, eine Konferenz abzuhalten. Ihre Nachricht an den Verwalter sollte eine Selbstbeschreibung und Ihre einschlägigen Erfahrungen sowie einige nennenswerte Erfolge enthalten. Er soll zu der Überzeugung gelangen, daß Sie sich auf Ihrem Gebiet auskennen und daß Ihr Fachgebiet eine interessante und beliebte Konferenz für die übrigen Forumsmitglieder abgeben würde.

Wird Ihr Antrag angenommen, so wird der Verwalter Ihre Konferenz im ›What's New‹-Bereich ankündigen. Wenn Ihr Thema breit genug gestreut ist und Sie die Konferenz mindestens zwei Monate vorher planen, können Sie den Verwalter vielleicht auch dazu bewegen, eine Ankündigung auf dem Welcome Screen des Online-Services zu machen.

Sechs Strategien für das Marketing mit Foren und Newsgroups

1. **Machen Sie Ihre Hausaufgaben.** Suchen Sie eifrig nach Foren und Newsgroups, die mit Ihrem Unternehmen in möglichst engem Zusammenhang stehen.
2. **Verschwenden Sie nicht die Zeit der Newsgroup-Mitglieder.** Senden Sie Nachrichten, die sich auf das Thema beziehen und die zur Diskussion beitragen.
3. **Seien Sie hilfsbereit.** Wenn Sie irgendwo Notizen oder Artikel entdecken, die Ihre Newsgroup interessieren könnten (und deren Reproduktion der Autor erlaubt), kommentieren Sie diese, und senden Sie sie an das Forum. Wenn jemand eine Frage stellt, deren Antwort Sie ganz oder teilweise kennen, stellen Sie Ihr Wisssen zur Verfügung.
4. **Verwenden Sie eine Firmenunterschrift.** Versehen Sie jede Nachricht mit Ihrem Namen, Firmennamen und Ihrer Adresse.
5. **Seien Sie aufmerksam.** Überprüfen Sie alle ein bis zwei Tage Ihre Newsgroups und Foren hinsichtlich neuer Messages, und beteiligen Sie sich an der Diskussion.
6. **Seien Sie geduldig.** Der Erfolg stellt sich nicht über Nacht ein. Wenn Sie aber beständig und geduldig bei der Sache bleiben, werden Sie den Newsgroup-Mitgliedern ein Begriff werden.

8. Wie Sie online Ihr Image verbessern

E-Mail, elektronisches Schaufenster, Online-Werbung, News-groups und Foren sind die bekanntesten Möglichkeiten, für ein Unternehmen zu werben und online in Erscheinung zu treten, aber bei weitem nicht die einzigen. In diesem Kapitel wollen wir uns mit weiteren Mitteln beschäftigen, mit denen Sie online Ihren Ruf verbessern, indem Sie sich zu einer hoch geschätzten Informationsquelle entwickeln.

Für die meisten Netzteilnehmer stellt sich der Cyberspace wie eine Mischung aus einer riesigen Enzyklopädie und einem Konferenzzentrum dar, wo die gespeicherten Artikel und die Gesprächsthemen ständig wechseln. Jeder kann über einen kommerziellen Online-Service, ein BBS oder das Internet einen Artikel einspeisen oder zu einer Diskussion beitragen. Allerdings geraten auch die klügsten Beiträge schnell in Vergessenheit, wenn der Betreffende nicht regelmäßig und an den beliebtesten Orten des Online-Marktes Beiträge liefert.

Online kann man eine ähnliche Berühmtheit wie beim Fernsehen erlangen. Wenn Sie zu einer bundesweit gesendeten Fernsehshow eingeladen werden, lernen Sie Millionen von Zuschauern im ganzen Land kennen. Tags darauf kommt jemand anders dran, und Ihre Berühmtheit ist dahin. Nur durch dauernde Präsenz wird man bekannt. Die heutigen Mediensuperstars haben Promoter, die ständig daran arbeiten, daß ihre Schützlinge nicht in Vergessenheit geraten. Ob Sie im Fernsehen oder im Cyberspace Berühmtheit erlangen – Ihr glorreicher Augenblick wird schnell vergessen sein, wenn Sie nicht immer wieder in Erscheinung treten und durch auffallende Aktivitäten von sich reden machen.

Um online einen gutes Image zu erwerben und dieses auch zu behalten, muß man durch nützliche Informationen auf sich aufmerksam machen und die Aufmerksamkeit durch Nachrichten und zusätzliche Informationen fesseln. Sie können dies in Foren und Newsgroups erreichen, indem Sie regelmäßig an Diskussionen teilnehmen. Allerdings sind Ihre Beiträge kurzlebig, und Sie müssen ständig neue liefern, um im Rampenlicht zu bleiben. Wenn Sie Informationen veröffentlichen, so bleiben Sie über Monate oder Jahre hinweg präsent.

In diesem Kapitel beschäftigen wir uns damit, wie man mit Online-Konferenzen und Online-Publikationen Informationen zur Verfügung stellen kann. Wenn Sie zu einer Online-Informationsquelle werden, so erhöhen Sie damit Ihre Glaubwürdigkeit weit mehr als mit einer Anzeige. Indem Sie immer wieder neue Informationen veröffentlichen, können Sie Ihren guten Ruf weiter ausbauen.

Konferenzen

Eine Online-Konferenz stellt das elektronische Gegenstück zu einem öffentlichen Seminar oder Vortrag dar. Publikum findet sich ein, um von einem Sprecher über ein bestimmtes Thema unterrichtet zu werden. Indem Sie eine Online-Konferenz als Sprecher leiten, haben Sie die Gelegenheit, den Leuten zu zeigen, was Sie können und wie Sie ihnen helfen können, und Sie können dabei gleichzeitig für Ihr Unternehmen werben.

Eine Konferenz findet im großen Konferenzraum eines kommerziellen Online-Dienstes oder im kleineren Konferenzzimmer eines bestimmten Forums oder BBS statt. Ein großer Konferenzraum bietet Platz für bis zu tausend Zuhörer; an einer Konferenz in einem Forum nehmen vielleicht ein bis zwei Dutzend Personen teil.

Die Konferenz läuft nach dem Schema ›Frage und Antwort‹ ab. Ein Moderator stellt den Konferenzsprecher vor und stellt einige allgemeine Fragen, um die Sache in Gang zu bringen. Danach stellen Personen aus dem Publikum Fragen. Auf dem Bildschirm sieht das Ganze wie ein Filmdrehbuch aus. Vor den jeweiligen Wortmeldungen stehen die Namen der Teilnehmer.

Konferenzen werden vom Träger eines kommerziellen Online-Services oder eines bestimmten Forums organisiert. Üblicherweise dauert eine Konferenz eine Stunde. Jeder große Anbieter hält mehrere größere Konferenzen pro Woche ab. In Foren und BBS finden meist eine oder zwei Konferenzen pro Woche statt. Es laufen also dauernd Konferenzen ab, die Ihnen viele Möglichkeiten bieten, sich ins Rampenlicht zu setzen.

Sobald Sie eine Konferenz angesetzt haben, wirbt der Träger des kommerziellen Online-Services, des Forums oder des BBS dafür. Ein paar Tage vor der Konferenz kündigt der Träger die Konferenz auf der Titelseite, dem Ausstiegsbildschirm oder dem Forum- beziehungsweise BBS-Menü an.

Natürlich ist es viel schwieriger, als Leiter einer Konferenz in einem kommerziellen Online-Service eine Werbeeinschaltung unterzubringen als in einem Forum oder BBS. Dennoch sind beide Arten von Konferenzen ein lohnendes Ziel, denn in beiden Fällen können Sie mit einer Stunde Arbeit soviel Glaubwürdigkeit und Präsenz erreichen wie durch wochenlange Teilnahme an Newsgroups, Foren oder Diskussionslisten.

Um in einer Konferenz zu beeindrucken und diese erfolgreich zu leiten, benötigen Sie folgendes:

• Zuversicht, daß Sie ein mitreißender Online-Sprecher sind;
• ein Konferenzthema, das für einen großen Teil des Online-Publikums interessant ist;
• eine Beschreibung Ihres Unternehmens, Ihrer Leistungen und Ihres Fachwissens, die den Träger davon überzeugt, daß Sie viele nützliche Informationen bieten können;
• das richtige Konferenzthema zur richtigen Zeit;
• einen Plan zur Leitung der Konferenz sowie eine Strategie, wie Sie Ihr Unternehmen am besten präsentieren.

Sehen wir uns diese Punkte nun etwas genauer an:

Mehr Selbstvertrauen

Sie werden als Online-Sprecher nicht viel erreichen, wenn Sie nicht selbst daran glauben, daß Sie das Zeug dazu haben. Den meisten Menschen bricht der Schweiß aus, wenn sie nur daran denken, öffentlich zu sprechen. Entweder sie glauben, nicht genug über das betreffende Thema zu wissen, oder sie können die Vorstellung nicht ertragen, vor einer Gruppe zu sprechen. Wenn Sie eine erfolgreiche Online-Konferenz leiten wollen, müssen Sie davon überzeugt sein, daß Sie es schaffen. An dieser Stelle wollen wir mit ein paar Mythen aufräumen, die Sie vielleicht davon abhalten könnten, ein großartiger Online-Sprecher zu werden:

Sie sind kein Experte. Aber sicher sind Sie einer! Wenn Sie mit Ihrem Unternehmen Erfolg haben, so wissen Sie mehr über Erfolg im Geschäftsleben als die meisten anderen. Und für Ihr Unternehmen mußten Sie sich bestimmt ein ganz spezielles Fachwissen aneignen, das für andere interessant und nützlich ist. Egal, ob Sie Blumen oder Schallplatten verkaufen oder ein hochbezahlter Finanzberater sind: Sie wissen mehr über Ihr Fachgebiet als fast jeder andere! Wenn Sie also planen, in Online-Konferenzen einzusteigen, ist das nicht der Ort für falsche Bescheidenheit.

Ihr Wissen ist für andere uninteressant. Jeder von uns verfügt über spezielles Fachwissen, aber die meisten glauben, daß niemand anders sich für dieses Gebiet interessiert. Es kommt aber nicht auf das Fachgebiet an, sondern auf die Verpackung. Wenn Stephen Hawking aus seinem Wissen über Astrophysik den Bestseller *Eine kurze Geschichte der Zeit* machen konnte, dann finden sicher auch Sie einen Weg, Ihr Fachgebiet so zu präsentieren, daß sich viele andere Menschen dafür begeistern werden. Im Abschnitt über die *Auswahl des Konferenzthemas* werden Sie sehen, wie man die eigene Erfahrung in ein geeignetes Konferenzthema umwandelt.

Sie können nicht vor einer Menschenmenge sprechen. Angst vor öffentlichen Ansprachen hat viel mit der Scheu davor zu tun, tatsächlich vor Publikum zu stehen und sich zu fragen, ob man ein Blackout haben wird, ob die Frisur hält oder die Krawatte schief sitzt. In der Online-Welt braucht man sich darüber keine Gedanken zu machen, denn man wird nur als Buchstabenreihe auf dem Bildschirm sichtbar. Diese relative Anonymität macht es allen leichter; deshalb sind Online-Plauderstunden auch so beliebt. Man braucht einander nicht ins Gesicht zu sehen, während man sein Herz ausschüttet oder unmoralische Angebote macht. Und wenn Sie befürchten, daß Ihre Maschinenschreibkünste ein schlechtes Licht auf Ihre elektronische Persönlichkeit werfen, brauchen Sie sich auch darüber keine Sorgen zu machen: Die meisten Teilnehmer an Online-Konferenzen und Chats machen selbst des öfteren Tippfehler.

Sie sind nicht intelligent genug. Sie müssen Ihr Publikum nicht andauernd mit weisen Erkenntnissen bombardieren. Ein großer Teil der Online-Konferenzen läuft wie ein Gespräch ab. Das ergibt sich schon aus dem Konferenzschema. Am Beginn stellt Sie der Moderator vor und stellt Ihnen ein paar allgemeine Fragen, um die Diskussion in Schwung zu bringen. Selbstverständlich hat er eine Liste mit Fragen von Ihnen selbst bekommen, so daß Sie die Antworten parat haben. Sobald Sie diese ersten Schritte hinter sich gebracht haben, beginnen Sie, Fragen aus dem Publikum zu beantworten. Wenn Sie das richtige Konferenzthema ausgewählt haben, so sollte das nicht schwieriger sein, als Fragen Ihrer Kunden in Ihrem Laden oder am Telefon zu beantworten.

Auswahl des Konferenzthemas

Wenn Sie davon überzeugt sind, daß Sie eine Konferenz leiten können, ist es für deren tatsächliche Durchführung entscheidend, wie Sie das Thema verkaufen. Sie müssen ein Thema finden, von dem der Träger des Forums, des BBS oder des kommerziellen Online-Services glaubt, daß es die Teilnehmer interessiert. Dazu müssen Sie das Problem von zwei Seiten betrachten: Was wissen Sie und welche Themen lassen sich gut verkaufen?

Verfolgen Sie zuerst, welche Themen bei Konferenzen bereits vorkommen. Prüfen Sie, wie weit die Leute bei einzelnen Konferenzen vom Thema abschweifen, wie der Konferenzleiter die Sache handhabt und welche Fragen und Antworten auftauchen. Dabei bekommen Sie sowohl ein Gefühl dafür, wie ein geeignetes Konferenzthema lauten könnte, als auch dafür, wie Konferenzen im allgemeinen ablaufen.

Danach überlegen Sie, wie Sie Ihr Unternehmen und Ihr Fachwissen, mit dem Sie Ihre Kunden unterstützen wollen, in ein Konferenzthema einbringen können. Ein geeignetes Konferenzthema sollte:

- allgemein genug sein, um das größtmögliche Publikum anzusprechen;
- spezifisch genug sein, um lehrreiche Einblicke zu gewähren;
- genug mit Ihrem Unternehmen zu tun haben, um Konferenzteilnehmer dazu zu bringen, sich später an Sie zu wenden.

Neuigkeiten und große Leistungen geben immer ein gutes Konferenzthema her. Wenn Sie zum Beispiel ein erfolgreicher Buchautor oder der Chef einer Firma sind, die in den Nachrichten erwähnt wurde, so könnten Sie darüber eine Konferenz abhalten. Kommerzielle Online-Services bieten ständig Beiträge von Autoren, Unterhaltungskünstlern und Geschäftsleuten an. Auch wenn Sie nicht im Rampenlicht der Medien stehen, kann Ihr neues Produkt beziehungsweise Ihre Dienstleistung für eine bestimmte Gruppierung von Interesse sein. Wenn Ihre Firma ein einzigartiges Fluginstrument herstellt, sollten Sie damit leicht das Interesse der Teilnehmer eines Fliegerforums wecken können.

Wenn Ihre Produkte oder Dienstleistungen an sich keine Neuigkeiten darstellen, können Sie aus Ihrem Fachwissen ein Konferenzthema machen. Überlegen Sie, was Sie wissen und wie Sie Ihr Wissen in Form einer Problemlösung oder der Beantwortung einer vieldiskutierten Frage präsentieren können. Sind Sie zum Beispiel im Dienstleistungsbereich tätig, etwa als Steuerberater, Versicherungsmakler oder Finanzberater, so sollte es Ihnen nicht schwerfallen, ein Konferenzthema von allgemeinem Interesse zu finden. Das Thema *Vorsorge für den Ruhestand* interessiert sicher eine Menge Leute. Sie könnten am Beginn der Konferenz ein paar nützliche Tips geben, bevor Sie die Fragestunde eröffnen.

Falls Ihr Unternehmen Konsumgüter – zum Beispiel Spielwaren oder Werkzeug – anbietet, wählen Sie ein möglichst interessantes Thema aus. Zwar können Sie als Werkzeughändler über verschiedene Schrauben und Bolzen sprechen, das Interesse an einer Konferenz über Bodenlegen oder Anstreichen wird aber weitaus größer sein.

Bei der Wahl eines Konferenzthemas sind auch der Konferenzort und das voraussichtliche Publikum zu berücksichtigen. Wenn die Konferenz in einem themenspezifischen Forum abläuft, müssen Sie davon ausgehen, daß Ihr Publikum gut informiert ist. Wenn Sie beispielsweise als Finanzberater in einem Anleger-Forum sprechen, könnte Ihr Thema *Investitionen in Derivative* lauten. Falls die Konferenz jedoch in einem kommerziellen Online-Service abläuft, werden Sie ein breiter gefaßtes Thema wie zum Beispiel *Gewinn erzielen ohne Risiko* wählen.

Bei der Beurteilung eines potentiellen Themas sollten Sie sich in die Lage des Publikums versetzen. Überlegen Sie, wer die Mitglieder eines Forums, eines BBS oder eines kommerziellen Online-Services sind und welche Themen Sie an deren Stelle interessieren würden. Würden Sie selbst an deren Stelle an einer Konferenz zu dem von Ihnen in Erwägung gezogenen Thema teilnehmen? Dieselbe Frage stellen wir uns vor jedem Buchprojekt. Wenn die Antwort auf die Frage, ob wir dieses Buch kaufen würden, ›Nein‹ oder nur ›Vielleicht‹ lautet, dann lassen wir das Thema fallen.

Sobald Sie ein Thema gefunden haben, brauchen Sie einen zündenden Titel. Der Titel Ihrer Konferenz wirkt wie ein Buchumschlag. Niemand wird weiterlesen, wenn sein Interesse nicht geweckt wird. Die Form der Frage beziehungsweise der Beantwortung einer Frage eignet sich gut als Konferenztitel. Das Thema *Warum ein Diesel nicht abstirbt* wirkt viel besser als *Vergleich: Diesel – Benzinmotor.* Konferenztitel können auch Problemlösungen anbieten, wie zum Beispiel *Erfolgreich werbetexten.*

Schließlich sollte Ihr Thema etwas mit Ihrem Unternehmen zu tun haben. Für Ihre Autovermietung wird eine Konferenz über das Fliegenfischen wenig bringen, wenn Sie auch noch so viel darüber wissen.

Die Beschreibung Ihrer Kenntnisse

Sobald Sie ein Thema gefunden haben, wartet schon die nächste Herausforderung auf Sie: Sie müssen den Träger des Forums oder des kommerziellen Online-Services davon überzeugen, daß Sie der oder die Richtige dafür sind, eine solche Konferenz zu leiten. Schließlich wäre es für Sie nicht günstig, wenn Sie ein großartiges Thema vorschlagen und dieses dann von jemand anderem präsentiert wird.

Wenn Sie ein Thema vorschlagen, so sollten die Informationen, die Sie über Ihre Person, Ihr Unternehmen und Ihr Fachwissen geben, den Eindruck vermitteln, daß das Thema geradezu für Sie geschaffen ist. Dazu sollten ein oder zwei Absätze genügen. Achten Sie darauf, Ihre Erfahrungen und Kenntnisse anzuführen sowie alle gezeigten wichtigen Leistungen, aus denen ersichtlich wird, daß Sie etwas von Ihrem Fach verstehen.

Nehmen wir als Beispiel das Thema *Billig-Reisen.* Eine Beschreibung Ihrer Kenntnisse könnte etwa so aussehen:

In den letzten 15 Jahren hat Barbara Wagner maßgeschneiderte, preisgünstige Reisen für Hunderte zufriedener Kunden

aus ganz Deutschland geplant und diesen den Besuch ver-
schiedenster exotischer Reiseziele, von Südamerika über In-
dien und Mikronesien bis hin zu Japan und den Vereinigten
Staaten, für nur DM 450 pro Person und Woche – inklusive
Flug – ermöglicht.

Frau Wagner hat bereits des öfteren öffentliche Vorträge
über preisgünstiges Reisen gehalten und Artikel für mehrere
Reisezeitschriften verfaßt. Ihre Insiderkenntnisse über gün-
stige Verpflegung, Unterkunft und Rundreisen öffnen jedem
das Tor zur großen weiten Welt.

Der erste Absatz beschreibt Frau Wagners jahrelange Erfahrung, ihre Kunden und die Reiseziele, über die sie Bescheid
weiß. Im zweiten Absatz folgen Details über ihre bisherigen
Leistungen und jene Gebiete, auf denen sie helfen kann,
Geld zu sparen. Am Ende wird mit einer blumigen Formulierung betont, daß jeder von Frau Wagners Erfahrung profitieren kann – es wird also das Thema der Konferenz nochmals kurz zusammengefaßt.

Die Kurzbeschreibung Ihrer Kenntnisse sollte nur wenige
Absätze umfassen, aber möglichst viele konkrete Hinweise
auf Ihre Erfahrung, deren Wert und Ihre Fähigkeit, jene mit
anderen zu teilen, enthalten. An sich besagt es gar nichts, einige Jahre in einer Branche tätig gewesen zu sein. Erst die
konkreten Leistungen, die Sie vorzuweisen haben, stellen
einen Beweis für Ihre Kompetenz dar.

Das Ansetzen der Konferenz

Nachdem Sie ein vielversprechendes Thema gefunden und
aussagekräftige Informationen über sich selbst zusammenge-
stellt haben, müssen Sie nur noch einen Termin für Ihre Konferenz festsetzen.

Je nach Größe und Bedeutung der Online-Konferenz wird
diese Wochen oder Monate im voraus angesetzt. Bei America Online und Prodigy müssen Termine für Konferenzen

zwei bis drei Monate vor der geplanten Durchführung vereinbart werden; kleinere Konferenzen können eventuell auch erst ein Monat vorher angesetzt werden. Wenden Sie sich für genauere Informationen an den Konferenzadministrator.

Die für die Organisation von Konferenzen zuständigen Personen sind immer auf der Suche nach einem Thema, das einen möglichst großen Teil ihrer Abonnenten oder Mitglieder anspricht. Um Erfolg zu haben, sollte ihr Thema originell und aktuell sein. Beobachten Sie Ihre Zielgruppe mehrere Wochen lang, und schreiben Sie die Konferenzthemen auf. Formulieren Sie kein Thema, das erst kürzlich behandelt wurde! Wenn die wöchentliche Konferenz in einem Anleger-Forum erst vor kurzem Wertpapieren gewidmet war, sollten Sie einige Monate warten, bevor Sie eine Konferenz zum Thema steuerfreie Investitionen ansetzen.

Manche Konferenzvorschläge werden auch eher angenommen, wenn sie zur passenden Jahreszeit angesetzt werden. So könnten Sie als Gärtner beispielsweise eine Konferenz zum Thema ›Pflanzen setzen im Frühling‹ für März vorschlagen. Wenn Sie im Rechnungswesen tätig sind, bietet sich eine Konferenz zur Steuerplanung am Jahresende für November oder Anfang Dezember an.

Die Abwicklung der Konferenz

Sobald es soweit ist und die Konferenz bevorsteht, sollten Sie eine Zusammenstellung ihrer Ziele machen. Formulieren Sie drei oder vier Botschaften, die Sie im Zuge des Online-Gesprächs an den Mann bringen wollen, und bereiten Sie dann eine Liste mit Fragen für den Moderator der Konferenz vor, bei deren Beantwortung die oben erwähnten Botschaften erscheinen. Der Moderator, der ja vermutlich kein Experte auf Ihrem Gebiet ist, wird sicherlich froh sein, wenn er über eine gewisse Ausgangsbasis verfügt. Ihnen selbst ist ebenfalls geholfen, denn Sie können Ihre wichtigsten Botschaften vermitteln und verhindern, daß das Publikum vom Thema abschweift. Wenn Sie genügend Fragen zur Verfügung stellen, kann der Moderator zuerst die Konferenz mit ein paar Fragen in Gang bringen und diese in Schwung halten, wenn die Fragen aus dem Publikum spärlicher werden.

Ansonsten ist die Konferenz ein Kinderspiel. Beantworten Sie einfach die Fragen, als ob Sie persönlich mit den Fragestellern sprechen würden. Wenn Sie eine Frage nicht beantworten können, versuchen Sie nicht, zu bluffen. Ihr Publikum wird Sie viel eher respektieren, wenn Sie zugeben, daß Sie etwas nicht wissen, aber versprechen, sich darum zu kümmern, als wenn Sie ihren Teilnehmern fadenscheinige Antworten vorsetzen.

Am Schluß der Konferenz sollten Sie sicherstellen, daß alle Teilnehmer erfahren, wie Sie zu erreichen sind. Ersuchen Sie den Moderator, die Konferenz mit der Bekanntgabe Ihrer E-Mail-Adresse, Telefon- oder Faxnummer oder Ihrer Postadresse zu beenden.

Die Verkaufsförderung nach der Konferenz

Guerillas sparen Zeit und Geld, indem sie immer das Optimum aus ihrer Arbeit herausholen. Nachdem Sie eine Konferenz geplant, angesetzt und durchgeführt haben, werten und nutzen Sie diese so gut wie möglich aus! Die Konferenz wird üblicherweise in den Archiven des Forums, des BBS oder des kommerziellen Online-Services gespeichert. Erkundigen Sie sich beim Moderator der Konferenz oder beim Forum-Träger, wo sich die Aufzeichnung befindet, und lesen Sie diese. Vielleicht können Sie später noch darauf zurückgreifen.

So können Sie zum Beispiel andere auf die Konferenzaufzeichnung verweisen, falls Sie einige besonders gute Ideen darin eingebracht haben. Wenn Sie in der realen Welt einem Kunden, der sich für Ihre Ansichten zu einem bestimmten Thema interessiert, eine Tonbandaufzeichnung Ihres letzten Vortrages geben, so tun Sie im Prinzip dasselbe.

Sie können auch Teile der Konferenz als eigenes Dokument herausgeben. Lesen Sie das Konferenzprotokoll, wählen Sie einige Fragen und Antworten aus und veröffentlichen Sie diese dann als Frage/Antwort-Katalog.

So werden Sie zu einer gefragten Informationsquelle

Information ist die Währung im Cyberspace. Online finden Sie überall vorwiegend Informationen: Dateien, Listen, Datenbanken und Nachrichten – Informationen so vielfältig wie das Leben selbst und so zahlreich wie Sand am Meer. Und jeder, der sich auf den Datenhighway begibt, will immer mehr davon haben.

Im Gegensatz zu einer Konferenz, bei der Sie Informationen zu einer bestimmten Zeit an einem bestimmten Ort geben, können Sie durch die Veröffentlichung elektronischer Dokumente einem viel breiteren Publikum unbegrenzt lange Informationen zukommen lassen. Indem Sie zu einer Informationsquelle werden, erlangen Sie Präsenz als Autor und Respekt als jemand, der regelmäßig nützliche Beiträge zum kollektiven Wissen der Online-Teilnehmer liefert.

Durch die von Ihnen gelieferten Informationen geben Sie den Leuten Gelegenheit, Sie und Ihr möglicherweise hilfreiches Wissen kennenzulernen. Und Sie als Verfasser der Information können in jedem von Ihnen herausgegebenen Dokument eine Werbebotschaft unterbringen. Ebenso können Sie die von Ihnen veröffentlichte Information in Ihrem elektronischen Schaufenster speichern. Damit liefern Sie Ihren Kunden einen weiteren guten Grund, Ihre kleine Ecke des Online-Marktes aufzusuchen.

Die wichtigsten Zielsetzungen bei der Veröffentlichung von Information sind: dem Zielpublikum etwas Nützliches zu bieten und dabei das eigene Unternehmen zu fördern. Solange Sie diese Ziele erreichen, sind die Art und die Quelle der Information gleichgültig. Sie werden bald herausfinden, daß Ihnen dazu zahlreiche Möglichkeiten offenstehen. Sie können:

- selbst Berichte und Artikel auf Ihrem Spezialgebiet verfassen;
- Informationen aus anderen Quellen zu einer praktischen Informationssammlung zusammenstellen;
- eine Beschreibung Ihres Unternehmens auf dem Computer Ihres ISP (Internet Service Providers) speichern oder
- Ihren eigenen Newsletter oder Ihr eigenes elektronisches Magazin veröffentlichen.

Wenn Ihnen nichts davon entspricht, bleibt Ihnen immer noch die Möglichkeit, mit Ihrem Unternehmen einen Newsletter, eine Zeitschrift oder ein Directory (Verzeichnis) zu sponsern, das von jemand anderem erstellt wurde. Man wird sich für Ihre Unterstützung dankbar erweisen.

So werden Sie mit drei kleinen Schritten zur Informationsquelle:

1. Entscheiden Sie, welche Informationen Sie veröffentlichen und wie Sie sie präsentieren wollen.
2. Wählen Sie eine Methode, und verteilen Sie die Information.
3. Teilen Sie Ihrem Zielpublikum mit, daß die Information existiert.

Informationsquellen

Die meisten von uns sehen sich selbst nicht als Verleger, weil unsere Vorstellung von Publikationen sich auf Papier und Druck beschränken. Die Aufgabe eines Verlegers besteht darin, Informationen weiterzuleiten; und genau das tun wir täglich, wenn wir Kundenfragen beantworten, Ratschläge geben und auch dann, wenn wir Broschüren oder Kataloge über unsere Waren verteilen.

Die meisten Menschen empfinden ihre mangelnde schriftliche Ausdrucksfähigkeit als die größte Hürde beim Verfassen von Schriftstücken. Sie sehen sich nicht als Schriftsteller oder Journalisten. Jeder Mensch mit einer durchschnittlichen Begabung kann jedoch einige nützliche Punkte so formulieren, daß man ihn versteht. Wenn Sie absolut nicht schreiben können, suchen Sie jemand Geeigneten in Ihrem Unternehmen dafür aus, oder engagieren Sie einen professionellen Ghostwriter. Sie müssen dann zwar ein paar hundert Mark für einen Artikel ausgeben, haben dafür aber ein Werbeinstrument in der Hand, von dem Sie monate- oder jahrelang Gebrauch machen können.

Ein weiteres Problem liegt darin, daß in unserer Vorstellung das Publizieren von Schriftstücken ein besonderes, der Presse vorbehaltenes Talent ist. Das Schöne am Computer und am Online-Markt ist jedoch, daß jeder etwas veröffentlichen kann. Im Internet stehen Millionen von Dokumenten zur Verfügung, von denen die meisten von Personen stammen, die nie zuvor in einer Zeitung oder Zeitschrift im traditionellen Sinn etwas veröffentlicht haben.

Um Ihrem Verlagsimperium auf die Sprünge zu helfen, brauchen Sie nur ein paar Körnchen Wahrheit und einen Platz, um sie publik zu machen. Solange die Information nützlich ist, werden es Ihnen Ihre Leser danken.

Oft hilft es, über bestimmte Formen von Dokumenten nachzudenken, damit Ihnen Informationen einfallen, die Sie weitergeben können. Es folgen einige Dokumenttypen, um Ihnen den Einstieg zu erleichtern:

Frage/Antwort-Kataloge und Tips. Denken Sie nach, welche Ratschläge Sie Ihren Kunden im Laufe der Jahre gaben, und versuchen Sie, daraus einen kurzen Frage/Antwort-Katalog oder eine Liste mit guten Tips zusammenzustellen. Dieses Dokument ist höchstens ein paar Seiten lang und beschäftigt sich mit einem Thema, das mit Ihrem Unternehmen in Zusammenhang steht. Wenn Sie mehrere verschiedenartige Produkte oder Dienstleistungen anbieten, können Sie eine ganze Frage/Antwort-Bibliothek zu verschiedenen Themen zusammenstellen.

Sie können sich dazu auch Anregungen aus fachspezifischen Broschüren holen. Wenn Sie im Bauwesen tätig sind und von Ihrem Zulieferer einen besonders interessanten Prospekt über die Wahl des richtigen Daches erhalten haben, könnten Sie daraus einen Artikel oder eine Liste mit Tips erstellen. Wenn Sie das Schriftstück unverändert lassen, vergessen Sie nicht, zuvor die Erlaubnis des ursprünglichen Verfassers einzuholen.

Artikel. Bei einem Artikel handelt es sich um ein längeres Schriftstück, das sich detaillierter mit einem Thema auseinandersetzt. Ausgehend von einem Frage/Antwort-Katalog oder einer Liste mit Tips, können Sie einen oder mehrere solcher Ratschläge zu einem Artikel ausbauen. Aus einer Liste mit Tips über Tauchausrüstung wird dann eine Artikelserie über Tauchanzüge, die Wahl der Sauerstoffflasche und die Frage, welche Flossen gerade in oder out sind.

Auch in diesem Bereich können Sie die Erlaubnis einholen, einzelne Abschnitte oder den gesamten Text eines Artikels zu zitieren, den Sie anderswo gelesen haben. Sie haben vielleicht Zugang zu einer Publikation aus Handels- oder Industriekreisen, deren Artikel Ihren Kunden weiterhelfen könnten. Wenn Sie sie daran teilhaben lassen, werden Sie sicher viele Freunde gewinnen.

Newsletter und Zines. Wenn Sie sehr ehrgeizig sind, können Sie einen regelmäßig erscheinenden Newsletter oder eine elektronische Zeitschrift (genannt *Zine,* vom Englischen *Electronic Magazine*) veröffentlichen. Diese Publikationen beinhalten Artikelsammlungen, Listen oder was immer Sie hineinschreiben wollen. Newsletters sind reine Text-Dokumente, die auf ein bestimmtes Thema beschränkt sind. Die ersten Zines waren kurze Newsletter für die ›Generation X‹ zu so esoterischen Themen wie ›Der Kult der heiligen Kuh‹ und ähnlichem, beinhalten aber heute auch weniger extreme Themen. Manche Herausgeber speisen Bilder in ihre Zines ein und versenden diese nicht über E-Mail, sondern über ihr File Transfer Protocol, ihren Platz im World Wide Web oder über ihr Bulletin Board.

Wenn Sie selbst zu wenige Informationen anbieten können, sammeln Sie Artikel aus anderen Quellen. Sie können diese zusammenfassen oder, wenn Sie die Erlaubnis dazu eingeholt haben, ungekürzt wiedergeben. Sie können auch Beiträge von anderen Mitgliedern eines Forums oder einer Newsgroup zu einem verwandten Thema anregen.

Im Internet gibt es Hunderte von Newslettern und Zines. Gehen Sie in die *alt.zines*-Newsgroup, wenn Sie verschiedene Zines sehen möchten. Im Anhang finden Sie einige Online-Newsletter. Holen Sie sich bei anderen Online-Publikationen Anregungen zur Gestaltung Ihrer eigenen.

Listen und Verzeichnisse. Diese stellen einen weiteren Dokumenttyp dar. Im Internet haben bereits Dutzende von Guerillas Verzeichnisse (Directories) der verfügbaren Ressourcen erstellt. Die Menschen sind dafür sehr dankbar, weil es so schwierig ist, in den Weiten des Internet zu finden, was man sucht. Zum Beispiel könnten Sie, wenn Sie ein Reisebüro leiten, ein Verzeichnis mit Internet-Adressen führen, wo internationale Wetterwerte abgerufen werden können. Als Autoersatzteilhändler könnten Sie eine Liste von Auto-Foren, Auto-Newsgroups und Auto-Diskussionslisten anbieten. Ebenso könnten Sie ein Glossar mit dem Fachwortschatz Ihrer Branche zusammenstellen.

Das Schöne an Listen und Verzeichnissen ist, daß Sie kein Autor sein müssen, um eine herauszugeben. Sie müssen nur die Informationen heraussuchen und immer auf dem aktuellsten Stand halten.

Werbung nicht vergessen. Egal, welches Dokument Sie veröffentlichen: Vergessen Sie nie, einen kurzen Absatz über Ihr Unternehmen hinzuzufügen. Sie wollen mit der Information ja präsenter sein, und das gelingt Ihnen nur, wenn Sie Ihre Firma auch erwähnen. Bedenken Sie aber, daß zur Verbesserung Ihres Rufes hauptsächlich die Information beiträgt, und nicht Ihre Werbeeinschaltung.

Eine solche Werbeeinschaltung entspricht der Ankündigung ›Diese Sendung widmet Ihnen ...‹, wie sie im Fernsehen üblich ist. Der Absatz sollte im Dokument enthalten sein, aber im Verhältnis zur eigentlichen Information nicht unverhältnismäßig viel Platz einnehmen. Die meisten Verleger arbeiten mit einer einfachen Nachricht am Beginn oder Ende des Dokuments.

Informationen verteilen

Sobald Sie Informationen vorbereitet haben, werden Sie diese so einfach wie möglich einem möglichst breiten Publikum zugänglich machen wollen. Es gibt viele Arten, Informationen online zu präsentieren.

Electronic Mail. Sie können Ihr Dokument in Newsgroups, Foren und Diskussionslisten erwähnen und die Interessenten dazu anregen, es über E-Mail anzufordern. Sie schicken das Dokument dann an die Interessenten, oder lassen dies von einem Mailbot-Programm erledigen. So können Sie eine Liste interessierter Personen für zukünftige Mailings aufbauen.

Newsgroups und Foren. Wenn Sie kurze Listen oder Artikel verfaßt haben, die nicht länger als eine Seite sind, können Sie diese an relevante Newsgroups, Foren und Diskussionslisten verschicken. Wenn das Dokument umfangreicher ist, sollten Sie es in der entsprechenden Forum-Bibliothek deponieren.

Server- und WWW-Anwendung. Falls Sie ein elektronisches Schaufenster haben, werden Sie Ihre Dokumente selbstverständlich dort speichern. Wenn Sie dann Informationen anbieten und den Kunden sagen, wo diese sie finden können (also Ihre *Web Site* angeben), führen Sie diese gleichzeitig in Ihren Shop.

Diskussionslisten. Falls Sie eine elektronische Zeitschrift oder einen Newsletter herausgeben, sollten Sie Ihre Publikation an einschlägige Diskussionslisten verteilen und Exemplare davon in Ihrem Online-Shop aufbewahren. (Informationen, wie Sie Mitglieder einer Mailing-List finden, siehe *Werbung für Ihre Information* ab S. 204.)

Sponsoring einer Informationsquelle

Die größte Glaubwürdigkeit und Präsenz erreichen Sie, wenn Sie selbst Informationen online produzieren und verteilen. Wenn Sie aber wirklich keine Zeit dafür aufwenden können, machen Sie als Sponsor einer anderen Informationsquelle auf sich aufmerksam. Indem Sie eine bekannte Informationsquelle finanziell unterstützen, fällt ein Teil des Ruhms auch auf Sie ab. Hier sehen Sie ein Beispiel:

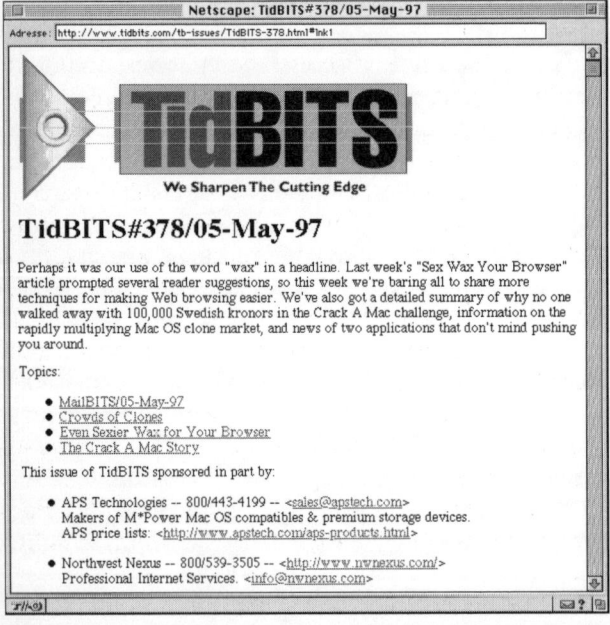

Tidbits ist ein im Internet bekannter Newsletter, der von Adam und Tonya Engst herausgegeben wird. Wie Sie sehen, wird er auf einer WWW-Anwendung veröffentlicht. Das World Wide Web ermöglicht den beiden, auch Graphiken einzubauen und Hypertext-Verbindungen zu den erwähnten Produkten und Firmen zur Verfügung zu stellen.

Beachten Sie die Werbeeinschaltung unterhalb des ersten Absatzes: APS Technologies sponsert Tidbits; da es sich um eine WWW-Anwendung handelt, können Sie mit einem Mausklick direkt zu der Firmenbeschreibung oder der Preisliste von APS gelangen. Durch ein derartiges Sponsoring-Abkommen respektiert man APS als Unterstützer einer nützlichen Internet-Informationsquelle. Die Firma APS erhält die Möglichkeit, ihren Namen, ihre Kontaktadresse und wichtige Marketingbotschaften an einem gut sichtbaren Platz zu zeigen.

Einen Lieferanten von Informationen zu sponsern, ist dann einfach, wenn Sie einen gefunden haben, der es wert ist. Machen Sie einen Streifzug durch das Internet und suchen Sie nach einem informativen Newsletter oder Zine zu einem Thema, das mit Ihrer Branche zu tun hat. Suchen Sie ein Dokument, das regelmäßig erscheint und zahlreiche Anhänger hat. Wenn Sie eines gefunden haben, sollten Sie Kontakt mit dem Verleger aufnehmen und ihm ein Sponsoring vorschlagen. Im einfachsten Fall bedeutet dies, daß Sie für die in der Publikation veröffentlichte Werbeeinschaltung bezahlen müssen. Sie könnten aber auch dazu verpflichtet werden, der Publikation Raum in Ihrem eigenen elektronischen Schaufenster einzurichten, im Austausch für eine Werbeeinschaltung Ihre Produkte oder Dienstleistungen an den Verleger zu verkaufen oder den Abonnenten der Publikation einen Preisnachlaß auf Ihre Produkte zu gewähren.

Falls Sie keine Publikation ausfindig machen können, die mit Ihrem Unternehmen zu tun hat, sollten Sie in Erwägung ziehen, die Gründung einer neuen Publikation zu sponsern. Einige mögliche Szenarien wären zum Beispiel:

- Lassen Sie sich einen tollen Newsletter einfallen, finden Sie einen Autor, der ihn für Sie verfaßt, und verteilen Sie ihn dann über Ihren Online-Shop oder via E-Mail.
- Wenn Sie in einer Newsgroup oder einem Forum aktiv sind, suchen Sie weitere geeignete regelmäßige Teilnehmer, und treten Sie mit dem Vorschlag an diese heran, sie bei der Veröffentlichung einer Publikation zu sponsern.
- Nehmen Sie Kontakt mit einem Journalisten, der für eine Zeitschrift schreibt, die mit Ihrem Unternehmen zu tun hat, oder mit dem Verfasser eines oder mehrerer Online-Artikel auf, die Ihnen gefallen haben, und fragen Sie, ob Interesse an der Produktion eines Newsletters zu einem verwandten Thema besteht.

Werbung für Ihre Informationen

Wenn Sie Information erstellen oder sponsern, möchten Sie, daß andere Netzteilnehmer erfahren, wie und wo sie an jene herankommen. Die Online-Verkaufsförderung für Ihre Informationen läuft genauso wie für Ihr Unternehmen. Dazu einige spezifische Strategien:

E-Mail. Senden Sie eine Kopie Ihrer Frage/Antwort-Kataloge, Ihrer Listen mit Tips oder Ihrer kurzen Artikel an frühere Kunden. Fügen Sie Ihre Meinung mit dem Hinweis an, das Schriftstück könnte für Ihre Kunden von Interesse sein. Wenn Sie eine lange Liste potentieller Kunden haben, senden Sie diesen per E-Mail eine Ankündigung, aus der hervorgeht, daß die Publikation erhältlich ist, was diese bietet und wie man sie beziehen kann.

Newsgroups und Foren. Senden Sie das Dokument selbst nur, wenn es in engem Zusammenhang mit dem Diskussionsthema steht. Wenn Sie eine Kopie des Dokuments in der Bibliothek des Forums gespeichert haben, ist es erlaubt, einen Hinweis darauf im Forum selbst zu plazieren. Wenn Sie zum Beispiel gerade einen Artikel über die Fütterung und Pflege von Krokodilen fertiggestellt haben, behalten Sie dieses Thema im Auge, während Sie die Beiträge in Foren und Newsgroups verfolgen, die sich mit Reptilien beschäftigen. Antworten Sie auf die dort auftauchenden Fragen, und erwähnen Sie in Ihrer Antwort Ihren Artikel und wie man ihn erhält.

Signatures. Wenn Sie einen Newsletter oder ein Zine veröffentlichen, sollten Sie mit Ihrer E-Mail-Unterschrift – der sogenannten *Signature* – den Namen der Publikation sowie Informationen zum Abonnement hinzufügen.

Elektronische Schaufenster (Online-Shops). Erstellen Sie eine Bibliothek für Ihre Dokumente, falls Sie über ein elektronisches Schaufenster verfügen, und machen Sie daraus eine eigene Abteilung, für die Sie auch entsprechend werben.

Konferenzen. Bitten Sie den Moderator, Informationen über Ihre Online-Publikationen und darüber, wie man an sie herankommt, bei seiner Vorstellung miteinzubeziehen. Versuchen Sie auch, den Namen Ihrer Publikation in der Konferenz zu erwähnen. Sie könnten etwa bei der Beantwortung einer Publikumsfrage für eingehendere Informationen auf Ihre Publikation verweisen.

Fünf Strategien zum Informationsmarketing

Zusammenfassend folgen hier noch einmal die fünf wichtigsten Guerilla-Strategien, wie Sie mit Online-Information für Ihr Unternehmen werben können:

1. **Entscheiden Sie sich für ein Publikum und versorgen Sie es gut.** Der Zeitschriftenfriedhof ist voll mit Publikationen, die entweder auf ein nicht vorhandenes Publikum abzielten, die dem falschen Publikum wirklich gute Informationen boten oder die das richtige Publikum mit schlechter Information versorgten. Machen Sie nicht denselben Fehler! Ihr Unternehmen hat tatsächliche und

potentielle Kunden, und diese sind Ihr Zielpublikum. Stellen Sie immer sicher, daß die Information genau auf die Bedürfnisse Ihrer Zielgruppe zugeschnitten ist, wenn Sie ein Konferenzthema vorschlagen beziehungsweise eine Online-Publikation oder ein Dokument erstellen.

2. **Ehrlichkeit.** Zufriedene Leser verbreiten rasch Ihren Ruf und geben Ihre Publikationen oft sogar von sich aus an andere weiter. Stellen Sie sicher, daß alle von Ihnen veröffentlichten Informationen korrekt sind und daß Sie das Recht zu deren Veröffentlichung haben. Falls man Sie bei einer Lüge, einem Fehler oder bei der Verletzung des Copyright ertappt, kann es leicht vorkommen, daß Ihr Fehler mehr Aufsehen erregt als all das Positive, für das Sie zuvor gesorgt hatten.

3. **Informationsrecycling.** Einer der größten Vorzüge des Computers besteht in der Leichtigkeit, mit der man in der Vergangenheit erstellte Informationen bearbeiten und wiederverwerten kann. Machen Sie einen Artikel oder einen Frage/Antwort-Katalog aus dem Protokoll Ihrer neuesten Konferenz. Verwandeln Sie einen Frage/Antwort-Katalog oder eine Liste mit Tips in eine Artikelserie. Fassen Sie die Erkenntnisse Ihrer Lieblings-Newsgroup oder Ihres Lieblingsforums zusammen. Richtig verpackt, können Sie dieselbe Information auf viele verschiedene Arten präsentieren, so daß sie zahlreichen unterschiedlichen Zwecken gerecht wird.

4. **Kontinuität.** Ein gutes Dokument verdient einen Nachfolger, eine gelungene Konferenz sollte zu einer weiteren führen. Wenn Sie beginnen, an Ihrem Ruf als Informationsquelle zu arbeiten, können Sie dies nur erreichen, indem Sie weitermachen. Die Mitglieder des Online-Marktes haben unstillbaren Appetit auf Information. Sie können also davon ausgehen, daß Ihr Publikum bereits neugierig auf Ihren nächsten Vortrag oder das nächste Dokument wartet. Wie oft Sie Ihre Publikation herausgeben, hängt von Ihrem Dokument, dessen Verteilung und

natürlich von Ihren eigenen Fähigkeiten ab. Streben Sie eine Liste mit Tips oder einen Newsletter, der monatlich, alle zwei Monate oder vierteljährlich erscheint, oder auch eine laufende Artikelserie an.

5. **Promotion.** Niemand weiß, was Sie getan haben, wenn Sie nicht darüber sprechen. Verwenden Sie Ihre Kontakte zu Foren und Newsgroups, Ihre E-Mail-Adreßlisten, Ihren Online-Shop, Ihre Konferenzen und alle anderen Mittel, die Ihnen in den Sinn kommen, dazu, für Ihr Online-Dokument zu werben und es zu verteilen.

9. Zwölf Strategien zum Online-Erfolg

Als Guerilla ist es Ihr Ziel, so aggressiv und wirkungsvoll wie möglich Marketing zu betreiben, ohne jemanden zu verärgern. Je besser Sie die Charakteristika des Online-Marktes verstehen, desto leichter können Sie Ihre Strategien daran anpassen. Bevor wir auf die zwölf Erfolgsstrategien für den elektronischen Guerilla eingehen, müssen wir die Unterschiede zwischen der realen Welt und dem Online-Markt kennenlernen.

Alles und jeder ist unsichtbar

Wenn man in der realen Welt einkaufen geht, sieht man Geschäftslokale, Waren und Menschen. Unsere Erfahrungen und Einkaufsgewohnheiten werden von Lichtern, Klängen, Farben und dem Vorhandensein oder Nichtvorhandensein einer Menschenmenge bestimmt. Ihr Unternehmen unterscheidet sich von anderen durch die Dekoration des Schaufensters, das Ladenschild, seine Größe, die Lage oder die Anzahl der Kunden. Auf dem Online-Markt kommen alle diese Vorzüge nicht zur Geltung.

Der Online-Markt ist wie eine riesige, dunkle Messehalle. Die Halle wird durch Millionen von Menschen und Tausende von Messeständen ausgefüllt. Es gibt sehr viele Schilder, Fahnen und Plakate sowie unzählige Seiten an Informationen. Leider ist es völlig dunkel, und die Besucher müssen genau wissen, wo sie eine Person, einen Stand oder eine Dokumentenseite finden können, um herauszufinden, was Sie zu bieten haben.

Wenn Sie in einer völlig abgedunkelten Messehalle einen Stand hätten und Besucher anziehen wollten, so müßten Sie auf die Leute zugehen und ihnen erklären, wo sich Ihr Stand befindet und wie diese dorthin gelangen können. Sie könnten nicht einfach ein großes Schild aufstellen, denn das würde niemand sehen. Sie müßten einen Weg finden, damit Ihre Botschaft bestimmte Gruppen oder Einzelpersonen erreicht. Sie könnten zum Beispiel einige Vertreter engagieren, die sich unter die Menge mischen und die Nachricht verbreiten. Guerillas tun das auf Ausstellungen seit jeher. Anstatt darauf zu warten, daß die Menge an ihrem Stand vorbeizieht, verpflichten sie Helfer, die an strategisch günstigen Positionen Zettel verteilen. Indem sie ihr Informationsmaterial an mehreren Stellen zugänglich machen, erlangen sie mehr Präsenz als mit nur einem Stand und einem Schild.

Um am Online-Markt ein wirkungsvolles Maß an Präsenz zu erreichen, müssen Sie also Ihr Informationsmaterial weit streuen. Anstatt nur eine Werbeeinschaltung zu schalten oder ein einziges Plakat aufzuhängen, sollten Sie mehrere kleine Schilder an Stellen anbringen, wo Ihre Kunden sie wahrscheinlich sehen werden. Bevor Sie ein größeres oder ausgefeilteres elektronisches Schaufenster entwerfen, um Ihre Glaubwürdigkeit zu erhöhen, sollten Sie lieber nützliche Informationen erstellen und sich mit Ihrem Fachwissen und Ihrem hervorragenden Service einen guten Ruf erwerben.

Die Dunkelheit im Cyberspace macht alle gleich: Jedes Unternehmen ist gleich unsichtbar. Sie haben genausoviel Chancen auf Erfolg wie die größten Firmen. In vielerlei Hinsicht ist es das perfekte Betätigungsfeld für Guerillas. Die Größe eines Unternehmens und die finanziellen Mittel haben wenig Bedeutung; Guerilla-Köpfchen und Konkurrenzfähigkeit machen hier den Unterschied.

Alles ist vergänglich

In der realen Welt können Sie Rundschreiben, Broschüren, Gratisexemplare, Visitenkarten oder Werbegeschenke weitergeben, und diese werden die Menschen ständig an Sie und Ihre Message erinnern. Aber im Cyberspace ist jede noch so clevere Nachricht und selbst das schönste Online-Schaufenster nur ein elektronisches Gespenst. Jede Nachricht geht verloren, sobald der Kunde aussteigt oder sich abmeldet.

Jede Marketing-Aktivität ist in gewisser Weise zeitlich beschränkt, weil der potentielle Kunde die Botschaft irgendwann vergißt. Aber im Cyberspace sind Marketingbotschaften noch viel flüchtiger. Sie müssen diese Tatsache dadurch kompensieren, daß Sie mit Ihren Online-Aktivitäten öfter und an mehreren Stellen gleichzeitig ansetzen. Sie können sich nicht darauf verlassen, daß Ihre elektronische Broschüre so wie ein gedruckter Beitrag Ihre Marketingbotschaft dauerhaft wiedergibt. In der Online-Welt müssen Sie ständig am Ball bleiben, wenn Sie Ihre Botschaft verbreiten wollen.

Alles ändert sich rasant

In wenigen Tagen können Sie einen neuen Shop eröffnen oder mit einigen Tastaturbefehlen die Abteilungen umgestalten, so verändert sich die Umgebung sehr schnell. Pro Woche dringen Dutzende neuer Unternehmen in den Cyberspace vor, und jeden Monat ändern viele dieser Firmen ihr Warensortiment oder die Art ihrer Präsentation.

Die Netzteilnehmer erwarten ständige Veränderungen. Guerillas befriedigen diese Erwartung, indem sie regelmäßig mit Neuerungen aufwarten. Ihre Online-Marketing-Strategien sollten neue Attraktionen beinhalten. Setzen Sie auf spezielle Promotions, regelmäßige Veröffentlichungen neuer Informationen, Publicity-Meldungen, Preisausschreiben und so weiter, um das Interesse Ihrer Kunden neu zu wecken. Nur zwei Dinge sollten Sie nie ändern: den Namen und die Adresse Ihres Unternehmens.

Einkaufen ist eine Wissenschaft

In der wirklichen Welt geht man aus verschiedenen Gründen einkaufen. Wenn wir einkaufen gehen, haben wir manchmal einfach nur Lust auszugehen, unter die Leute zu kommen und unterhalten zu werden. Gelegentlich reißt uns dann die Begeisterung der Menge mit, und wir werden von Zuschauern zu Käufern. Wir lassen uns von der kauflustigen Stimmung anstecken.

Beim Online-Shopping ist Ihre eigene Stimmung die einzig vorherrschende. Einkaufen im Cyberspace ist die Sache eines Menschen und eines Computers. Möglicherweise befinden sich Hunderte von Menschen gleichzeitig im selben Online-Shop oder demselben Online-Einkaufszentrum. Doch sie begegnen und beeinflussen einander nicht. (Zugegebenermaßen ist man vielleicht eher versucht, ein Produkt zu erstehen, das als Bestseller geführt wird.)

Da ein Kunde in einem Online-Shop nie direkt mit den Verkäufern in Kontakt tritt, wird er auch von diesen nicht beeinflußt. Von der Gestaltung eines elektronischen Schaufensters werden Kunden ebenfalls weniger beeinflußt, denn die Information auf dem Bildschirm ist das, was sie betrifft, nicht die Atmosphäre, in der diese präsentiert wird. Online kann man nichts fühlen, riechen oder schmecken.

Man geht nicht online, um eine überfüllte Einkaufsstraße oder festliche Dekorationen zu erleben, sondern um die Welt der Information zu erforschen. Wenn die Käufer ihr Wissen vergrößern wollen, müssen Sie darauf mit unwiderstehlichen Informationen reagieren, um ihre Aufmerksamkeit zu erregen. Zwar kann man auch Online-Käufer durchaus für ein Produkt oder eine Dienstleistung begeistern, an das sie beim ›Einloggen‹ noch gar nicht dachten, aber dazu bedarf es schon einer hervorragenden Präsentation. Sie müssen die richtige Botschaft zur richtigen Zeit am richtigen Ort plazieren.

Online-Guerillas erkennen, daß die Information die Hauptattraktion ihres Unternehmens darstellt. Die Veröffentlichung eines Katalogs Ihrer Produkte und Preise ist ein erster Schritt. Wenn Ihre Auswahl aber nicht beträchtlich größer ist als die Ihrer Konkurrenten oder Ihre Preise nicht deutlich niedriger liegen, wird ein Katalog allein keine Kunden anlocken. Indem Sie die Leute etwas Neues lehren, heben Sie Ihre Firma von der Konkurrenz ab. Information ist das, was die Menschen suchen; und je mehr Sie ihnen davon zur Verfügung stellen und je besser die Qualität der Information ist, desto mehr Kunden werden zu Ihnen kommen.

Begrenzte Übertragungskapazität

Was immer Sie online tun – die Übertragungskapazität setzt Ihnen Grenzen. Sie bestimmt, wieviel Information Sie mit Ihrem Computer pro Zeiteinheit erhalten können, und sie ist immer knapp. Die Übertragungskapazität wird von folgenden Aspekten bestimmt:

- der Geschwindigkeit und den Kosten Ihrer Online-Verbindung,
- der Geschwindigkeit und der Auflösung Ihres Monitors,
- der Geschwindigkeit, mit der man Informationen lesen und erfassen kann.

Jemand, der eine Verbindung zu America Online über ein 28.800-BPS-Modem hat, kann in fünf Minuten mehr Informationen aufnehmen als jemand mit einem 9600-BPS-Modem. Personen mit einer langsameren Verbindung müssen länger warten, bis Graphiken erscheinen oder ihre Befehle Wirkung zeigen. Wenn jemand nur 15 DM im Monat für seine Online-Aktivität ausgeben kann, verfügt er über weniger Übertragungskapazität als ein Student, der an der Universität kostenlosen Zugang zum Internet hat.

Begrenzte finanzielle Mittel und eine begrenzte Geschwindigkeit schränken Ihren Zugang ein. Übertragungskapazität bedeutet Zeit, und wenn Sie nicht in den Genuß einer kostenlosen Online-Verbindung kommen, auch Geld. Niemand geht gerne verschwenderisch damit um.

Die wirkungsvollsten Online-Nachrichten verschwenden weder Zeit noch Geld des Empfängers. Marketing-Manager, die Massen-E-Mails absenden, ziehen den Zorn der Netzgemeinde auf sich, weil sie die Übertragungskapazität der Empfänger verschwenden, die ihre Mails anschließend lesen und löschen müssen. Manche Empfänger, die Mail über die Internet-Gateways eines kommerziellen Online-Services erhalten, müssen tatsächlich für den Datenmist in ihrem Briefkasten zahlen. Auch die Teilnehmer eines Forums oder einer Newsgroup können gereizt reagieren, wenn eine Nachricht länger als nötig oder eine E-Mail-Unterschrift umfangreicher als üblich ist.

Ihre gesamten Online-Marketing-Aktivitäten sollten darauf ausgerichtet sein, die vorhandene Übertragungskapazität so gut wie möglich zu nutzen.

Die meisten Kontakte laufen schriftlich ab

Im Cyberspace muß das geschriebene Wort Ihre Marketingbotschaften tragen. Falls Sie im World Wide Web agieren, können Sie eventuell zur Unterstützung Bilder und Klänge einsetzen, aber entscheidend für den Verkauf sind Worte.

Ich kenne viele großartige Verkäufer, die von Angesicht zu Angesicht alles verkaufen können, aber keine zwei Sätze zusammenbringen, wenn sie etwas niederschreiben sollen. Am Online-Markt ist das geschriebene Wort entscheidend. Sie müssen sich schriftlich klar, wirkungsvoll und kurz ausdrücken. Wenn Sie das nicht können, sollten Sie jemanden suchen, der dazu in der Lage ist.

Keine Wunder

Obwohl der Information-Highway und die technischen Verlockungen des ›Surfens‹ im Cyberspace gerade ungeheuer ›in‹ sind, hat der Online-Markt nichts Magisches an sich. Das Internet verbindet zwar zirka 30 Millionen Menschen; dennoch erwacht – falls überhaupt – nur in wenigen das Bedürfnis, plötzlich irgendwelche Dinge zu kaufen, nur weil sie jetzt online angeboten werden.

Der Online-Markt ist nun einmal anders als die Einkaufsstraße an der nächsten Ecke. Er läßt Sie Kunden erreichen,
an die Sie früher nie herangekommen wären, und ermöglicht
Ihnen, zu Zeiten und an Orten Geschäfte zu tätigen, die
zuvor nicht in Frage kamen. Marketing bedeutet aber Arbeit, und Computer können diese Arbeit nicht für Sie erledigen. Guerillas wissen, daß ihr Erfolg online und offline
immer auf harter Arbeit, Engagement und Cleverness be-
ruht.

Die zwölf Online-Erfolgsstrategien

Ihre fundierten Kenntnisse von der Funktionsweise der Online-Welt werden Sie vor schwerwiegenden Marketingfeh-
lern bewahren. Die folgenden zwölf Strategien werden Ihnen
helfen, die richtige Einstellung und die nötigen Fähigkeiten
zu erwerben, um im Cyberspace Erfolg zu haben und Profit
zu machen:

1. Die richtige Wortwahl

Die wichtigste Strategie zum Online-Erfolg besteht in der
Fähigkeit, schriftlich Ihre Message rüberzubringen. Für alle
von Ihnen angewandten Strategien ist eine wirkungsvolle
schriftliche Ausdrucksweise entscheidend. Wenn Sie online
nicht schreiben können, dann ist das, als wenn Sie in Japan
ohne Kenntnisse der japanischen Sprache Autos verkaufen
wollten. Wenn Ihre Botschaft nicht rüberkommt, brauchen
Sie erst gar keine zu entwerfen.

Beim Schreiben kommt es auf Klarheit, Genauigkeit und
Prägnanz an. In Werbetexten kann auch ein persönlicher Ton
hilfreich sein.

Klarheit ist wichtig. Potentielle Kunden können Ihnen
zwar eine E-Mail schicken, wenn sie wegen Ihrer schwer ver-
ständlichen Nachricht weitere Informationen benötigen; Ihre

Botschaften sollten aber so geschrieben sein, daß möglichst wenig allgemeine Fragen auftauchen. Im Idealfall hat der Käufer nur eine Frage, und die lautet: »Wann und wo kann ich es kaufen?«

Genauigkeit bedeutet, daß Sie genau das, was Sie sagen wollen, in genau dem richtigen Ton sagen. Überprüfen Sie die Rechtschreibung, Grammatik und Interpunktion Ihrer Nachrichten. Wenn man den Eindruck hat, Sie kümmerten sich nicht darum, werden die Leute sich fragen, ob Ihnen Ihr Unternehmen auch sonst nicht viel Mühe wert ist.

Prägnanz ist wichtig, weil Zeit im Cyberspace Geld kostet. Kaum einer wird sich durch zeilenlanges ›Bla-Bla‹ kämpfen, um zu Ihrer Hauptaussage vorzudringen. Wie bei der Werbung in Printmedien sind Worte kostbar und teuer. Zahlreiche ›Netizens‹ zahlen ihre Online-Gebühr pro Zeiteinheit, und wenn sie Ihre Nachricht interessant finden, wollen sie so rasch wie möglich die Fakten herausfiltern.

Nicht nur in Anzeigen sollten Sie sich kurz fassen. Beschreibungen Ihrer Produkte oder Dienstleistungen, Bestellscheine, E-Mail-Antworten, Newsgroup-Beiträge und alles andere, was Sie in den Cyberspace senden, sollte sorgfältig ausgearbeitet sein und möglichst viel Informationen in möglichst kurzer Zeit vermitteln.

Ein **persönlicher Ton** läßt erkennen, daß sich hinter den Botschaften ein Mensch verbirgt. Wenn Sie nicht gerade eine Konferenz abhalten, sprechen Sie ja zu einer einzigen Person. Ihre E-Mails und Newsgroup-Beiträge werden von einzelnen gelesen, nicht von einer Gruppe. Kommunizieren Sie also mit dieser einen Person!

Nehmen Sie sich Zeit, Ihrer schriftlichen Ausdrucksfähigkeit den letzten Schliff zu geben. Probieren Sie Ihre Nachrichten an anderen aus, bevor Sie sie absenden. Wenn Sie selbst kein begnadeter Schreiber sind, suchen Sie jemand anderen, der Ihnen dabei hilft, online präsent zu werden und zu bleiben.

2. Lernen Sie das Umfeld kennen

Sie können nicht damit rechnen, online Kunden zu gewinnen, wenn Sie deren Umfeld nicht kennen. Oder würden Sie etwa ein Geschäftslokal auswählen, indem Sie mit dem Finger auf einem Stadtplan irgendeine Adresse aussuchen? Also denken Sie nicht einmal daran, ein Online-Marketing-Programm zu starten, ohne das Terrain vorher erkundet zu haben.

Erforschen Sie den Markt selbst. Schließen Sie sich mehreren Online-Informations-Diensten an und ›schmökern‹ Sie. Die meisten kommerziellen Online-Services bieten Ihnen die Möglichkeit, versuchsweise ein paar Stunden kostenlos hineinzuschauen. Es wird Sie nicht viel – oder überhaupt nichts – kosten, das Umfeld grundlegend zu erforschen. Suchen Sie sich einige Bulletin-Board-Services und Newsgroups aus, die mit Ihrem Unternehmen themenverwandt sind, und beobachten Sie diese ein paar Tage lang. Besuchen Sie Online-Shops, um deren Funktionsweise herauszufinden.

Lernen Sie Ihre Konkurrenz kennen. Erkunden Sie, wer Ihre Konkurrenz ist, was diese anbietet und wie deren Verkaufsmethoden aussehen. Schauen Sie sich in den Online-Einkaufszentren nach solchen Läden um und achten Sie darauf, wie die Produkte oder Dienstleistungen dort angeboten werden. Finden Sie heraus, welche Ihrer Konkurrenten Zugang zum Internet haben und um welche Art von Zugang es sich handelt. Verschaffen Sie sich einen Überblick über die Möglichkeiten zur Werbung und zur Verkaufsförderung bei den verschiedenen kommerziellen Online-Services. Spüren Sie Marktlücken auf, die mit Ihrem Produkt oder Ihrer Dienstleistung gefüllt werden könnten. Sehen Sie die Kleinanzeigen durch.

Wenn Sie einen bestimmten Online-Service für Ihre Marketing-Kampagne ins Auge gefaßt haben, besorgen Sie sich Statistiken hierüber. Setzen Sie sich mit dem Verwalter des dortigen Online-Einkaufszentrums in Verbindung, und bitten Sie ihn um ein Abonnentenprofil, das auch demographische Daten über die Benutzergemeinde enthält. Jeder potentielle Kunde eines kommerziellen Online-Services hat Anspruch auf diese Informationen, mit deren Hilfe man eine Zielgruppe definieren kann. GEnie brüstet sich beispielsweise mit hoher Kundenzufriedenheit: 44 Prozent seiner Benutzer haben den Service seit über zwei Jahren abonniert. Prodigy gibt an, die wohlhabendsten Kunden zu besitzen: Ihr durchschnittliches Haushaltseinkommen beträgt 88.000 DM im Jahr. CompuServe hat den größten Kundenstamm – mehr als zwei Millionen Benutzer.

Sehen Sie sich die Foren jedes kommerziellen Online-Dienstes und zusätzlich auch die Newsgroups und Diskussionslisten im Internet an. Halten Sie Ausschau nach solchen Gruppen und Listen, die mit Ihrem Unternehmen in thematischem Zusammenhang stehen, und überlegen Sie, in welcher Form Sie dort aktiv werden könnten. Gibt es noch keine derartigen Gruppen oder Listen, dann rufen Sie selbst eine ins Leben. Foren, Newsgroups und Diskussionslisten sind am ehesten mit Clubs im Cyberspace vergleichbar – dort knüpfen Sie persönliche Kontakte, auf denen Sie Ihr Online-Image aufbauen und Ihre Präsenz erhöhen können.

Das Internet beinhaltet schon unzählige Bulletin-Board-Services. Sie brauchen also keine Telefonnummer mehr zu wählen, sondern erreichen diese direkt via Internet.

Finden Sie heraus, was in den einzelnen Bereichen zulässig ist. Nicht überall sind kommerzielle Werbeeinschaltungen gestattet, daher müssen Sie andere Wege finden, Ihre Botschaft zu vermitteln. Bei ISPs, kommerziellen Online-Services und BBS gilt für gewöhnlich die durchaus akzeptable Benutzerregel, Massensendungen per E-Mail oder durch Newsgroup-Beiträge zu unterlassen. Ein Verstoß gegen diese Regel kann Sie Ihren Zugang kosten.

Auch wenn etwas erlaubt ist, muß es nicht unbedingt sinnvoll sein. Unerwünschte E-Mail-Botschaften in kleinerer

Zahl sind nicht direkt verboten, aber ebenfalls nicht gern gesehen. Wenn die Adressaten Sie nicht schon von vornherein kennen, könnten sie sich von Ihnen vor den Kopf gestoßen fühlen, bevor sie überhaupt gelesen haben, was Sie zu sagen haben. Ein kalifornischer Hersteller von Computer-Zubehör verschickte 3000 Werbe-E-Mails und zog sich damit den Groll von 100 Empfängern zu. Andererseits brachte ihm das Mailing-Bestellungen im Wert von $ 30.000 ein.

Manchmal rentiert es sich schon, eine Internet-Adresse zu besitzen und auf Anfragen zu antworten. Das Future Fantasy Bookstore, eine kleine Buchhandlung in Palo Alto in Kalifornien, kann täglich mit durchschnittlich 20 Bestellungen über Internet rechnen, seit es seine Internet-Adresse bekanntgegeben hat.

3. Führen Sie jeweils nur eine Kampagne durch

Es bringt nichts, in allen Marktnischen gleichzeitig vertreten zu sein. Suchen Sie sich zunächst die vielversprechendste aus, und sichern Sie sich dort Ihren Vorteil, bevor Sie Ihre Kampagne ausdehnen. Wenn Sie planen, Ihr Marketing hauptsächlich über kommerzielle Online-Services zu betreiben, wählen Sie den geeignetsten Anbieter für Ihr Unternehmen und arbeiten Sie anschließend Ihre Strategie aus. Sie können Ihre Kampagne später immer noch ausbauen, wenn Sie Ihre Position in der ersten Nische erst einmal gefestigt haben.

4. Bereiten Sie sich gründlich vor

Betreten Sie den Online-Markt nicht, bevor Sie nicht sattelfest im Umgang mit seinen Anwendungsmöglichkeiten sind. Egal, ob Sie ein elektronisches Schaufenster gestalten, einem Forum beitreten oder Informationen veröffentlichen wollen, Sie müssen die Techniken des Informationsaustausches und des Kundenkontakts beherrschen. Sie müssen wissen:

- wie man von seinem kommerziellen Online-Service aus ins Internet einsteigen kann;
- wie man die Kosten der Online-Verbindungen berechnet und wie man dabei am günstigsten aussteigt;
- wie man Hilfe im Umgang mit den verschiedenen Netzwerken, Bulletin-Boards oder kommerziellen Services bekommt;
- wie man E-Mails liest, versendet, speichert und weiterleitet;
- wie man sich Internet-Diskussionslisten anschließt und über neu entstehende auf dem laufenden bleibt;
- wie man Mitglied eines Forums oder einer Newsgroup wird;
- wie man ein Online-Schaufenster einrichtet und betreut;
- wie man Werbemöglichkeiten im gewählten Online-Service nützt;
- wie man eine Kleinanzeige aufgibt, falls die Möglichkeit dazu besteht;
- wie man Nachrichten und Ankündigungen in einem kommerziellen Online-Service aufgibt;
- wie man mit dem Marketingpersonal eines kommerziellen Online-Dienstes in Verbindung tritt;
- wie man den Verwalter eines Forums oder einen BBS-Sysop kontaktiert;
- wie man herausfindet, zu welcher Zeit sein gewählter Service oder ein bestimmtes Netzwerk am meisten frequentiert wird und ob beziehungsweise wann es zu Wartungszwecken abgeschaltet wird.

Betrachten Sie diese Techniken als Grundlage für Ihre Online-Geschäfte. Sie sind das elektronische Pendant zum Wissen, wie man in einem realen Geschäft die Beleuchtung oder die Alarmanlage einschaltet. Ohne dieses Werkzeug wird Ihr Unternehmen nicht funktionieren.

5. Seien Sie direkt

Das Internet ist kein Platz für Mauerblümchen. Bei persönlichen Treffen können schüchterne Menschen immerhin darauf hoffen, daß sie von jemandem angesprochen werden, doch das wird im Internet nicht der Fall sein. Ob Sie Leute treffen, auf potentielle Kunden zugehen, Informationen weitergeben und Verkäufe abschließen, hängt einzig und allein von Ihnen ab.

Sie müssen derjenige sein, der Beiträge an Diskussionsgruppen schickt, E-Mails versendet und auf Anfragen antwortet. Niemand wird sich aus den dreißig Millionen Mailboxen genau die Ihrige aussuchen und Ihnen seine Aufmerksamkeit von sich aus entgegenbringen. Nur wenige werden zufällig über Ihr elektronisches Schaufenster stolpern, wenn sie nicht darüber informiert worden sind, wo es zu finden ist.

6. Seien Sie präsent

Niemand wird bei Ihnen Kunde werden wollen, solange er nicht weiß, wer Sie sind und wo er Sie findet. Ihre Online-Präsenz können Sie mit einer E-Mail-Adresse oder mit einem elektronischen Schaufenster starten, doch das ist erst ein Anfang. Im Laufe Ihrer Marketing-Kampagne werden Sie Ihre Präsenz weiterentwickeln und ausdehnen, indem Sie Ihren Namen und Ihre Adresse, die Besonderheiten Ihres Unternehmens und Ihre Botschaft möglichst vielen Personen möglichst oft unterbreiten.

Die meisten Ihrer zukünftigen Kunden werden nicht bei Ihnen einkaufen, nur weil sie von Ihnen gehört haben. Vielmehr werden sie versuchen, Informationen zu erhalten oder ein Problem zu lösen. Vergessen Sie nicht, daß eine Information das wichtigste Gut auf der Datenautobahn ist. Obgleich Ihr elektronisches Schaufenster oder Ihr E-Mail-Postkasten Ihr wichtigstes Verkaufsinstrument ist, wird es von Ihren Informationen und dem Image, das Sie sich aufbauen, abhängen, ob Ihr Online-Shop oder Ihre Mailbox frequentiert werden.

Ihr Produkt oder Ihre Dienstleistung ist die Antwort auf ein Problem. Scheuen Sie sich nicht davor, Ihre Lösung anzubieten. Der Schlüssel zum Verkauf ist, Menschen mit dem entsprechenden Problem zu finden (oder ihnen bewußt zu machen, daß sie das Problem haben) und sie wissen zu lassen, daß Ihr Produkt die Problemlösung darstellt. Erwähnen Sie ruhig Ihr Produkt oder Ihre Dienstleistung, aber auf hilfreiche und informative Art.

Wählen Sie eine gute Benutzer-Adresse, die die Identität Ihres Unternehmens unterstreicht.

Machen Sie Ihren Firmennamen bekannt. Wenn Ihr Unternehmen bereits bekannt ist, verwenden Sie denselben Namen auf dem Info-Highway. Ist das noch nicht der Fall, so ist das jetzt Ihre Chance, einen aussagekräftigen und verkaufsfördernden Namen zu wählen.

Nehmen Sie an Foren teil. Suchen Sie jene Foren, deren Mitglieder potentielle Kunden Ihres Unternehmens sind, und entwickeln Sie sich dort zu einer aktiven Informationsquelle. Benutzen Sie das Forum nicht nur zur Versendung von Nachrichten über Ihr Produkt oder Ihre Serviceleistungen – in vielen Foren sind kommerzielle Botschaften explizit untersagt. Sehen Sie statt dessen die Eintragungen durch, und suchen Sie sich Fragen und Problemstellungen heraus. Beantworten Sie diejenigen, bei denen Sie Ihre Hilfe anbieten können. Wenn Sie den eigenen Benutzer- oder Domain-Namen verwenden und ihn in eine Firmenunterschrift am Ende jeder Nachricht einbauen, so erhöht sich der Bekanntheitsgrad Ihres Unternehmens mit jeder hilfreichen Antwort, die Sie geben.

Richten Sie ein Forum ein. Kommerzielle Online-Services betreiben Dutzende von produkt- oder verkaufsorientierten Foren, die von Firmen wie Microsoft, Lotus oder Novell eingerichtet wurden, um ihren Kunden Informationen und Online-Unterstützung zu bieten. Aber immer mehr Unternehmen entdecken, daß sie ihre Online-Präsenz verbessern können, indem sie auch allgemeiner gehaltene Diskussionsgruppen sponsern.

Es gibt unbeschränkte Möglichkeiten, Foren zu bestimmten Themen und Interessensgebieten einzurichten. Sie sollten also in der Lage sein, einen Schauplatz zu finden, an dem Sie für Ihr Unternehmen werben können. Wenn Ihre Firma beispielsweise Motorrad-Zubehör verkauft, dann könnten Sie Ihre Glaubwürdigkeit verstärken, indem Sie ein Forum für Motorradfans einrichten, sofern es noch kein solches gibt, oder indem Sie eine Newsgroup oder Diskussionsliste im Internet ins Leben rufen.

Halten Sie Konferenzen ab. Teilen Sie Ihr Fachwissen einem Publikum mit, und Sie werden bei vielen Menschen gleichzeitig Glaubwürdigkeit und Präsenz erreichen.

Publizieren Sie online. Ihre veröffentlichten Ratschläge, Artikel und anderen Dokumente tragen zur Verstärkung Ihrer Glaubwürdigkeit über eine längere Zeitspanne hinweg bei. Fassen Sie Informationsmaterial aus verschiedenen Quellen zusammen, oder verwenden Sie Ihr eigenes Material. Solange die Publikation Ihren Firmennamen trägt und nützliche Information enthält, wird sie zu Ihrer Präsenz beitragen.

Sorgen Sie dafür, daß Sie in den Printmedien erwähnt werden. Ihr Unternehmen stellt bestimmt einen so großen Neuigkeitswert dar, daß es die Erwähnung in einem Artikel der Zeitschrift Ihres kommerziellen Online-Services oder vielleicht sogar in einen unternehmensbezogenen Artikel in einer Zeitschrift wie zum Beispiel *Home Office Computing, Online Access* oder *Internet World* verdient hat. Sehen Sie diese Zeitschriften monatlich hinsichtlich der Geschichten durch, die andere Unternehmen als Quellen verwenden, und liefern Sie dann das Material für einen Artikel, in dem Sie vorkommen.

7. Seien Sie aufmerksam

Internet-Benutzer sind an schnelle Antworten gewöhnt. Wenn jemand eine Information per Briefpost anfordert, wird er gerne Tage oder auch Wochen auf einen Katalog warten, aber Internet-Benutzer erwarten, daß sie innerhalb von 24 Stunden eine Antwort bekommen. Reagieren Sie auf alle Anfragen sofort. Wenn Sie eine ausgewählte Newsgroup nur alle paar Tage überprüfen, könnten Sie eine günstige Gelegenheit, auf einen Kommentar zu antworten, versäumen. Und Ihre Kunden müssen lange auf die Antwort zu den von ihnen gestellten Fragen warten, wenn Sie Ihre E-Mail nicht regelmäßig durchsehen.

Haben Sie ein elektronisches Schaufenster eingerichtet, so ist dieses rund um die Uhr geöffnet – ob Ihnen das gefällt oder nicht. Viele ›Netizens‹ bauen ihre Verbindung nach Einbruch der Dunkelheit auf, wenn die Kosten der Online-Services günstiger sind. Kunden aus dem Ausland erreichen Ihren Online-Shop möglicherweise mitten in der Nacht.

Natürlich wollen Sie auch irgendwann schlafen, und wenn Sie ein kleines Unternehmen führen, haben Sie vielleicht nicht genügend Personal, um Ihren Laden Tag und Nacht zu betreuen. Doch das ist das Schöne im Internet: Sie können Aufträge erhalten, ohne selbst anwesend sein zu müssen. Ihr Geschäft sollte genügend Informationen bereithalten, um die meisten Verkäufe abzuschließen oder um dem Kunden die Möglichkeit geben, auf elektronischem Weg Fragen zu stellen. Wenn Sie Ihren elektronischen Laden oder Postkasten mit der nötigen Aufmerksamkeit betreuen, so werden Sie eilige Fragen innerhalb weniger Stunden beantworten können. Befindet sich Ihr Online-Shop in einem elektronischen Einkaufszentrum, dann sollten Sie den Verwalter bitten, eingehende Bestellungen sofort an Sie weiterzufaxen.

8. Seien Sie neugierig

Während Sie sich wahrscheinlich zunächst nur eine bestimmte Marktnische vornehmen, dürfen Sie den restlichen Markt nicht ignorieren. Machen Sie es sich zur Gewohnheit, alle paar Tage eine Stunde dafür zu reservieren, sich Trends oder andere Gebiete anzusehen, wo sich ein Einsatz Ihrerseits lohnen würde. Neue Diskussionsgruppen oder Diskussionslisten, neue Foren und neue Bulletin-Board-Services sind lauter Orte, die demnächst für Sie von Bedeutung sein könnten.

Schauen Sie jedesmal in den *What's New*- oder *Welcome*-Bildschirm Ihres kommerziellen Online-Services, wenn er aktualisiert wird. Es genügt nicht, einen Blick auf die Überschriften zu werfen; sehen Sie sich die angekündigten aktuellen Ereignisse und Anwendungen genau an. Jede Firma, die eine Nachricht auf dem *What's New*- oder *Welcome*-Bildschirm plaziert, ist Ihre Konkurrenz in Sachen Präsenz. Schlendern Sie regelmäßig durch elektronische Einkaufsstraßen, um zu sehen, was die Konkurrenz macht, und überlegen Sie, wie Sie es besser machen könnten.

9. Knüpfen Sie persönliche Kontakte

Internet-Profis erkennen auf einen Blick, wer die Mitläufer und wer die Tonangeber sind. Ein Schlüssel zu erfolgreichem Marketing ist der Aufbau persönlicher Kontakte. Stellen Sie also sicher, daß Sie nicht nur ein Mitläufer im Internet sind. Kümmern Sie sich um Kontakte und erhalten Sie diese Beziehungen durch regelmäßige Beiträge aufrecht.

Arbeiten Sie mit E-Mail. Sobald Sie mit jemandem, der an Ihrem Unternehmen oder anderen relevanten Themen interessiert ist, in Verbindung treten, sollten Sie ihn auf Ihre Adressenliste setzen und ihn künftig mit Kopien anderer Mails oder Forum-Mitteilungen versorgen, von denen Sie annehmen, daß sie für ihn hilfreich sind. Es gibt Tausende von

›Phantom-Foren‹, die nicht direkt im Internet verankert sind, sondern aus einer ausgewählten Gruppe von Empfängern bestehen, die gegenseitig mit Kopien von Nachrichten an die jeweils anderen versorgt werden.

Schließen Sie sich Foren und Newsgroups an. Wenn Sie nützliche Foren oder Newsgroups entdecken, werden Sie dort regelmäßiger Teilnehmer. Antworten Sie auf so viele Fragen wie nur möglich, solange Sie damit jemandem helfen können. Auch wenn diese Hilfe vielleicht einen Verweis auf ein anderes Produkt oder ein anderes Unternehmen darstellt, so erzeugt dies ein gewisses Vertrauen in Ihre Objektivität, das in der Folge möglicherweise zu Verkaufsabschlüssen führt.

Beim Aufbau von Online-Beziehungen sollten Sie nicht die menschliche Komponente vergessen. Fügen Sie Ihrer Information oder Antwort auf eine Frage ein paar persönliche Details hinzu, durch die Sie sich von den Hunderten oder Tausenden von anderen Personen unterscheiden, die Mails oder Nachrichten versenden. Die meisten ›Netizens‹ lesen und beantworten täglich viele Nachrichten; Ihre sollte sich davon abheben.

10. Seien Sie geduldig

Wie bei jeder Art von Marketing ist auch hier Geduld großgeschrieben. Haben Sie sich einmal in das Gewässer eines Forums oder eines elektronischen Schaufensters vorgewagt, sollten Sie jedenfalls ein paar Monate lang dabeibleiben. Wenn Sie Ihre Strategie gut geplant haben und ernsthaft darum bemüht sind, anderen zu helfen, werden Ihr Name und Ihr Ruf als gute Informationsquelle im ganzen Internet Wellen schlagen. Aber es ist eben ein so riesiges Gewässer, daß sich Ihr Image trotzdem nur langsam verbreiten wird. Die meisten Unternehmen, die elektronische Schaufenster einrichten, erleben erst einmal ein paar Monate lang Flaute, bevor das dauerhafte Geschäftemachen beginnt.

Nur weil die Welt nicht so auf Sie zukommt, wie Sie es erwarten, heißt das nicht, daß sich auf lange Sicht kein Erfolg einstellen wird. Vielleicht werden Sie von Forumsmitgliedern oder E-Mail-Partnern weiterempfohlen, denen Sie Monate zuvor weitergeholfen haben. Manche Empfehlungen kommen vielleicht aus dem entfernten Ausland und von Leuten, mit denen Sie nie persönlichen Kontakt hatten.

Der Cyberspace ist eine sich ständig verändernde Welt, doch Ihr Marketingplan gehört zu den Dingen, die sich nicht ändern sollten. Zu viele Veränderungen würden Zeit- und Geldverschwendung bedeuten.

Haben Sie einmal einen Plan für Ihre Kampagne ausgearbeitet, dann bleiben Sie dabei. Wenn die Eröffnung Ihres Online-Shops auf der *What's New*-Seite Ihres kommerziellen Online-Services oder im World Wide Web angekündigt wird, dann legen Sie nicht Ihre Hände in den Schoß, und warten Sie nicht auf ein Wunder, nachdem diese Nachricht nicht mehr erscheint. Überlegen Sie sich einen neuen Aufhänger oder Werbegag, mit dem Sie wieder in die *What's New*-Seite gelangen.

Sollten Sie in einem Forum, an dem Sie teilnehmen, nicht gleich auf Erfolgskurs gehen, probieren Sie es zumindest ein paar Monate weiter. Sie können nicht erwarten, daß die Leute Ihren elektronischen Laden gleich stürmen, sobald sie das erste Mal von ihm gehört haben – und selbst wenn sie es tun, werden sie nicht gleich bei Ihnen kaufen. Der größte Kostenpunkt liegt bei der Vorbereitung und der Eröffnung der Kampagne. Die zusätzlichen Kosten, die sich aus der Weiterführung der Kampagne ergeben, sind gering. Es gibt also keinen Grund, aufzugeben.

11. Seien Sie konsequent

Haben Sie sich im Internet erst einmal eine gewisse Präsenz aufgebaut, satteln Sie nicht zwischendurch um. Die Information, die Sie weitergeben, und die Art, wie Sie sie weitergeben, machen Ihre Online-Identität aus. Bemühen Sie sich also um eine konsequente Linie. Das bedeutet nicht nur, daß Sie in einem Forum oder in gewissen E-Mailboxen zu einem regelmäßigen Thema werden, sondern auch, daß Sie dieselbe Art von Information immer im selben Ton verbreiten sollten.

Konsequenz ist in jeder Art von Marketing von Bedeutung, doch im Cyberspace ist sie noch wichtiger als bei Kontakten von Angesicht zu Angesicht. Wenn Sie jemand sehen kann, so trägt auch Ihre physische Anwesenheit dazu bei, daß er sich wohl fühlt. In der Online-Welt sind Sie jedoch ein elektronisches Gespenst: Sie könnten schon am nächsten Tag verschwunden sein, wenn Sie den Leuten nicht ständig versichern, daß Sie noch immer da sind. Konsequenz und Dauerhaftigkeit schaffen Vertrauen, und Vertrauen ist im Online-Geschäft von wesentlicher Bedeutung.

12. Nachbetreuung

Da Verkaufserfolge und ein gewisser Bekanntheitsgrad die Früchte Ihrer Bemühungen sind, vergessen Sie niemals, sich mit einer persönlichen Notiz über E-Mail zu bedanken. Bleiben Sie mit jedem Kunden in Verbindung, um sicherzustellen, daß er mit Ihrem Produkt oder Ihrer Dienstleistung positive Erfahrungen macht.

Nachbetreuung ist für den Kunden nicht nur ein Zeichen dafür, daß Sie um sein Wohl bemüht sind, sie gibt Ihnen auch Gelegenheit, neue Produkte oder Dienste zu erwähnen und um Weiterempfehlung zu bitten. Ein kurzer Hinweis auf ein neues Produkt in einem Nachbetreuungs-Brief könnte einen weiteren Verkauf zur Folge haben oder von Ihrem Kunden an jemand anderen weitergeleitet werden. E-Mails sind so einfach zu lesen und weiterzuschicken, daß sich zu jedem Kunden, dem Sie ein Dankschreiben schicken, eine Handvoll neue dazugesellen könnten.

III Die Organisation Ihrer Kampagne

10. Die Planung Ihrer Kampagne

Sie wissen jetzt, welche Möglichkeiten Ihnen für Ihre On-line-Marketing-Kampagne zur Verfügung stehen. Als nächstes müssen Sie die Vorbereitung in Angriff nehmen. Ihr Online-Marketingplan sollte sehr detailliert sein. Die Erstellung dieses Plans wird dazu beitragen, Ihre Gedanken zu ordnen und sich darüber klar zu werden, was Sie online erreichen wollen, wie Sie zu Ihrem Ziel kommen, wieviel das Ganze kostet und wieviel Zeit es in Anspruch nehmen wird. Sobald Sie mit der Planung fertig sind, haben Sie eine Schritt-für-Schritt-Anleitung in der Hand, die Sie von nun an begleiten wird. Im Laufe Ihrer Kampagne können Sie Ihre Ergebnisse mit den ursprünglichen Prognosen vergleichen und – falls notwendig – Anpassungen vornehmen.

Ihr Online-Marketingplan wird zu einem Teil Ihres Gesamtmarketingplans werden und besteht aus folgenden sechs Teilen:

1. dem Leitsatz, der die Einzigartigkeit Ihres Unternehmens beschreibt;
2. einer Reihe von Zielen, die Sie mit dem Plan erreichen wollen;
3. einer Liste von Mitteln, die Sie zur Verwirklichung des Plans benötigen;
4. einer Liste von Zielgebieten, in denen Sie Marketing betreiben wollen;
5. einer Reihe von Instrumenten und Taktiken für die jeweiligen Zielgebiete;
6. einem Zeitplan für die gesamte Kampagne.

Wenn Sie erst einmal einen Gesamtmarketingplan für Ihr Unternehmen haben, verfügen Sie auch bereits über einen Startvorteil bei der Formulierung des Leitsatzes und der Ziele. Diese müssen für die Online-Kampagne ein wenig modifiziert werden.

Der Leitsatz

Darunter versteht man einen Satz (höchstens zwei Sätze), der beschreibt, warum Sie im Geschäft sind und warum Sie Erfolg haben werden. Die knappste Antwort darauf lautet: »Um Gewinn zu machen.« Wenn das aber Ihr einziges Ziel ist, werden Sie vermutlich scheitern.

Unternehmen haben Erfolg, weil sie Dinge, die Kunden brauchen, zu Preisen herstellen oder verkaufen, die Kunden zu zahlen gewillt sind, die aber dennoch hoch genug sind, um Gewinn zu erzielen.

Um Ihren Leitsatz genau zu definieren, schreiben Sie zuerst Sätze nieder, die Ihr Unternehmen beschreiben; zugleich formulieren Sie die Gründe für Ihren bisherigen Erfolg und die Vorteile gegenüber der Konkurrenz. Die komplette Aufzählung sollte ein bis zwei Dutzend Sätze enthalten, die festlegen, warum Sie am Online-Markt erfolgreich sein werden und wie Sie sich vom Rest unterscheiden. Lesen Sie nun die Liste durch und filtern Sie das Wichtigste heraus.

Warum Ihr Unternehmen Erfolg haben wird

Ihr Unternehmen sollte Erfolg haben, weil Sie als einziger ein bestimmtes Bedürfnis befriedigen beziehungsweise weil Sie ein allgemeines Bedürfnis besser erfüllen als Ihre Konkurrenz. Der Leitsatz in Ihrem Online-Marketingplan muß Begründungen enthalten, warum die Menschen im Cyberspace von Ihnen kaufen wollen. Sie haben vielleicht schon einen Leitsatz für Ihr Offline-Unternehmen, aber manche

Vorteile, wie zum Beispiel die Größe Ihres Geschäftslokals oder die Fähigkeiten Ihres Verkaufspersonals, haben online keinerlei Bedeutung. Folgende Vorteile gegenüber der Konkurrenz sind im Cyberspace relevant:

Positionierung. Die virtuelle Lage Ihres Geschäfts kann Ihnen Kunden einbringen, die Sie zuvor nicht erreichen konnten. Der Online-Markt macht Einkaufen bequem, weil man jederzeit überall auf der Welt einkaufen kann. Ein argentinischer Produktmanager könnte den Sportartikel-Katalog eines amerikanischen Anbieters durchblättern und via Internet eine Bestellung aufgeben.

Bequemlichkeit. Vielleicht haben Sie sich dazu entschlossen, online anzubieten, weil Ihre Kunden viel Zeit im Cyberspace verbringen. Bei der amerikanischen Pizzakette Pizza Hut können Sie online Ihre Pizza bestellen, vorausgesetzt, Sie befinden sich in der Nähe eines Franchisenehmers. Die Idee wurde in Santa Cruz geboren, wo die Studenten der Universität von Kalifornien viel Zeit mit ›Internet-Surfen‹ verbringen. Die Marketingmanager von Pizza Hut dachten sich, daß die Studenten dabei hungrig würden. Anstatt nun telefonisch eine Pizza in der Pizzeria nebenan zu bestellen, geben die meisten Studenten ihre Bestellung im Online-Shop von Pizza Hut ab. Wenn Sie ein Restaurant betreiben, können Sie – wie die Inhaber eines Restaurants in Palo Alto, Kalifornien – wöchentlich die Speisekarte an Ihre Kunden per E-Mail versenden, damit sie wissen, was es zu essen gibt, ohne daß sie anrufen oder vorbeikommen müssen.

Mehrwert. Ihr Online-Unternehmen kann schnelleren Service, niedrigere Preise oder rascheren Zugriff auf Information bieten, als dies offline oder bei Ihren Online-Konkurrenten möglich ist.

Einzigartigkeit. Ihr Online-Unternehmen ist vielleicht das einzige seiner Art im Cyberspace. Natürlich wird der Platz am Online-Markt täglich enger, und es wird immer schwieriger, der einzige Anbieter zu sein. Sie können sich aber immer noch durch Spezialisierung eine Marktnische sichern.

Als zum Beispiel immer mehr Buchhandlungen im Internet auftauchten, begannen sich einige auf gewisse Genres zu spezialisieren. Sie könnten beispielsweise die einzige Online-Buchhandlung für Kochbücher eröffnen.

Präsenz. Alle großen Hamburger-Ketten verkaufen dasselbe Produkt; ihr Marktanteil hängt aber entscheidend von ihrer Präsenz ab. McDonald's, Burger King und andere geben im Kampf um mehr Präsenz Millionensummen für Werbung aus.

Glaubwürdigkeit. Sie können durch verläßlichen Service und wertvolle Informationen größere Glaubwürdigkeit bei Ihren Kunden erlangen als Ihre Konkurrenz.

Service. Ihr größter Vorzug im Geschäftsleben kann Ihr herausragender Service sein. Da ›Netizens‹ eine rasche Abwicklung aller ihrer Transaktionen erwarten, könnte Ihre Firma ein Mailbot zur sofortigen Beantwortung von Fragen einsetzen.

Preispolitik. Preissenkungen spielen seit über hundert Jahren eine Hauptrolle im Kampf um Marktanteile; und der Kampf um die Stellung als preisgünstigster Anbieter ist hart. Es lohnt aber die Mühe. Wenn Sie in einer Branche tätig sind, in der Kunden leicht Preisvergleiche anstellen können, sollten Sie bereit sein, Ihren Tiefstpreis-Anspruch durch eine Garantie zu verstärken. Preisgarantien sind ein beliebtes Mittel im Einzelhandel. Wenn Sie jedoch etwas verkaufen, an das man schwerer herankommt, müssen Ihre Preise nur günstig erscheinen. Sie könnten zum Beispiel Kunstposter oder scharfe Saucen im Internet zu denselben Preisen wie in einem normalen Laden verkaufen; diese erschienen aber im Internet günstiger, weil dort wenige andere Firmen in der selben Branche tätig sind.

Qualität. Wenn Sie preislich mit Ihrer Konkurrenz nicht mithalten können, rechtfertigen Sie die höheren Preise Ihrer Waren oder Dienstleistungen durch höhere Qualität. Ihre Online-Firma kann durch eine bessere Präsentation, besseren Kundendienst und mehr Informationen Qualität ausstrahlen.

Auswahl. Online ist es wesentlich einfacher, eine große Auswahl an Waren anzubieten, weil virtueller Raum viel billiger als wirklicher Raum ist. Sie können einen ganzen elektronischen Katalog auf einer Platte abspeichern, die Tausenden von Interessenten zugänglich ist und Sie dennoch nur zwei Mark im Monat kostet. Online-Buchhandlungen, Bürowarenhändler, Blumenhandlungen und andere konkurrieren untereinander um das größte Warensortiment.

Die Formulierung des Leitsatzes

Sobald Sie alle Sätze niedergeschrieben haben, die Ihnen vergegenwärtigen, wie sich Ihr Unternehmen von Ihrer Konkurrenz abheben kann und wie die konkreten Gründe für Ihren zukünftigen Erfolg aussehen, müssen Sie diese Sätze auf das Wesentliche reduzieren.

Sehen Sie die Liste aufmerksam durch, und ordnen Sie die Aussagen nach ihrer Wichtigkeit. Setzen Sie diejenigen Sätze an die Spitze, die klare, unanfechtbare Vorteile beschreiben. Wenn Sie das einzige Autoreparatur-BBS in Ihrer Gegend betreiben, wird Ihnen wahrscheinlich niemand so schnell diese Position streitig machen. Wenn Ihr Online-Shop jedoch die größte Auswahl an Blumensträußen bietet oder als einziger Staubsauger verkauft, kann dieser Vorteil jeden Moment verloren gehen. Seien Sie bereit, das gewählte Gebiet zu verteidigen.

Beim Ordnen der Sätze werden Sie wahrscheinlich feststellen, daß Sie nur zwei oder drei Sätze in Ihren Leitsatz übernehmen können. Das ist ganz in Ordnung, solange diese Aussagen über längere Zeit hinweg ihre Gültigkeit behalten. Ihr endgültiger Leitsatz sollte auf einem der oben angeführten Vorteile basieren. Er sollte beschreiben, was Sie verkaufen, wem Sie es verkaufen wollen und warum Sie der oder die Beste sind.

Die Überprüfung des Wahrheitsgehalts

Wenn Sie die endgültige Formulierung Ihres Leitsatzes vornehmen, achten Sie darauf, daß Sie Ihren Behauptungen später auch wirklich gerecht werden können. Es klingt zwar großartig, wenn Sie von sich behaupten, der größte Vertreiber von Obstkörben im Cyberspace zu sein; das muß aber auch den Tatsachen entsprechen. Wenn Ihre Konkurrenten bereits die Nische besetzen, die Sie einzunehmen gedenken, sollte Ihr Leitsatz zwingende Gründe dafür liefern, warum Sie daran glauben, die Oberhand gewinnen zu können.

Ziele setzen

Es ist schwierig, auf ein Ergebnis hinzuarbeiten, wenn man nicht weiß, wie dieses Ergebnis aussehen soll. Ihre Ziele legen genau fest, was Sie mit Ihrem Online-Marketingplan erreichen wollen. Je konkreter Ihre Ziele sind, desto genauer können Sie Ihren Plan ausformulieren. Sie können mit einem allgemein gehaltenen Ziel anfangen, zum Beispiel: ›einen großen, soliden Kundenstock aufbauen‹; Ihre Zielsetzungen sollten aber mit der Zeit viel konkreter werden.

Unterschiedliche Ziele – unterschiedliche Erwartungen

Damit Sie in Schwung kommen, schreiben Sie jedes Ziel auf, das Ihnen einfällt. Vielleicht wollen Sie ein gewinnbringendes Unternehmen am Online-Markt aus dem Nichts aufbauen. Vielleicht ist es aber auch Ihr Ziel, Ihre Verkaufszahlen im Versandhandel oder in Ihrem wirklichen Laden zu steigern, indem Sie den Kunden ein neues Medium bieten. Vielleicht wollen Sie Ihre Glaubwürdigkeit für Ihre Offline-Kunden mit der Online-Option erhöhen. Vielleicht möchten Sie aber auch nur Online-Erfahrung für die Zukunft sammeln.

An jedes dieser Ziele sind selbstverständlich weitere Erwartungen geknüpft. Wenn Erfahrung Ihr einziges Ziel ist, werden Sie es vermutlich verwirklichen können – egal, ob Ihr Unternehmen Erfolg hat oder nicht. Wenn Sie das größte Unternehmen Ihrer Art werden wollen, müssen Sie Ihren Erfolg im Vergleich zu Ihren Konkurrenten beurteilen. Setzen Sie sich ein Ziel, das sich zu erreichen lohnt, nicht eines, das unerfüllbare Erwartungen weckt, und nutzen Sie Ihre Stärken. Compaq steckte sich anfangs nicht das Ziel, mehr PCs als IBM zu verkaufen, sondern mit besserem Design den Markt für tragbare Computer zu erobern. Erst als Compaq zum Marktführer auf diesem Sektor geworden war, legte man sich die Latte höher. Falls Sie Ihre Ziele zu hoch stecken oder glauben, online würden Ihre Waren oder Dienstleistungen automatisch an Wert gewinnen, werden Sie eine Enttäuschung erleben.

Ziele einengen

Allgemeine Ziele, *wie größer, der Größte* oder *der Beste,* sind in Ordnung; man kann sie aber schwer anstreben, weil man diese Eigenschaften nicht einfach messen kann. Viele Firmen erleben Flops im Cyberspace, weil ihre Ziele nicht genau genug definiert sind. Eine Methode, um konkretere Ziele zu formulieren, besteht in Vergleichen mit dem gegenwärtigen Zustand der Firma.

Stellen Sie sich Ihr Unternehmen nach einem Jahr Online-Marketing vor. Bleiben Sie bei realistischen Schätzungen! Wird Ihr Online-Shop so erfolgreich sein, daß Sie einen weiteren Angestellten einstellen können? Wird Ihre Galerie in Wuppertal Kunden in Amerika und Japan dazugewinnen, die zehn Prozent Ihrer Verkaufsabschlüsse ausmachen? Solche Ziele können Sie anstreben.

Wenn Ihr Online-Marketingplan nur einen Teil Ihres Unternehmens repräsentiert, dann überlegen Sie, welche Effekte Sie dadurch für Ihr Unternehmen im ganzen er-

zielen wollen. Wie viele Kunden werden Sie online dazugewinnen? Wie werden Ihre Online-Verkaufszahlen im Verhältnis zu Ihren übrigen Marketingbemühungen stehen?
Wie viele internationale Kunden hoffen Sie online zu gewinnen?

Wenn Sie mit Ihrer Online-Marketing-Kampagne ein
neues Unternehmen aufbauen, überlegen Sie, wann sich die
Investition amortisiert haben wird. Werden Ihre Bemühungen nach einem Jahr Erfolg zeigen? Oder schon nach einem
halben?

Einkommensprognosen

Sobald Sie Ihre Ziele aufgelistet haben, rechnen Sie sie in
Mark und Pfennige um. Erstellen Sie einen Plan, der Ihre
voraussichtlichen monatlichen Einkünfte für ein bis zwei
Jahre nach dem Start Ihrer Kampagne prognostiziert.

Die meisten Online-Unternehmen erzielen in den ersten
beiden Monaten wenig bis gar keine Einkünfte. Erwarten sie
also keinen sofortigen sprunghaften Anstieg der Verkaufszahlen. Sehr oft gehen kleine Unternehmen zugrunde, weil
es ihnen an Kapital fehlt. Diese haben oft einfach nicht das
Geld, um auszuharren, bis sich Gewinne einstellen. Wenn Sie
in den ersten paar Monaten mit keinen Verkaufssteigerun-
gen rechnen, können Sie dafür Sorge tragen, daß genug Geld
für eine Weiterführung des Unternehmens vorhanden ist.
Falls Ihre Verkaufszahlen dann doch steigen, ist es um so
besser.

Ihre Online-Erfahrungen werden bald zeigen, ob Ihre Erwartungen realistisch waren. Wenn Sie sorgfältig darüber
nachdenken, welche Ziele Sie sich setzen sollen, und wenn
Sie alles in Ihrer Macht stehende zur Realisierung dieser
Ziele tun, dann werden Sie vielleicht eine positive Überra-
schung erleben.

Beschaffung von Mitteln

Ihre nächste Aufgabe besteht in der Bestimmung, wieviel Zeit und Geld Sie zur Umsetzung ihrer Ziele aufwenden können. Wenn Sie bereits einen Marketingplan haben, stellt Ihre Online-Kampagne nur eine Erweiterung dar. Sie mögen ja berechtigterweise von den Möglichkeiten des Online-Marketing begeistert sein, aber, was immer Sie tun, Sie dürfen niemals *Ihre anderen Marketingbemühungen vernachlässigen!* Sehen Sie Ihre Online-Kampagne als Ergänzung und nicht als Ersatz für die Anstrengungen, die Sie bereits erfolgreich durchführen, es sei denn, Sie führen ein reines Online-Unternehmen oder Sie wickeln alle ihre Kundenkontakte online ab.

Überlegen Sie, welche Mittel Sie für Ihre Online-Kampagne benötigen werden. Diese Mittel geben Sie zusätzlich zu den laufend erforderlichen aus. Berechnen Sie, wie viele Mittel Ihnen zur Verfügung stehen, bevor Sie sich für ein bestimmtes Zielgebiet, ein Instrument und eine Strategie entscheiden. Sie müssen Ihre Situation realistisch einschätzen. Zeit ist genauso eine Ressource wie Geld; Ihr Online-Marketingplan wird scheitern, wenn Ihnen Zeit oder Geld fehlt. Treffen Sie vor Ihrem Engagement einige kompromißlose Entscheidungen, wenn es darum geht, was Sie sich leisten können.

Geld

Ob Sie ein elektronisches Schaufenster am World Wide Web einrichten oder Mitglied bei America Online werden, Ihre Ambitionen werden immer Geld kosten. Berechnen Sie, wieviel Sie zu Beginn und in weiterer Folge dafür ausgeben können. Wenn Sie über Zahlen verfügen, erkundigen Sie sich über die Anschaffungskosten und die monatlich anfallenden Kosten verschiedener Online-Optionen. Folgende Kosten müssen Sie unter anderem einkalkulieren:

Equipment. Wenn Sie noch keinen oder einen Computer besitzen, den Sie nicht für Ihre Online-Kampagne benützen können, müssen Sie einen kaufen. Berechnen Sie die Kosten für den Computer; das Modem, BBS-Software und ähnliches (falls Sie ein Board betreiben wollen) sowie für Möbel. Bedenken Sie auch, daß Sie hierfür Platz brauchen.

Online-Verbindung. Darunter fallen die Kosten für die Einrichtung eines Online-Zugangs, für die Errichtung einer eigenen Telefonleitung von Ihrem Computer zu Ihrem ISP sowie die monatlichen Gebühren für Telefon und den Zugang zum ISP.

Online-Präsenz. Falls Sie planen, ein Online-Schaufenster einzurichten oder Werbefläche anzumieten, müssen Sie entscheiden, wieviel Sie für Design, Einrichtung und Wartung bzw. Betreuung ausgeben können.

Gehalt und Honorare. Wenn Sie einen Ihrer Angestellten für die Durchführung Ihrer Online-Kampagne bezahlen, berechnen Sie die Kosten für die Arbeitszeit. Falls Sie einen Berater engagieren, kalkulieren Sie ein Projekthonorar und eventuell ein monatliches oder stundenweises Honorar für noch anfallende Arbeiten ein.

Verwenden Sie denselben Plan wie für Ihre Einkommensprognosen, fügen Sie neue Spalten für die verschiedenen monatlichen Ausgaben hinzu, und verteilen Sie Ihre monatlichen Gesamtausgaben entsprechend. Wenn Sie fertig sind, verfügen Sie über eine ziemlich genaue Vorstellung davon, wie Ihr Unternehmen finanziell dastehen wird und wann sich Gewinne einstellen werden. Ein Finanzplan könnte etwa so aussehen (siehe gegenüberliegende Seite).

In diesem Beispiel muß ein Großteil der Kosten in den ersten beiden Monaten bestritten werden. Der Trend in Richtung Rentabilität beginnt drei Monate nach Beginn der Kampagne. Wenn sich die Einnahmen ändern, zeigen sich die Auswirkungen auf Ihr Unternehmen im Cashflow. Sie können mit einem solchen Plan im voraus verfolgen, was Sie Ihr Online-Unternehmen zu jedem beliebigen Zeitpunkt

	Januar	Februar	März	April	Mai	Juni
Umsatz	0	0	0	500	1000	2000
Equipment-kosten	1500	0	0	0	0	0
ISP-Gebühren	150	100	75	75	75	75
Beratungs-kosten	1500	1500	250	150	150	150
Telefon-kosten	200	150	125	125	125	125
Personal-kosten	400	400	200	200	200	200
Gesamt-kosten	3750	2150	650	550	550	550
Cash-flow	-3750	-5900	-6550	-6600	-6150	-4700

kosten wird. Sie haben sich damit aber auch einen Maßstab geschaffen, mit dessen Hilfe Sie später die tatsächlichen Resultate vergleichen können.

Zeit

Computer sind etwas Wunderbares, bedienen sich aber nicht von selbst. Es braucht Zeit, Online-Präsenz zu erwerben, und Zeit entsteht nicht aus dem Nichts. Jeder glaubt, daß er irgendwie die Zeit dazu finden wird, etwas Neues zu tun. Zeit ist aber eine begrenzte Ressource.

Es ist wichtig für Sie zu erkennen, daß die Vorbereitung und Weiterführung Ihrer Kampagne regelmäßige Aufmerksamkeit erfordert. Ihr Online-Shop und/oder Ihr elektronischer Briefkasten sind täglich 24 Stunden lang geöffnet; und jemand muß Online-Kontakte knüpfen, an Diskussionsgruppen teilnehmen, nachsehen, ob in der E-Mailbox Bestellungen warten, und die Position Ihrer Kleinanzeigen in den

Foren überprüfen. Für diese Aktivitäten müssen Sie oder ein Mitarbeiter täglich etwas Zeit aufwenden.

Wieviel Zeit Sie brauchen, hängt davon ab, mit welchen Mitteln Sie den Online-Markt erobern wollen und wieviel Sie schon gelernt haben.

- Wenn Sie noch nie mit dem Computer gearbeitet haben, veranschlagen Sie einige Wochen lang täglich etwas Zeit, nur um sich damit vertraut zu machen.
- Wenn Sie sich erst in den Cyberspace einarbeiten müssen, brauchen Sie etwa einen Monat lang je eine Stunde täglich zum Lesen der im Anhang empfohlenen Bücher.
- Wenn Sie Ihre Online-Optionen prüfen, müssen Sie mit mindestens einer Stunde täglich rechnen, um die verschiedenen Zielgebiete zu erkunden, um mit diesen vertraut zu werden und um eine Entscheidung zu treffen, wo und wie Sie Ihre Kampagne starten wollen.
- Sobald Sie eine Vorstellung davon haben, wie Sie vorgehen wollen, müssen Sie Ihren täglichen Zeitaufwand noch einige Wochen lang fortsetzen, um die geeignetsten Möglichkeiten auszuforschen. Sie müssen vielleicht mit Beratern zusammentreffen, Verträge verschiedener ISPs durchsehen, die Gestaltung Ihres elektronischen Schaufensters planen oder Ihre E-Mail-Unterschrift sowie andere Marketingmaterialien vorbereiten.
- Nach dem Start Ihrer Kampagne benötigen Sie etwa eine halbe bis eine Stunde täglich, um diese in Gang zu halten, plus ein bis zwei Stunden pro Woche, um über die neuesten Online-Entwicklungen auf dem laufenden zu bleiben und neue Marketingmöglichkeiten zu erforschen.

Dieser Zeitaufwand wird hier nicht angeführt, um Sie abzuschrecken, sondern um Ihnen klar zu machen, daß eine Online-Marketing-Kampagne echtes Engagement erfordert. Eine der wichtigsten Marketing-Strategien für einen Online-

Guerilla stellt der Aufbau von Online-Präsenz durch die regelmäßige Teilnahme an den Aktivitäten der Online-Gemeinde dar, bei der es sich ja um Ihren Zielmarkt handelt.
Das ist aber nur möglich, wenn Sie die nötige Zeit für die
Teilnahme an Diskussionsgruppen und für das Empfangen
und Senden von E-Mails aufwenden und wenn Sie die in diesem Buch angeführten Strategien befolgen. Es gibt keine
großen Unterschiede zur Gründung eines Unternehmens in
der realen Welt: Man muß sehr viel Zeit und Geld im vorhinein investieren, ehe man einen gewinnbringenden und
praktikablen Tagesablauf entwickelt,

Betrachten Sie die oben angeführten Zeiterfordernisse,
und fragen Sie sich, ob Sie oder ein Mitarbeiter die Zeit er-
übrigen können. Wenn die Antwort negativ ausfällt, sollten
Sie Ihren Online-Marketingplan ändern und Ihre Erwartungen zurückschrauben. Wenn Sie nicht die Zeit haben, einen
Online-Shop zu führen, beginnen Sie statt dessen mit einer
E-Mail-Adresse und lassen Sie sich in einige Online-Ver-
zeichnisse eintragen. Wenn Ihr Laden in einer Online-Ein-
kaufsstraße liegt, können Sie sich eventuell Bestellungen von
deren Verwalter faxen lassen, damit Sie keine Zeit für das
Abfragen des Ladens aufwenden müssen.

Jeder Rückzieher schlägt sich in weniger Präsenz und einer
geringen Anzahl von Kunden nieder. Es ist aber besser, einige wenige Dinge wirklich ordentlich, als viele Dinge
schlecht zu machen. Wenn Sie Zeit und Geld haben, Ihren
Plan voll und ganz zu verwirklichen, werden Sie an den Er-
gebnissen sehen, daß sich die Mühe lohnt.

Die Auswahl der Zielgebiete

Sobald Sie wissen, wieviel Zeit und Geld Sie in Ihre Kampagne investieren müssen, können Sie beginnen, sich auf die
richtigen Zielgebiete zu konzentrieren. Vergleichen Sie die

Ihnen zur Verfügung stehenden Mittel mit den für die jeweiligen Zielgebiete notwendigen Mitteln, und wählen Sie dann dasjenige Zielgebiet aus, bei dem die Daten am ehesten übereinstimmen. Jedes der in den Kapiteln 4 bis 8 angesprochenen Zielgebiete erfordert einen bestimmten Aufwand an Zeit und Geld.

Dazu sollten Sie eine Liste mit allen Zielgebieten und je eine Spalte für Zeit- und Gelderfordernisse erstellen. Setzen Sie anschließend Ihre realistischen Schätzungen für die erforderlichen Mittel ein. Die endgültigen Zahlen hängen von mehreren Faktoren ab: unter anderem von den Gebühren Ihres Internet Service Provider; der Anzahl und Aktivität der Diskussionsgruppen und Diskussionslisten, an denen Sie teilnehmen, und von der Art Ihres Internet-Shops. Sehen wir uns nun als Anregung für Sie die wichtigsten Zielgebiete sowie einige Tips an, wie Sie jeweils Zeit und Geld einsparen können.

E-Mail

Eine E-Mail-Adresse, mit der Sie das gesamte Internet erreichen können, kostet weniger als 20 DM im Monat. Sie brauchen täglich zwischen ein paar Sekunden und ein bis zwei Stunden zur Betreuung des elektronischen Briefkastens und zum Beantworten der Mails. Wenn Sie eigene E-Mail-Aufrufe versenden, müssen Sie Zeit für das Verfassen des Schreibens und für die Erstellung der Adressenliste veranschlagen.

Sie können bei der Mail-Betreuung Zeit einsparen, indem Sie Ihr Mail-Programm automatisch mehrmals täglich starten und die Mail abfragen. Dann müssen Sie nur die eingegangenen Nachrichten lesen und sparen die Zeit, die Sie zum Aufbau der Verbindung und zum Speichern der Mails benötigen würden. Wenn Sie viele Informationen versenden, können Sie das von einem Mailbot erledigen lassen.

Diskussionslisten

Die Teilnahme an einer Diskussionsliste kann Sie zusätzlich etwas kosten, wenn Ihr E-Mail-Anbieter für das Empfangen von E-Mails über seinen Internet Gateway Gebühren erhebt. Derzeit verlangt zum Beispiel CompuServe für jede über das Internet eingelangte E-Mail einen gewissen Betrag. Auch wenn Ihre Internet Mail kostenlos ist, müssen Sie fünf Minuten bis eine halbe Stunde täglich dafür aufwenden, die Nachrichten zu lesen beziehungsweise selber entsprechende Nachrichten zu verfassen, falls Sie einen Beitrag zur Diskussion liefern wollen.

Wenn Sie Ihre eigene Diskussionsliste einrichten und moderieren, benötigen Sie ein bis zwei Stunden pro Tag, um die Nachrichten zu prüfen.

Um bei der Teilnahme an Diskussionslisten Zeit und Geld zu sparen, sollten Sie herausfinden, ob Sie eine Digest-Option verwenden können. Bei manchen Listen können Sie es auf diese Weise einrichten, daß Sie alle Nachrichten jeweils in Form einer einzigen langen Message erhalten, so daß Ihr Briefkasten nicht täglich mit Dutzenden von Mails gefüllt wird.

Ein elektronisches Schaufenster (Online-Shop)

Die Kosten für das Design und die Einrichtung eines elektronischen Schaufensters betragen mindestens 500 DM, je nachdem, wo Sie es einrichten und wie es ausgestattet ist. Am besten finden Sie heraus, wieviel das kostet, indem Sie einige andere Schaufenster in einem kommerziellen Online-Service oder im Internet ansehen, sich für ein bestimmtes Design entscheiden, die Besitzer oder den Verwalter der elektronischen Einkaufsstraße kontaktieren und sich nach den Gebühren für die Einrichtung und das Betreiben eines Online-Shops erkundigen. *(Im Anhang finden Sie eine Liste mit Verwaltern.)* Auch ein Internet-Anbieter kann Ihnen eine Vorstellung von den Kosten vermitteln.

Zu diesen Grundkosten müssen Sie die Kosten für Ihre Zeit oder – wenn Sie Ihren Shop von jemand anders entwerfen lassen – die Honorare für diese Beratung hinzuzählen. Außerdem benötigen Sie Zeit, um Ihren Shop zu betreuen und Bestellungen an Ihrer E-Mail-Adresse entgegenzunehmen und zu bearbeiten.

Sie können die Entgegennahme von Bestellungen an den Verwalter des elektronischen Ladenzentrums delegieren, der Ihnen dann die eingegangenen Bestellungen faxt. Dennoch werden Sie ab und zu Geld und Zeit aufwenden müssen, um die Gestaltung Ihres elektronischen Schaufensters zu verändern oder neue Waren hinzuzufügen.

Kleinanzeigen und Firmenverzeichnisse

Kleinanzeigen und die Eintragung in Firmenverzeichnisse können 50 bis 80 DM kosten, sind aber im Internet oft kostenlos. Im übrigen erfordern sie nur die Zeit für das Erstellen der Anzeige und ein paar Minuten täglich zur Betreuung der E-Mailbox.

Billboards oder Werbeeinschaltungen

Diese kosten zwischen 120 DM im Monat (für eine Web-Seite) bis zu 90.000 DM im Monat (für dreißig Billboards auf Prodigy). Zahlreiche Web-Einkaufsstraßen verrechnen die Gebühren jährlich und verlangen Vorauszahlung. Daneben müssen Sie bis zu 50.000 DM für das Design einer Anzeige ausgeben (für eine Reihe von Prodigy Billboards). Allerdings kann dieser Service auch kostenlos sein (ein Compu-Serve Marquee). Der Zeitaufwand hängt davon ab, ob Sie das Billboard beziehungsweise die Anzeige selbst entwerfen und welche Antwortmechanismen Sie einbauen. Wenn Sie es so einrichten, daß die Interessenten Fragen an ein Mailbot richten können, brauchen Sie nur auf Bestellungen zu antworten.

Foren und Newsgroups

Etwa 15 bis 50 Minuten täglich verbringen Sie mit dem
Lesen und Beantworten von Messages in einem durchschnittlichen Forum oder einer typischen Newsgroup. Der
Zugang zu Newsgroups ist in der Grundgebühr für den
Internet-Zugang inbegriffen. Kommerzielle Online-Services
verlangen jedoch eine zusätzliche Gebühr von zwei Mark
oder mehr pro Stunde für den Zugang zu zahlreichen Foren.
Um manche Bulletin-Board-Services zu erreichen, müssen
Sie vielleicht Gebühren für Ferngespräche bezahlen. Errech-
nen Sie Ihre Kosten pro Newsgroup oder Forum, und multi-
plizieren Sie diese mit der Anzahl der Foren oder Newsgroups, an denen Sie teilnehmen.

Wenn Sie selbst eine moderierte Newsgroup leiten, benötigen Sie eine oder zwei Stunden täglich, um Nachrichten zu
lesen und diejenigen auszuwählen, die Sie veröffentlichen
wollen.

Ihr eigenes Bulletin-Board-System (BBS)

Mit 8.000 bis 30.000 DM müssen Sie für den Erwerb des
Computers und Modems, der Software und für die Beratung
zur Einrichtung eines BBS mit zwei bis vier Telefonleitungen
rechnen. Sie können etwas Geld einsparen, indem Sie alles
selbst machen; in diesem Fall müssen Sie aber mit einem zusätzlichen Mehraufwand von einigen Wochen rechnen.

Sobald das BBS seinen Betrieb aufgenommen hat, werden
Sie mindestens eine Stunde täglich mit der Betreuung des
BBS, mit der Beantwortung von Teilnehmerfragen etc. ver-
bringen. Die aktivsten BBS beschäftigen zwei oder mehr
Ganztagskräfte nur zur Betreuung des BBS.

Wählen Sie erfolgversprechende Zielgebiete

Wenn Sie jene Zielgebiete ausgeschlossen haben, die Sie sich
nicht leisten können, werden vermutlich immer noch mehrere

Möglichkeiten übrigbleiben. Nun müssen Sie entscheiden, welche Option am besten zu Ihrem Produkt oder Ihrer Dienstleistung paßt. E-Mail bietet sich an, weil Sie eine Online-Adresse haben sollten, um erreichbar zu sein. Die übrigen Zielgebiete kann man in aktive und passive Zielgebiete einteilen.

Aktive Zielgebiete erfordern ständige Aufmerksamkeit. Dazu gehören Diskussionsgruppen und Bulletin-Boards. Passive Zielgebiete warten im Cyberspace und vermitteln Ihre Botschaft. Dazu gehören Online-Schaufenster; Billboards und Kleinanzeigen. Sie können beim Verkauf einer Dienstleistung nur dann Kunden gewinnen, wenn Sie auf diese zugehen und von Ihrem Angebot erzählen. Sie können zwar Ausgaben Ihres Newsletters oder Einkommenssteuertips in einem Schaufenster anbieten; allerdings erlangen Sie stärkere Präsenz und kommen schneller zu einem guten Ruf, wenn Sie Diskussionsgruppen an Ihrem Wissen teilhaben lassen. Falls Sie Produkte anbieten, eignen sich Billboards, Web-Seiten oder ein Katalog in einem Schaufenster besser für die Präsentation.

Da Sie sich Ihrer Online-Kampagne nur eine begrenzte Zeit lang widmen können, sollten Sie genau überlegen, wo Sie diese am effizientesten einsetzen können. Wenn Sie kein Talent zum Schreiben haben, ist möglicherweise die Zusammenarbeit mit einem Berater bei der Erstellung Ihrer Kleinanzeige, Ihres Schaufensters oder Ihres monatlichen Newsletters ein geeigneteres Mittel als die Teilnahme an Newsgroups oder Foren.

Sobald Sie sich entschieden haben, schreiben Sie die geplanten Zielgebiete, nach ihrer Bedeutung geordnet, auf.

Die Auswahl der Instrumente

Mit der Liste der Zielgebiete in der Hand ist es nun an der Zeit, die Instrumente, mit denen Sie arbeiten wollen, auszuwählen.

Bevor Sie Ihre Kampagne starten können, benötigen Sie einige grundlegende Dinge, wie zum Beispiel einen Computer, einen Online-Zugang und eine Grundausbildung zum Cyberspace-Guerilla. Vergessen Sie nicht, daß Sie Zeit brauchen, um diese Dinge zu erwerben und den Umgang mit ihnen zu erlernen.

Notieren Sie neben dem jeweiligen Zielgebiet jene Guerilla-Instrumente, die Sie für Ihren Erfolg benötigen. Wenn Sie an einer Diskussionsliste oder Newsgroup teilnehmen wollen, brauchen Sie vorher eine E-Mail-Unterschrift. Für ein Online-Schaufenster brauchen Sie ein Design und die Dateien, die Sie dort zur Verfügung stellen wollen. Schreiben Sie alle diese Instrumente auf eine Liste:

- Name Ihres Unternehmens,
- E-Mail-Unterschrift,
- Pressematerial,
- Informationsmappe, die Sie bei Bedarf versenden können,
- ein oder mehrere Begleitschreiben, die Sie zusammen mit angeforderten Informationen versenden,
- Information, die Sie online veröffentlichen wollen,
- Mailbots,
- Firmenlogo,
- Kleinanzeige,
- Entwurf für das elektronische Schaufenster,
- Katalog,
- Billboard-Entwurf,
- Liste geeigneter Diskussionsgruppen und BBS,
- BBS-Entwürfe,
- Büromaterial,
- Bestellschein,
- Proben Ihres Produkts.

Neben den einzelnen Instrumenten notieren Sie die Zeit, die Sie für die Vorbereitung veranschlagen. Setzen Sie die Grundlagen wie Internet-Training und -Zugang auch auf

diese Liste. Wenn es Ihnen schwerfällt, den Zeitaufwand ab-
zuschätzen, zerlegen sie jedes Instrument in einzelne Aufgaben. Ein Beispiel soll dies illustrieren:

INSTRUMENT	ZEIT
Internet-Zugang	2 Wochen
Navigationstraining	1 Woche
E-Mail-Unterschriften	
Logo-Design	4 Wochen
Online-Info auf Büromaterial drucken	3 Wochen
Pressematerial erstellen	1 Woche
Pressematerial verschicken	2 Tage
Kleinanzeige	1 Woche
Layout des Schaufensters	1 Woche
Inhalt des Schaufensters (Text, Photos)	3 Wochen
Software-Design für das Schaufenster	3 Wochen
Foren/Newsgroups auswählen	4 Wochen
Foren/Newsgroups beobachten	2 Wochen
Inbetriebnahme des Schaufensters	2 Wochen

Wenn Sie fertig sind, haben Sie eine ziemlich genaue Vorstellung davon, wieviel Zeit Sie zur Vorbereitung jedes In-
struments benötigen. Diese Information brauchen Sie zur
Erstellung eines Zeitplans für Ihre Kampagne.

Die Erstellung eines Zeitplans

Wie die Übersicht bei der Planung des Cash-flow hilft Ihnen
ein Zeitplan bei der Einteilung Ihrer Zeit. Die Online-Marketing-Kampagne besteht aus zwei Teilen: der Vorbereitungsphase und der eigentlichen Kampagne. Der Vorberei-
tungszeitplan vermittelt Ihnen eine Vorstellung davon, wieviel Zeit Sie täglich aufwenden müssen und wie lange die
Vorbereitung insgesamt dauern wird. Er hilft Ihnen auch,
den Zeitpunkt des Starts Ihrer Kampagne festzusetzen und
Ihre täglichen Aufgaben festzulegen.

Umsetzung der Kampagne

Nun schwirrt Ihnen sicher von den vielen Instrumenten, Strategien und Zielgebieten schon der Kopf. So können Sie Atem schöpfen: Denken Sie an die ›Stunde Null‹, und stellen Sie sich vor, was Sie sich für diesen Tag wünschen. Planen Sie den endgültigen Start Ihrer Marketing-Kampagne und bereiten Sie sich entsprechend darauf vor.

Im Idealfall weiß jeder ›Netizen‹ auf Ihrem angestrebten Markt über Ihr Unternehmen Bescheid und ist so neugierig darauf, daß er mehr Informationen anfordert oder Ihren Online-Shop von sich aus besucht. Und wenn Sie Ihre Pläne erfolgreich umsetzen können, möchten Sie auf eine Umsatzsteigerung vorbereitet sein. Wie werden Sie das in der Anfangszeit verwirklichen? Entscheidend ist, daß Sie gut vorbereitet sind.

Liste der Aufgaben für die Vorbereitung

Die Vorbereitungsphase kann in einzelne Aufgaben zerlegt werden. Erstellen Sie eine Liste der Aktivitäten in den folgenden Bereichen:

Grundlegendes Training. Sie brauchen einen Online-Zugang und müssen sich im Cyberspace bewegen können. Kaufen Sie einen allgemeinen Internet-Führer und widmen Sie ab heute dieser Lektüre jeden Tag ein wenig Zeit. Kaufen Sie einen Computer und ein Modem und lernen Sie, falls nötig, damit umzugehen. Suchen Sie den richtigen Online-Service oder ISP, und besorgen Sie sich einen Anschluß. Lernen Sie auch Ihre Angestellten an.

Auskundschaften. Wenden Sie Zeit fürs ›Surfen‹ und dafür auf, im Internet und in den kommerziellen Online-Services die Foren und Diskussionsgruppen ausfindig zu machen, denen Sie beitreten wollen. Finden Sie heraus, wie und wo man Kleinanzeigen aufgeben kann, wen Sie in bezug auf das Ansetzen einer Konferenz kontaktieren müssen und wie Sie zu einer Einschaltung auf einem Einstiegsbildschirm oder auf einer *What's New*-Seite kommen. Lernen Sie genau, wo sich Ihre Zielgebiete befinden und wie man teilnimmt, bevor Sie Ihre Kampagne starten.

Weiter müssen Sie herausfinden, wo man Online-Firmenverzeichnisse und relevante Druckzeitschriften findet. Erkundigen Sie sich, wohin Sie eine Verzeichnisliste oder eine Ankündigung senden sollen und wie lange vorher die Verständigung erfolgen muß, damit die Nachricht genau am ersten Tag Ihrer Kampagne erscheint.

Instrumente. Während der Vorbereitungsphase entwerfen Sie bereits jene Instrumente, die Sie beim Start der Kampagne benötigen werden. Einige können Sie einen Tag oder zwei Tage vor dem Start fertigstellen, andere müssen einen Monat oder länger im vorhinein erstellt werden. So müssen etwa Ankündigungen und Listen lange im vorhinein fertiggestellt und rechtzeitig versendet werden, wenn Sie wollen, daß ein Artikel in einer Zeitschrift oder eine Verzeichnisliste am Tag des Starts Ihrer Kampagne beziehungsweise kurz davor oder danach erscheint. Zeitschriften wie *Internet World* oder *Boardwatch* verlangen Ankündigungen üblicherweise vier bis sechs Wochen im voraus, wenn Ihre Ankündigung in der Rubrik Neuheiten erscheinen soll, und zwei bis drei Monate im voraus, wenn Sie auf einen ganzen Artikel abzielen.

Wenn Sie einen Laden eröffnen, müssen Sie das Design, das Layout und das Bestellformular entwerfen, den Inhalt zusammenstellen und an Ihren kommerziellen Online-Dienst oder an den Verwalter des Einkaufszentrums senden. Sie brauchen ein paar Tage zum Verfassen der Kleinanzeigen und E-Mail-Unterschriften oder zur Einrichtung eines Mailbots.

Erstellen des Zeitplans für die Vorbereitung

Verwenden Sie einen Wochen- oder Monatsplaner (oder noch besser ein Projektmanagement-Programm, falls Sie eines haben). Beginnen Sie heute, und setzen Sie die Aufgaben in der Vorbereitungsphase, entsprechend der Ihnen zur Verfügung stehenden Zeit an. Arbeiten Sie noch nicht auf einen bestimmten Zeitpunkt hin, sondern veranschlagen Sie für jede Aufgabe eine bestimmte Zeitspanne, die Ihnen realistisch erscheint. Mit der Zeit wird sich ein wahrscheinliches Startdatum herauskristallisieren.

Setzen Sie nicht eine allgemeine Anzahl von Tagen oder Wochen für die einzelnen Aufgaben während der Vorbereitungsphase fest, sondern planen Sie bestimmte Aufgaben für jeden einzelnen Tag. So bringen Sie sich selbst dazu, diese auch tatsächlich auszuführen. Legen Sie Fristen für die Beendigung gewisser Forschungsaufgaben und die Fertigstellung bestimmter Instrumente fest. Wenn Sie mit anderen zusammenarbeiten, delegieren Sie bestimmte Aufgaben an einzelne Mitarbeiter.

Wenn Sie fertig sind, verfügen Sie über einen genauen Zeitplan (siehe nächste Seite), wer wann was vorbereitet, wieviel Zeit jeder Einzelne täglich dafür aufwendet und wann die jeweiligen Aufgaben erfüllt sein sollen.

Der Zeitpunkt für den Start der Kampagne

Der Start Ihrer Kampagne erfolgt am Ende der Vorbereitungsphase. Ein bestimmtes Datum festzusetzen heißt jedoch, einen genau ausbalancierten Kompromiß zwischen Bereitschaft und Gelegenheit zu finden. Die meisten Leute, die vom Online-Marketing hören, wollen ihre Kampagne so bald wie möglich starten. Sie werden ein Datum ins Auge fassen, an dem Sie online präsent sein möchten. Und bereit sein ist bekanntlich alles. Beispielsweise eröffnete der amerikanische Blumenladen Grant's Flowers seinen Shop kurz vor dem Valentinstag und verdiente somit bereits in den ersten beiden Wochen seines Online-Betriebs sehr gut.

Obwohl eine bestimmte Jahreszeit oder ein Ereignis dem Absatz förderlich sein können, dürfen Sie Ihren Marketing-Plan nicht ausschließlich von einem Fixtermin abhängig ma-

Marketing-Plan für Juni					
Montag	Dienstag	Mittwoch	Donnerstag	Freitag	Samstag/ Sonntag
			1 SLIP-Account aktivieren (Klaus)	2 Internet-Grundlagen-Training (alle)	3/4
5 Shop-Layout beginnen (Klaus & Lisa)	6 Newsgroup-Liste erstellen (Karin)	7 Shop-Layout prüfen (alle)	8	9 Shop-Layout fällig	10/11
12 Shop-Inhalt zusammen-tragen (Lisa), E-Mail-Unter-schriften (Klaus)	13	14 E-Mail-Unter-schriften prüfen (alle)	15	16 Endgültige E-Mail-Unter-schriften fällig	17/18
19 Kleinanzeige Nr. 1 (Karin)	20 Zeitungs-meldung vorbereiten (Lisa)	21	22 Newsgroup-Liste fällig	23 Newsgroup-Beobachtung beginnen (Klaus)	24/25
26 Kleinanzeige Nr. 1 fällig	27	28 Zeitungs-meldung fällig	29	30 Shop-Inhalt an Designer	

chen. In den USA ist es schon des öfteren vorgekommen, daß ein Web-Shop in Newsweek oder Internet World erwähnt wurde, bevor dieser überhaupt für den Ansturm gerüstet war; den eine solche Meldung verursacht hatte. Das führte nur zu Enttäuschung bei den Kunden. Legen Sie nicht los, bevor Sie sich selbst davon überzeugt haben, daß alles reibungslos funktioniert.

Ihr Zeitplan für die Vorbereitung hilft Ihnen, einen realistischen Zeitrahmen festzulegen. Wenn das Datum für den Start Ihrer Kampagne von Bedeutung ist, können Sie den Plan etwas modifizieren, mehrere Leute mit den einzelnen Aufgaben betrauen, damit es schneller vorwärts geht, oder zweitrangige Vorbereitungen hintanstellen und das Hauptaugenmerk auf den wichtigsten Punkt legen. Wenn Sie sich an Ihren Zeitplan halten, wird es ständig vorwärtsgehen.

Zeitplan für die Kampagne

Vom Start Ihrer Kampagne weg tragen Sie bestimmte Aufgaben für jeden Tag in Ihren Zeitplan ein. Beginnen Sie mit Ihrer Kampagne in dem für Sie strategisch wichtigsten Zielgebiet. Planen Sie täglich ein wenig Zeit ein, um sich dort zu bewegen. Nehmen Sie sich ein bis zwei Wochen Zeit, um sich an den Tagesablauf der Kampagne zu gewöhnen, bevor Sie das zweitwichtigste Zielgebiet in Angriff nehmen. Wenn Sie in Newsgroups und Foren Marketing betreiben, fangen Sie mit der wichtigsten an, etablieren Sie sich dort und gewöhnen Sie sich an die regelmäßige Verfolgung der dortigen Aktivitäten; erst dann widmen Sie sich zusätzlichen Foren oder Newsgroups.

Wichtig für den Zeitplan Ihrer Kampagne ist es:

- die Kampagne jeden Tag voranzutreiben, beziehungsweise sogar mehrmals täglich, zum Beispiel indem Sie Ihre E-Mail und Ihren Shop abfragen;
- die Kampagne geordnet in einem Zielgebiet nach dem anderen weiterführen.

Machen Sie nicht den Fehler anzunehmen, Sie könnten diese Aufgaben irgendwie in Ihren üblichen Tagesablauf einbauen. Wenn Sie das glauben, kann es leicht sein, daß Sie diese nicht ausführen. Machen Sie sie statt dessen zu einem regulären Bestandteil Ihres Tagesprogramms, wie Sie das mit anderen entscheidenden geschäftlichen Tätigkeiten auch tun. Eine kleine Hilfe kann es ein, die Aktivitäten nach ihrer Häufigkeit zu ordnen:

Täglich: Fragen Sie Ihre E-Mail, Ihren Shop und Ihre Diskussionsgruppen ab. Antworten Sie noch am selben Tag auf Anfragen oder Bestellungen. Versenden Sie Bestätigungen, daß Sie die Bestellung und Diskussionsgruppen-Beiträge erhalten haben. Überprüfen Sie die Position Ihrer Kleinanzeigen.

Wöchentlich: Überprüfen Sie das *Activity Log,* das Logbuch Ihres Shops. Sehen Sie sich die Reaktionen auf verschiedene Kleinanzeigen an, modifizieren Sie diese und suchen Sie, falls nötig, nach neuen Zielgebieten. Ergänzen Sie Ihren Shop durch neue und verkaufsfördernde Elemente. ›Surfen‹ Sie durchs Internet, ziehen Sie Erkundigungen über die Konkurrenz ein und suchen Sie nach neuen Zielgruppen.

Monatlich: Lesen Sie monatlich erscheinende Online-Zeitschriften. Suchen Sie Publicity-Aufhänger für Ihr Unternehmen. Stellen Sie neue Informationen zusammen (Frage/Antwort-Kataloge, Artikel etc.), veröffentlichen Sie diese und leiten Sie Ihr Wissen an andere weiter. Bauen Sie neue Medienkontakte auf, um sich Publicity zu verschaffen. Richten Sie neue Web-Verbindungen ein, und lassen Sie sich in neue Verzeichnislisten eintragen. Suchen Sie Partner für Gemeinschaftsmarketing. Forschen Sie in Newsgroup-Archiven nach Kommentaren zu Ihrem Unternehmen.

Vierteljährlich: Organisieren Sie die Verkaufsförderung für Ihren Online-Shop neu. Erweitern Sie ihn durch eine neue Abteilung. Verfassen Sie einen Artikel mit Informationen oder eine Broschüre, und senden Sie diese per E-Mail an Ihre Kunden. Planen Sie eine Kampagne über den normalen Postweg.

Der Zeitplan für einen Monat könnte etwa so aussehen:

Kampagne im August						
Montag	Dienstag	Mittwoch	Donnerstag	Freitag	Samstag	Sonntag
	1 Start: Online-Service-Anzeige, Diskussionsliste	2 Anzeigen-position, E-Mail, Diskussionsliste abfragen	3 Anzeige, E-Mail, Diskussionsliste abfragen	4 Newsgroup-Anzeigen versenden, Online-Service-Anzeige überprüfen und Diskussionsliste abfragen	5 Anzeigen, E-Mail abfragen	6 Anzeigen, E-Mail abfragen
7 alle Anzeigen, Diskussionsliste abfragen	8 alle Anzeigen, Diskussionsliste abfragen	9 Online-Service-Forum, E-Mail abfragen, neue Online-Service-Anzeige	10 alle Anzeigen, Forum, Diskussionsliste abfragen	11 alle Anzeigen, Forum, Diskussionsliste abfragen	12 Anzeigen, E-Mail abfragen	13 Anzeigen, E-Mail abfragen
14 alle Anzeigen, Forum, Diskussionsliste abfragen	15 Artikel und Ankündigung versenden, alles abfragen	16 alles abfragen	17 alles abfragen, Forum-Umfrage vorbereiten	18 Online-Service, Anzeigen-Ergebnisse abfragen, alles abfragen	19 Anzeigen, E-Mail abfragen	20 Anzeigen, E-Mail abfragen
21 Newsgroup-Anzeigen-Ergebnisse abfragen, alles abfragen	22 neue Newsgroup-Anzeige versenden, alles abfragen	23 alles abfragen	24 Umfrage im Forum veröffentlichen	25 alles abfragen	26 Anzeigen, E-Mail abfragen	27 Anzeigen, E-Mail abfragen
28 alles abfragen	29 alles abfragen	30 alles abfragen	31 alles abfragen			

Die ersten Zielgebiete dieser Kampagne sind eine Kleinanzeige bei einem kommerziellen Online-Service und die Teilnahme an einer Diskussionsliste. Der Start erfolgt am 1. August.

Im Lauf des Monats führt der Leiter der Kampagne in unserem Beispiel die Anfangsaktivitäten weiter und fügt neue hinzu. Er überprüft die Position der Online-Service-Anzeige, gibt Anzeigen in Newsgroups auf, die dort zulässig sind, fragt seinen E-Mail-Briefkasten ab, beginnt, an einem Forum teilzunehmen, sendet einen Artikel an die Forum-Bibliothek und veröffentlicht eine Ankündigung dazu, plant eine Umfrage, publiziert deren Ergebnisse und analysiert die Reaktionen auf seine Anzeigen.

Die Tätigkeiten sind so verteilt, daß der Leiter der Kampagne sich anfänglich mit den einzelnen Aktivitäten vertraut macht, bevor er neue in Angriff nimmt. Mit der Zeit brauchen Routinetätigkeiten wie das Abfragen der E-Mailbox oder das Überprüfen der Position einer Kleinanzeige nicht mehr angeführt zu werden. Beachten Sie, daß im Zeitplan sowohl aktive als auch passive Tätigkeiten, wie zum Beispiel die Analyse der Reaktionen auf die Anzeigen bei dem Online-Service und in den Newsgroups, erscheinen. Wenn besondere Beiträge geplant sind (zum Beispiel die Umfrage am 24.), sieht der Zeitplan genügend Zeit für deren Vorbereitung vor (in diesem Fall vom 17. an).

Stellen Sie zumindest für die ersten beiden Monate Ihrer Kampagne einen ähnlichen Zeitplan auf. Falls Sie langsam in weitere Zielgebiete vordringen wollen, sollten Sie einen solchen Plan sogar für einen längeren Zeitraum erstellen. Mit der Zeit werden Sie solche Zeitpläne nur noch für neue Marketing-Offensiven einsetzen, denn das Abfragen und Analysieren wird bald zu Routine werden.

11. Das Geheimnis des Erfolgs

Guerillas wissen, daß man nicht der Größte sein muß, um der Beste zu sein. Ihre Online-Konkurrenz hat vielleicht mehr Geld oder Zeit, um mehr Marketing-Instrumente einsetzen zu können als Sie. Sie können diesen Vorsprung aber durch größeres Wissen und eine bessere Strategie wettmachen.

Was Kunden wünschen

Ihre erste Aufgabe besteht darin, Ihre Online-Kunden so gut wie möglich zu verstehen. Die Menschen kaufen online aus anderen Gründen als offline, aber die meisten Ihrer Konkurrenten wissen das nicht. Zahlreiche Firmen übernehmen ihre vorhandenen Produkte und Marketing-Strategien unverändert in den Cyberspace.

Es gibt jedoch besondere Gründe für die Menschen, ihre Einkäufe online zu erledigen. Ihre Marketing-Kampagne sollte dieser Tatsache Rechnung tragen. Die folgenden Gründe für Online-Shopping können Sie in Konkurrenzvorteile für Ihr Unternehmen verwandeln:

Sicherheit. In den USA gaben in einer Umfrage vom Januar 1994 73 Prozent der Befragten an, sie fühlten sich in einer realen Einkaufsstraße nicht sicher. Solche Leute werden sich viel sicherer fühlen, wenn sie daheim vom PC aus einkaufen können, vorausgesetzt, Sie geben ihnen dazu die Möglichkeit.

Im Kapitel 5 wurden bereits einige Möglichkeiten vorgestellt, wie man Online-Kunden den Einkauf erleichtern kann. Sie können Ihren Kunden im Cyberspace aber auch noch auf andere Art und Weise ein Gefühl der Sicherheit geben:

• Geben Sie in Ihrer E-Mail-Unterschrift, in Ihren Anzeigen und in Ihrem elektronischen Schaufenster jeweils auch

Ihre Telefonnummer an. Die meisten Kunden fühlen sich wohler, wenn sie mit jemandem über Ihre Online-Bestellung reden können.

- Sagen Sie, wie lange Sie bereits im Geschäft sind. Viele Firmen weisen darauf hin, daß es sie z. B. seit 1970 gibt, um die Kunden hinsichtlich ihrer Dauerhaftigkeit zu beruhigen. Wenn Sie seit ein oder zwei Jahren einen Online-Shop betreiben, sind Sie geradezu ein Cyberspace-Veteran.

Führen Sie Aussagen zufriedener Kunden an, oder veröffentlichen Sie diese in Ihren Werbeinformationen. Was Versandhäuser in ihren Katalogen tun, das können Sie auch.

Bequemlichkeit. Es ist viel angenehmer; einen Sessel an den guten alten PC heranzuziehen und vom Wohnzimmer aus einzukaufen, als ins Auto zu steigen, Benzin zu verbrauchen, einen Parkplatz zu suchen und sich ins Getümmel zu stürzen. Betonen Sie diese Bequemlichkeit!

Service. Ihre Kunden müssen nicht in einer langen Warteschlange an der Kasse stehen, brauchen sich nicht durchs Gewühl zu kämpfen und erhalten originalverpackte Produkte, die noch keiner vor ihnen in der Hand hatte. Ihr Online-Shop sollte eine Abteilung oder eine Option *Einkaufshilfe oder Kann ich helfen?* zur Beantwortung häufiger Fragen haben. Erinnern Sie Ihre Kunden daran, daß Sie bei Ihnen an sieben Tagen in der Woche rund um die Uhr einkaufen können.

Information. Information kann am Online-Markt der größte Vorzug sein, setzen Sie diese also gezielt ein. Ein Verkäufer in einem Kaufhaus muß vielleicht erst nach der Produktbeschreibung suchen, und Angestellte eines Versandhauses können oft nicht viel über ihre Produkte sagen. Sie können jedoch selbst den wissensdurstigsten Kunden zufriedenstellen, indem Sie jede nur erdenkliche Information über Ihre Produkte zugänglich machen.

Geben Sie in Ihrem Shop oder Online-Katalog Preise, Artikelnummern, Maße, Gewicht, Farben und andere Einzelheiten der von Ihnen verkauften Ware an. Ordnen Sie die Informationen nach logischen Kriterien, zum Beispiel *Farben, Beschreibung* oder *Zahlungsform,* so daß Kunden die gewünschten Angaben nicht erst mühsam suchen müssen. Ergänzen Sie das Ganze mit zusätzlichen Informationen, wie zum Beispiel Produktreferenzen, Tips zum Gebrauch oder Frage/Antwort-Katalogen. Wenn Sie mit Mail arbeiten, bieten Sie an, auf Anfrage Gratisinfos, Berichte oder einen Leitfaden zu Ihrem Service an Interessenten zu senden. Außerhalb des Cyberspace dauert es meist sehr lange, bis man solche Informationen erhält.

Preis. Ihre Online-Aktivitäten verursachen im Vergleich zu anderen Unternehmensformen die geringsten Gesamtkosten. Geben Sie einen Teil der Ersparnis an Ihre Kunden weiter; und lassen Sie sie es auch wissen! Gewähren Sie Rabatte auf Online-Bestellungen, oder gründen Sie einen Club für Stammkunden, wo diese weitere 5 bis 10 Prozent Preisnachlaß erhalten. Ein günstigerer Preis stellt einen überzeugenden Anreiz dar, der zur Überwindung der Scheu vor Online-Bestellungen beiträgt.

Ordnung schaffen

Jede Reise durch den Online-Markt bedingt einen Informationsansturm. Namen, Adressen und Ideen kommen einem immer und überall unter. E-Mail-Nachrichten und Adressen, Newsgroup-Beiträge, Server- und Dokument-Adressen tauchen auf dem Bildschirm auf und sind im nächsten Moment wieder verschwunden. Wenn Sie nicht versuchen, diese Information festzuhalten und zu ordnen, werden Sie später viel Zeit auf der Suche danach verbringen. Sie ersparen sich selbst viel Zeit und Frustration, wenn Sie immer genau wissen, wo Sie etwas finden, das Sie in der Vergangenheit gelesen oder veröffentlicht haben. Dazu nun ein paar Tips:

Diskussionsgruppen-Beiträge. Häufig wird auf andere Internet-Anwendungen, Artikel, Verzeichnisse oder Berater verwiesen, die Sie später einmal benötigen könnten. Wenn Sie solche Informationen aber nicht sofort abspeichern, werden Sie sich nie wieder daran erinnern können, wo Sie diese finden können. Kopieren und speichern Sie alle interessanten Dokumente. Kopieren Sie entweder die gesamte Nachricht in ein Textverarbeitungsdokument oder den wichtigsten Teil in eine Datei auf Ihrer Festplatte. Richten Sie eine Reihe von Textverarbeitungsdokumenten ein, die Informationen in Kategorien wie Internet-Anwendungen, Verzeichnisse, Berater und Berichte einteilen, und kopieren Sie ganze Nachrichten hinein. Oder verwenden Sie ein Datenbankprogramm, um wichtige Hinweise auszuschneiden und in verschiedenen Kategorien zu speichern.

E-Mails. Richten Sie mehrere Verzeichnisse oder verschiedene Briefkästen (Mailboxen) ein, um die hereinkommenden Mails zu speichern. Diese helfen Ihnen – wie die Ablagefächer auf Ihrem Schreibtisch –, die Nachrichten nach Inhalt geordnet aufzubewahren. Verwenden Sie eine eigene Mailbox für jene Nachrichten, die sofort beantwortet werden müssen (und schreiben Sie die Antwort sofort, nachdem Sie mit dem Sortieren der Nachrichten fertig sind), und eine andere für Schreiben, mit denen Sie sich später befassen wollen. Richten Sie eigene Mailboxen oder Verzeichnisse für Antworten auf Ihre verschiedenen Newsgroup-Beiträge ein. Wenn Sie zum Beispiel eine Umfrage durchführen, können Sie die Antworten in einer Mailbox *Umfragedaten* speichern.

Eine elektronische Kartei/Rolodex. Legen Sie von Anfang an eine Datenbankdatei Ihrer Online-Kontakte an – das sind diejenigen Personen, mit denen Sie im Lauf der Zeit in Berührung kommen. Führen Sie in jeder Datenbank den Namen, den Firmennamen und die E-Mail- oder URL-Adresse der Person an, und fügen Sie eine Notiz an, wer diese Person ist und warum sie Bedeutung hat. Jede Kontaktperson ist ein potentieller Kunde oder kann zu einer wichtigen Informationsquelle werden. Wenn Sie nicht selber eine Datenbank einrichten wollen, gibt es auch mehrere verschiedene ›Kontaktmanager‹-Programme, wie zum Beispiel Sidekick, ACT und Now Contact, die extra für solche Informationen geschaffen wurden.

Publikationslogbücher. Egal, ob Sie einen Newsgroup-Beitrag, eine Kleinanzeige, eine in einer Forumsbibliothek abgespeicherte Datei oder einen Katalog in Ihrem Online-Shop veröffentlichen – Sie sollten immer festhalten, um welche Information es sich handelt und wohin Sie sie wann gesendet haben. Es kann leicht vorkommen, daß Sie ein Dokument an mehreren Stellen im Internet veröffentlichen und anschließend vergessen, wo das war. Wenn Sie das Dokument dann überarbeiten oder ersetzen wollen, können Sie sich nicht genau erinnern, wo Sie die Kopien plaziert haben.

Lesezeichen, Newsgroup-Listen und Hot Lists. Sobald Sie ein besonders hilfreiches Online-Ziel gefunden haben, übernehmen Sie es mit Hilfe Ihres Suchprogramms in eine Liste Ihrer bevorzugten Adressen. Jedes WWW-Programm enthält eine Lesezeichen-(Bookmark) oder eine Hot-List-Funktion, mit der Sie häufig aufgesuchte URL-Adressen speichern können. Mit Newsreader-Software können Sie eine Liste von Newsgroups erstellen, die Sie gerne besuchen. Suchprogramme wie Veronica, Archie und Anarchie erlauben die Speicherung der Adressen bevorzugter Ziele und Informationsquellen.

Wenn Sie nicht sicher sind, ob Sie eine Unterlage aufheben sollen, speichern Sie diese trotzdem! Speichern Sie lieber zuviel als zu wenig. Besser Sie verfügen über große Mengen Material, das Sie nicht brauchen, als Sie lassen eine wichtige Information in den Weiten des Cyberspace untergehen. Information, die Sie wirklich nicht benötigen, können Sie immer noch beim halbjährlichen Aufräumen Ihrer Festplatte beseitigen.

Bleiben Sie am Ball

Wie leicht verfängt man sich im Treiben der Online-Gemeinde, von einer Diskussionsgruppe zur nächsten wandernd und das Web durchstreifend! Hinweise auf neue Anwendungen, Ideen für neue Marketingzielgebiete, Gedanken zu laufenden Diskussionen und andere Visionen ziehen vor Ihrem geistigen Auge vorbei. Diese gehen aber für immer verloren, wenn Sie sie aus dem Auge verlieren. Folgen Sie Ihren Eingebungen so schnell wie möglich!

Überprüfen Sie neue Quellen. Wenn jemand eine neue Internet- oder WWW-Adresse erwähnt, die interessant klingt, gehen Sie der Sache sofort nach, bevor Sie die Online-Sitzung des betreffenden Tages beenden.

Antworten Sie auf Diskussionsgruppen-Beiträge. Kaum ein Tag wird vergehen, an dem Ihnen nicht Gedanken oder Kommentare zu den Äußerungen in einer Ihrer Newsgroups einfallen werden. Wenn Sie aber nicht sofort antworten, ist der Augenblick vorbei und die Gelegenheit verpaßt. Wenn Sie nicht innerhalb von ein oder zwei Tagen antworten, hat sich das Gespräch einem anderen Thema zugewandt, und Ihre Wortmeldung stößt auf taube Ohren.

Kümmern Sie sich um potentielle Kunden. Es ist unglaublich, aber wahr; daß Leute mit einer E-Mail-Adresse erst nach Tagen oder Wochen auf Anfragen antworten. Durch Service unterscheiden sich Profis von Amateuren; stellen Sie also sicher, daß Sie zu den Profis gezählt werden. Wenn ein potentieller Kunde nach Information fragt, so versucht er es möglicherweise gleichzeitig bei mehreren Quellen. Wenn Sie die Information als erster oder einziger liefern, werden Sie derjenige sein, der das Geschäft abschließt. Setzen Sie bei jeder Gelegenheit Mailbots ein, und bearbeiten Sie eingegangene Anfragen innerhalb einer Stunde.

Kümmern Sie sich auch nach dem Kaufabschluß um Ihre Kunden. Bauen Sie eine Beziehung zu Ihren Kunden auf, und Sie haben gute Chancen auf Wiederholungsverkäufe und zahlreiche Empfehlungen. Danken Sie für den Einkauf und versüßen Sie dem Kunden das Geschäft mit nützlichen Informationen zu Ihrem Produkt oder Ihrer Dienstleistung. Wenn Sie ein Armband verkaufen, können Sie zum Beispiel eine E-Mail mit ein paar Dankesworten und Tips für die Reinigung versenden.

Danken Sie für Empfehlungen. Wenn jemand Sie weiterempfiehlt, senden Sie ihm zum Dank eine E-Mail. Wenn Sie sich ehrlich dankbar zeigen, wird man Ihnen auch in Zukunft kleine Gefälligkeiten erweisen.

Binden Sie Ihre Kunden an sich

Weil es so leicht ist, durch den Cyberspace zu sausen, ist es um so schwieriger; eine Beziehung zu den Kunden aufzubauen. Beziehungen sind es aber, die zu Wiederholungsverkäufen und Gewinnen führen. Beziehungen können Sie aufbauen, indem Sie:

- in Ihren Kunden eine emotionelle Bindung an Ihr Unternehmen schaffen (also ihre Neugier, ihr Mitgefühl oder einfach Begeisterung erwecken);
- öfter mit Ihren Kunden in Kontakt treten;
- die Qualität der Kontakte jedesmal erhöhen.

Im folgenden finden Sie einige erprobte Mittel, um Ihre Kunden an sich zu binden:

Umfragen

Zeitungen fragen ihre Leser in regelmäßigen Abständen, welche Rubriken sie am meisten schätzen. Hersteller stellen alle möglichen Fragen auf ihren Garantiescheinen. Die Leute sagen gerne ihre Meinung, also befragen Sie sie auch zu Ihrem Unternehmen.

Leiten Sie die Umfrage ein, indem Sie erklären, Sie planten einige Änderungen oder Erweiterungen Ihrer Produkt- oder Dienstleistungspalette. So erfahren die Leute, daß etwas Neues im Gange ist. Legen Sie kurz dar, womit Sie sich gegenwärtig beschäftigen, und laden Sie die Leute zu einem Besuch Ihres Online-Shops ein. Fragen Sie die Kunden bezüglich Ihrer Vorgangsweise um Rat, oder bitten Sie um Vorschläge, welche neuen Produkte oder Dienstleistungen gewünscht werden. Wenn Sie Änderungen planen, erwähnen Sie das, und fragen Sie die Leute nach deren Meinung.

Nach der Umfrage geben Sie bekannt, daß die Ergebnisse im darauffolgenden Monat veröffentlicht werden. Erklären Sie sich bereit, diese an Interessenten zu senden, oder deponieren Sie diese in einer Newsgroup oder in Ihrem elektronischen Schaufenster. Wenn Sie die Ergebnisse bekanntgeben, fügen Sie auch hinzu, welche Konsequenzen sich daraus für Ihre Firma ergeben haben. Die Interessenten werden dann diese Neuerungen vielleicht in Augenschein nehmen.

Befolgen Sie die nachstehenden Grundsätze, wenn Sie in einem Forum oder einer Newsgroup um Rat bitten:

- Sagen Sie, wer Sie sind, zu welchem Zweck Sie die Umfrage durchführen, wo Sie die Fragebögen noch veröffentlichen (falls Sie sie an mehrere Gruppen versenden), wie Sie die Ergebnisse verwerten und wann Sie diese bekanntgeben werden. Blinde Umfragen machen die Leute mißtrauisch, und Sie erhalten weniger Antworten, weil man glaubt, Sie seien nur auf der Jagd nach E-Mail-Adressen für Massensendungen.
- Geben Sie die Ergebnisse sofort bekannt. Kommentieren Sie diese, und laden Sie andere ein, ihre Meinung dazu kundzutun. Damit unterstützen Sie den Zweck Ihrer Umfrage und verstärken die Bindung an Ihr Unternehmen.
- Erklären Sie, welche Änderungen Sie in Ihrem Unternehmen in die Tat umgesetzt haben.
- Danken Sie allen für die Mithilfe.

Preisausschreiben

Wenn Sie ein neues Produkt oder eine neue Dienstleistung einführen, könnten Sie einen Wettbewerb zur Namensgebung veranstalten. Schenken Sie dem Gewinner eines der soeben getauften Produkte. Sie können auch das Preisausschreiben mit einer Umfrage kombinieren, indem Sie zuerst Namensvorschläge einholen und anschließend darüber abstimmen lassen. Versüßen Sie jedem Wähler die Teilnahme durch einen kleinen Preisnachlaß oder ein Geschenk, zum Beispiel durch eine Liste mit guten Tips oder eine Kaufhilfe.

Preisausschreiben binden die Leute an Ihr Unternehmen und erhöhen Ihre Präsenz. Wenn Sie den Wettbewerb in einem kommerziellen Online-Service oder Bulletin-Board-Service veranstalten, können Sie ihn auf der ›What's New‹-Liste ankündigen. Ein besonders aufsehenerregendes Preisausschreiben könnte sogar den Weg auf den Einstiegsbildschirm oder in eine Zeitungskolumne über das Online-Geschehen finden.

Limitierte Angebote

Versprechen Sie den ersten zehn, zwanzig oder fünfzig Personen, die auf Ihre E-Mails antworten oder Ihren Online-Shop besuchen, etwas Besonderes. Es ist kinderleicht, die Antworten zu zählen. Sie brauchen nur im Server Log nachzuschlagen oder die Antworten in Ihrem elektronischen Briefkasten nachzusehen. Ein Wettrennen, wer zuerst antworten kann, macht einen Besuch in Ihrem Shop zu einer Attraktion für Online-Reisende.

Neugier erzeugen

Anstatt die Katze sofort aus dem Sack zu lassen, sagen Sie in einer Newsgroup, einem Billboard oder einer Kleinanzeige gerade soviel über Ihr Produkt oder Ihre Dienstleistung, daß das Interesse der Leute an weiteren Informationen geweckt wird. PR-Firmen und Marketing-Abteilungen tun vor Messen oft dasselbe. Sie wissen, daß Ihr Messestand mit hundert anderen Ständen um Interesse konkurriert, also lassen Sie die Leute teilhaben, indem sie ihre Neugier wecken – Neugier, die nur durch einen Besuch beim betreffenden Stand befriedigt werden kann.

Mitglieder von Foren und Diskussionsgruppen haben eine Vorliebe für Insider-Stories. Vor einigen Jahren lockte eine Computerfirma die Mitglieder eines CompuServe-Forums in den Wochen vor einer MacWorld-Computermesse an, indem sie über neue Macintosh-PowerBook-Produkte berichtete. Die Firma wies darauf hin, daß ein revolutionäres Produkt auf der Messe vorgestellt würde. Die Leute kamen in Scharen zu ihrem Messestand.

Online schafft man Anreize, indem man genau die richtige Menge an Informationen bietet. Bei zuwenig Information werden die Leute nicht neugierig, bei zuviel Information können Sie später nichts Neues mehr erzählen. Wie Sie Ihre Kunden anlocken, hängt von Ihren Produkten beziehungsweise Dienstleistungen ab.

Wenn Sie Dienstleistungen anbieten, könnten Sie den Kunden zum Beispiel einen solchen Anreiz bieten: *Sie zahlen zuviel Steuer, und wir können es beweisen! Fordern Sie unsere Gratis-Steuerbroschüre an!* Die Leute erhalten gerne etwas gratis, und mit Ihrer Broschüre oder Ihrer Demo-Version können Sie genau zeigen, wie Ihre Dienstleistung funktioniert.

Wenn Sie ein Produkt verkaufen, könnten Sie erklären, welches Problem Ihr Produkt löst oder welche Vorteile es bietet, ohne zu sagen, worum es sich dabei genau handelt. Apple Computers warb für den Macintosh zuerst mit Anzeigen, in denen es um das Sprengen der Ketten des Konformismus ging und nicht um Computer. Viele kamen in die Apple-Filialen, um zu sehen, wie das Ding überhaupt aussah.

Stärken ausbauen, Schwächen abbauen

Zeit, Geld und Übertragungskapazität sind begrenzt. Machen Sie das Beste daraus! Setzen Sie eine vernünftige Probezeit für jedes Marketing-Instrument fest und überprüfen Sie es in der Folge regelmäßig. Wenn Sie ein bestimmtes Marketing-Instrument eingesetzt haben und damit keine Resultate erzielen, sollten Sie die dafür notwendigen Mittel für etwas anderes einsetzen. Hier einige Richtlinien für die wichtigsten Marketing-Instrumente:

Kleinanzeigen. Versuchen Sie es ein bis zwei Wochen lang mit einer Kleinanzeige. Wenn nichts passiert, probieren Sie es mit einer anderen Anzeige, oder geben Sie die alte Anzeige woanders auf.

Diskussionsgruppen. Nehmen Sie zumindest einen Monat lang aktiv an einer Diskussionsgruppe teil. Es wäre erstaunlich, wenn Sie damit nicht wenigstens ein paar vielversprechende Kontakte knüpfen könnten. Wenn Sie eine Diskussionsgruppe beurteilen, sollten Sie sowohl die Information einbeziehen, die sie bietet, als auch die potentiellen Kunden, die sie vermittelt. Ihrem Online-Schuhgeschäft bringt dies zwar keine Kunden, wenn Sie der Inet-Marketing-Diskussionsliste beitreten; sie stellt aber eine Fundgrube für Marketing-Stories und Neuigkeiten im Bereich der Online-Marketing-Technik dar.

Online-Shops und BBS. Wenn Sie sich dazu entschließen, einen Online-Shop zu eröffnen oder ein BBS zu gründen, sollten Sie zumindest ein Jahr lang dabeibleiben. Geben Sie der Arbeit, die Sie für die Einrichtung eines Servers aufgewendet haben, die notwendige Zeit, daß sich der Erfolg entwickeln kann. Viele Shops berichten von anfänglich großem Interesse, das in der Folge nachläßt. Setzen Sie Verkaufsförderung, neue Informationen und andere Mittel ein, um das Interesse wachzuhalten.

Publikationen. Wenn Sie sich für die Herausgabe eines Newsletters entscheiden, sollten Sie diesem mindestens ein

Jahr lang Zeit geben, eine treue Leserschaft anzusprechen. Auch wenn nicht die gewünschten Ziele erreicht werden, so erzielen Sie doch durch die Verteilung und Ankündigung des Newsletters positive Publicity für Ihr Unternehmen. Am Ende behalten Sie die Publikation vielleicht nur deshalb bei, damit Ihr Name hin und wieder an anderer Stelle erwähnt wird.

Vernachlässigen Sie die Grundlagen nicht

Wie leicht verliert man sich in den Weiten der Online-Welt! Computer sind relativ verläßlich, daher nehmen wir an, daß die Sache für immer reibungslos funktioniert, sobald wir erst einmal alles installiert haben. Auch besteht die Gefahr; wegen der Faszination der Online-Welt andere grundlegende Aspekte des Geschäftslebens zu vernachlässigen. Achten Sie darauf, daß Ihnen das nicht passiert!

Marketing-Instrumente überprüfen. Es macht einen entscheidenden Unterschied, ob man Instrumente nur einsetzt oder ob man sie gut einsetzt.

Funktioniert Ihr Mailbot? Könnten Sie drei verschiedene Informationsmappen versenden anstatt einer einzigen? Sind ihre E-Mails und Unterschriften so formatiert, daß sie auf allen Monitoren gut aussehen?

Erhalten Sie auf Ihre Diskussionsgruppen-Beiträge positive Antworten? Es ist zwar in Ordnung, eine andere Meinung zu äußern, wenn aber alle übrigen Teilnehmer Ihre Ansicht vehement ablehnen, könnte man Sie bald als unproduktiv abstempeln.

Ist Ihr Online-Shop leicht zugänglich? Haben Sie Ihre Bestellformulare übersichtlich gestaltet, so daß Bestellungen ohne Verzögerungen abgewickelt werden können?

Andere Marketing-Aktivitäten weiterführen. Lassen Sie Ihre herkömmlichen Marketing-Aktivitäten nicht durch Ihr Online-Marketing stören. Wenn Sie die Telefonleitung Ihres

Faxgerätes zum Zugang ins Internet benützen, schränken Sie möglicherweise den Zugriff anderer Kunden ein, die Ihnen Bestellungen faxen wollen. Wenn Ihre beste Telefonistin mit der Beantwortung von E-Mail beschäftigt ist, zeigen Sie am Telefon nicht mehr Ihr bestes Gesicht. Überlegen Sie genau, an welcher Stelle Sie Ihre Ressourcen am effektivsten einsetzen können.

Daten sichern. Diese Aufgabe ist bei den meisten Computerbenutzern sehr unbeliebt, aber sie ist notwendig. Adressen, Nachrichten, Hot Lists und andere Daten, die Sie online sammeln, sind so wertvoll für Sie wie die Kundenverzeichnisse in Ihrem Aktenschrank. Glauben Sie nicht, es würde genügen, wenn Sie die Daten ausdrucken. Stellen Sie sich nur vor, wie mühsam es wäre, alle Daten neu in Ihren PC einzugeben! Erstellen Sie nicht nur Sicherheitskopien Ihrer Daten, sondern auch von ihrer Online-Software. Wenn Sie das nicht tun, müssen Sie bei einem Absturz Ihres Computers die gesamte Software neu installieren und Ihre Kontaktadressen-Datenbank neu aufbauen. Alle Festplatten gehen irgendwann einmal kaputt, und so ein Absturz kann Ihre Marketing-Aktivitäten um mehrere Wochen oder Monate verzögern, wenn Sie nicht darauf vorbereitet sind.

12. Die Fortsetzung Ihrer Kampagne

Sie werden viel Zeit und Energie auf die Vorbereitung Ihres ersten Ausflugs in die Welt des Online-Marketing aufwenden. Die ersten Tage werden aufregend und spannend sein. Sie werden für diese Mühen wahrscheinlich anfangs mit viel Aufmerksamkeit von seiten der anderen ›Cybernauten‹ belohnt werden, wenn diese Sie und Ihr Unternehmen kennenlernen. Im Laufe der folgenden Wochen wird das Interesse aber vermutlich ein wenig nachlassen.

Dann werden Sie feststellen, daß Marketing online genauso viel Geduld und Durchhaltevermögen erfordert wie offline, wenn es zu Steigerungen der Verkaufszahlen führen soll. Der Cyberspace ist kein Wundermittel gegen alle Verkaufsschwierigkeiten, und diese Erkenntnis kann schmerzhaft sein. Vielleicht besuchen Sie dann die Newsgroup seltener, an der Sie zuvor täglich teilnahmen. Möglicherweise verbringen Sie weniger Zeit mit dem ›Surfen‹ im Internet auf der Suche nach neuen Ideen und guten Gelegenheiten, oder Sie machen sich nicht mehr so viele Gedanken darüber, wie Sie Ihren Online-Shop herausputzen könnten.

Gleichgültigkeit ist beim Marketing immer gefährlich, besonders trifft dies aber auf Online-Marketing zu. Wenn Sie ein richtiges Geschäftslokal besitzen, Werbung in Printmedien betreiben oder einen Versandkatalog haben, können Sie sich ab und zu ein bißchen Gleichgültigkeit leisten. Wenn Sie gerade faul sind, tragen Ihr Schaufenster, Ihre Anzeige oder ihr Katalog noch immer einen Teil der Werbebotschaft hinaus. Online bedeutet Gleichgültigkeit aber: Ihre Kleinanzeigen verlieren ihre Position in den Foren, Ihre Zielgruppe in diversen Diskussionsgruppen verliert Sie aus den Augen, und Ihr Online-Shop wird unattraktiv. Kurz gesagt, die Präsenz, an der Sie so hart gearbeitet haben, zerbröckelt wie eine Sandburg bei Flut.

Am Online-Markt müssen Sie Ihre Marketing-Aktivitäten tagaus, tagein aufrechterhalten. Sie müssen ständig an Ihrer Präsenz arbeiten und neue Kunden anlocken. Dazu benötigen Sie zwei Dinge: Sie müssen Ihre Botschaft unausgesetzt auf Ihrem Markt hinausposaunen, und Sie müssen sich Ihre eigene Begeisterung erhalten. Wenn Sie Ihren Spaß am Cyberspace verlieren, wird es Ihnen schwerfallen, das erste Ziel zu verwirklichen.

Bewahren Sie sich Ihre Begeisterung

Die wahrscheinlich schwierigste Aufgabe bei einer Online-Marketing-Kampagne liegt darin, Ihre eigene anfängliche Begeisterung zu bewahren. Wenn das Versenden von Nachrichten, das Durchsehen der E-Mail und die Überwachung Ihres elektronischen Schaufensters zur täglichen Routine werden, dann verlieren diese Tätigkeiten rasch den Reiz des Neuen. Langfristige Erfolge erzielen Sie aber nur, indem Sie Ihre wichtigsten Botschaften ständig im Blickfeld Ihrer Kunden halten und laufend nach neuen Märkten beziehungsweise neuen Chancen in vorhandenen Märkten Ausschau halten. Das erfordert Begeisterung und Engagement. Dazu nun einige Tips:

Verfolgen Sie die Online-Nachrichten

Gleichgültigkeit erwächst aus Hoffnungslosigkeit. Hoffnung entsteht aus neuen Ideen. Jeden Tag gibt es im Cyberspace neue Firmen, Diskussionsgruppen und Online-Marketingideen. Sie werden aber davon nichts erfahren, wenn Sie nicht laufend zumindest eine Online-Nachrichtenquelle verfolgen.

• Falls Sie hauptsächlich in einem kommerziellen Online-Service Marketing betreiben, sollten Sie täglich die ›What's New‹-Seite lesen und sich näher mit neuen Online-Schaufenstern, Verkaufsförderungsmöglichkeiten, Dienstleistungen und Konferenzen beschäftigen.

271

- Werden Sie Mitglied der Internet-Happenings und der Internet-Mall-Diskussionslisten, um das Neueste über den Handel im Internet zu erfahren. Auch wenn Sie vorwiegend über einen kommerziellen Online-Service oder ein Bulletin-Board-Service (BBS) Marketing betreiben, werden Sie neue Anstöße zur Verbesserung Ihrer Präsenz erhalten, weil Sie sehen, was andere im Cyberspace tun.
- Besuchen Sie das Guerilla-Marketing-Online-BBS, um die neuesten Nachrichten, Geheimnisse und Stories aus der Welt des Online-Marketing zu erfahren.
- Nehmen Sie an mindestens einer Diskussionsgruppe oder Diskussionsliste teil, die sich mit Marketing beschäftigt, wie zum Beispiel *Inet-Marketing, Imall-Chat* oder *Htmarcom*. Dort treffen Sie echte Marketingprofis. Dort läuft immer eine lebhafte Diskussion über die besten Wege und Mittel ab, wie man seine Botschaften effektiv darstellen und neue Kunden gewinnen kann.

Lesen Sie alles, was Ihnen in die Hände fällt

Abonnieren und lesen Sie eine der führenden Online-Zeitschriften oder Zeitungen! Publikationen wie *Internet World, Boardwatch* oder *Online Access* bringen zwar nicht die allerneuesten Nachrichten, bieten aber gründlich recherchierte Berichte über kommerzielle Online-Dienste, neue Verkaufsinstrumente oder Informationsquellen und allgemeine Trends in der Entwicklung des Cyberspace. Hier erfahren Sie viel über neue Web-Programme, neue Möglichkeiten zum Schutz von Kreditkarteninformationen sowie die neuesten Entwicklungen bei CompuServe, Prodigy, America Online, Delphi und anderen Anbietern. Mit jeder Ausgabe erhalten Sie neue Techniken und Mittel, die Sie ausprobieren können.

Wirtschafts- und Marketingpublikationen gewähren Ihnen einen Überblick, wie sich Online-Aktivitäten ins Gesamtbild anderer Unternehmen fügen. Zeitschriften wie *Adweek* oder *Sales & Marketing Management* berichten über Trends in der

Online-Werbung und im Online-Marketing. Sie finden darin Reportagen, wie Werbeprofis den Online-Markt angehen.

In Zeitschriften wie *Wall Street Journal, Business Week, Fortune, Barron's, Forbes, Wirtschaftswoche, Capital, Manager Magazin,* aber auch in den großen überregionalen Tageszeitungen und Nachrichtenmagazinen finden Sie regelmäßig Berichte darüber; wie die größten Unternehmen um eine Position am Online-Markt wetteifern. Sie schreiben über Fusionen und strategische Zusammenschlüsse von Telefongesellschaften, Kabelfernsehsendern und anderen Firmen, die in Zukunft den Cyberspace gestalten werden. Mitte 1994 widmete *Business Week* der Informationsrevolution eine Sonderausgabe mit Artikeln über alle möglichen Themen, von der Funktionsweise des Internet bis hin zu der Veränderung aller Geschäftsbereiche durch die Online-Technologie.

Sie sollten sich auch mit Computerzeitschriften beschäftigen. Besuchen Sie einmal im Monat Ihren Zeitschriftenkiosk und blättern Sie die führenden Computermagazine, zum Beispiel *PC Computing, MacWorld, Computer Shopper, Computer Welt, PC Welt, PC-Praxis* etc. durch. Auch darin finden Sie Artikel über Modems, Kommunikations-Software und das Internet.

Ob Sie nun in jeder Ausgabe der von Ihnen gelesenen Zeitschriften etwas Nützliches finden oder nicht, Sie bleiben in jedem Fall über das Geschehen in dieser sich rasch verändernden Welt auf dem laufenden. Guerillas wissen, daß eine genaue Kenntnis der Sachlage zum dauerhaften Erfolg führt.

Halten Sie Ihre Botschaften im Blickfeld der Kunden

Die Geschwindigkeit, mit der am Online-Markt Veränderungen ablaufen, stellt eine enorme Herausforderung dar. Sie müssen Ihre Identität mit einer Reihe von gleichbleibenden Botschaften fördern, die Sie bereits bei der Erstellung Ihres

Online-Marketing-Plans entwickeln. Sie müssen allerdings für diese Werbebotschaften immer neue Verpackungen finden, damit diese nicht veralten. Genauso ist es beim Konsumgüter-Marketing. Müsli und Seife haben sich in den letzten Jahren nicht besonders verändert, aber die Marketing-Manager haben dennoch immer neue Verpackungen dafür erfunden. Filialleiter plazieren ihre Waren an immer neuen Stellen, um das Interesse der Kunden aufrechtzuerhalten. Cornflakes-Packungen, die wochenlang im Regal verstauben, werden plötzlich zum Verkaufsschlager; wenn sie zu einer Pyramide aufgeschichtet am Ende des Ganges stehen. Jedesmal, wenn der Hersteller die Verpackung ändert, steigen die Verkaufszahlen von Waschmitteln ein wenig an.

Im Cyberspace ist jedes bißchen Information, das Sie veröffentlichen, Werbung für Ihr Unternehmen, egal ob es sich dabei um einen Beitrag zu einer Diskussionsgruppe, eine Kleinanzeige, ein elektronisches Schaufenster oder ein Billboard handelt. Leider altert Information im Cyberspace viel schneller als gedruckte Information; daher müssen Sie die Verpackung ständig verändern. Wenn Sie dieselbe Anzeige drei bis sechs Monate lang einmal pro Woche in einer Zeitung veröffentlichen, vermittelt Ihre Beständigkeit ein Bild von Stabilität. Falls Sie dasselbe online versuchen, werden die Leute sich fragen, ob es Ihr Unternehmen überhaupt noch gibt.

Um Ihre Identität zu bewahren, müssen Sie diese neu verpacken, ohne Ihr Konzept zu verändern. Mit den folgenden drei Strategien können Sie dieses Ziel erreichen:

- Verpacken Sie Ihre Botschaften neu, damit Sie Ihr gleichbleibendes Publikum nicht langweilen und dennoch präsent bleiben.
- Präsentieren Sie Ihre Produkte neu, um neue Märkte zu erobern.
- Suchen Sie neue Plätze, an denen Sie Ihre Botschaften anbringen können, um so Ihren Markt zu vergrößern.

Neue Verpackungen für Ihre Botschaft

Wenn Sie demselben Publikum wieder und wieder Ihre Botschaft vorsetzen, müssen Sie kreative Mittel und Wege finden, die Aufmerksamkeit der Leser zu fesseln. Wie ein Diamant, der Licht in Hunderten von Farben widerspiegelt, kann Ihre Hauptaussage neu formuliert werden, um das Interesse nicht erlahmen zu lassen. Sie müssen das Juwel nur ein wenig drehen. Der Trick dabei ist, über die verschiedenen Eigenschaften und Vorteile Ihres Produktes nachzudenken und diese in eine Aussage zu verwandeln, die Ihre Hauptaussage bekräftigt.

Die Hauptbotschaft eines Waschmittels lautet, daß es Kleider sauberer wäscht als andere Marken. Im Laufe der Jahre haben die Hersteller Hunderte von Arten gefunden, die diesen Sachverhalt ausdrücken. Vor hundert Jahren war Schmutz Schmutz und Seife Seife. Dank der Waschmittelindustrie gibt es heute tief eingedrungenen Schmutz, fettigen Schmutz, Dutzende verschiedene Flecken und eine ganze Armee von Enzymen und anderen waschaktiven Substanzen, mit denen man den Schmutz bekämpfen kann.

Sie können dasselbe mit Ihrem Online-Produkt oder Ihrer Dienstleistung tun. Wenn Sie zum Beispiel ein Buch über Urlaub in Neuseeland herausgeben, dann lautet Ihre Hauptaussage, daß dies der beste Reiseführer über Neuseeland ist. Sie nehmen an der *rec.travel*-Newsgroup teil, um Ihr Buch vorzustellen. In dieser Newsgroup könnten Sie verschiedene Messages zu Themen wie Reisekosten, Südpazifik, Langstreckenflüge, fremde Kulturen, Urlaub auf der Südhalbkugel oder exotische Reiseziele veröffentlichen. Sie verkaufen immer dasselbe Buch, schildern aber jedesmal einen anderen seiner zahlreichen Vorteile.

Eine sichere Methode zur Neuverpackung einer Botschaft ist es, diese mit einem aktuellen Ereignis in Verbindung zu bringen. Täglich bringt die Presse mindestens einen Artikel, der mit Ihrem Unternehmen zu tun hat. Ihre Meinung dazu können Sie gut in die Diskussion einbringen. Wenn Sie zum Beispiel als Anlageberater tätig sind, liefern Ihnen steigende Zinsen ein geeignetes Thema. Indem Sie regelmäßig die Nachrichten verfolgen, erschließen Sie sich eine nie versiegende Quelle an Gesprächsthemen, die Sie zu Beiträgen für Ihre Diskussionsgruppe verarbeiten können.

Auch in einem Online-Shop kommen neu präsentierte Botschaften gut an. Sie können Ihren Tip des Tages oder der Woche abwandeln. Sie können Zusatzinformationen wie zum Beispiel die neuesten Nachrichten oder die aktuellsten Tips zur Verwendung Ihrer Produkte anbieten, damit die Leute immer wieder in Ihren Laden zurückkehren. Sie können auch aktuelle Themen einfließen lassen.

Vergessen Sie bei alldem niemals Ihre bestehenden Kunden! Auch wenn diese Ihre Firma bereits kennen und wissen, was Sie für sie tun können, muß man sie immer wieder daran erinnern, daß Sie noch da sind. Bleiben Sie mittels einer vierteljährlichen E-Mail in Kontakt. Senden Sie Listen mit guten Tips oder aktuelle Informationen zu einem Nachrichtenthema. Versenden Sie Urlaubsgrüße mit E-Mail. Jede Message trägt dazu bei, Ihre Präsenz zu verstärken.

Passen Sie Ihre Produkte an neue Märkte an

Während Sie Ihre Botschaft neu formulieren, um Ihre Präsenz und die Begeisterung für Ihr Produkt auf einem Markt aufrechtzuerhalten, sollten Sie bereits über neue Formen der Präsentation auf anderen Märkten nachdenken. Egal, in welcher Branche Sie tätig sind, Sie können immer Wege finden, Ihren Markt zu erweitern, indem Sie Ihr Produkt sorgfältig darauf zuschneiden. Denken Sie wiederum über die verschiedenen Vorzüge Ihres Produktes oder Ihrer Dienstleistung nach, und Sie werden sehen, wie Sie damit unterschiedliche Märkte erobern können. Bei den Tausenden von Diskussionsgruppen und Foren im Cyberspace können Sie viele verschiedene Marktsegmente anpeilen.

Stellen Sie sich vor; Sie wollen ein Buch über Gymnastik verkaufen. Sie könnten sich anfangs einem Forum zum Thema ›Gesundheit und Fitneß‹ anschließen und später Ihre Aktivitäten auf weitere Foren über einzelne Sportarten ausdehnen. Als ich das letzte Mal nachsah, gab es Dutzende von Newsgroups zu verschiedenen Sportarten. Alle Sportler müssen Gymnastik machen, um in Form zu bleiben. Und Ihr Buch kann allen dabei weiterhelfen.

Suchen Sie neue Plätze zur Plazierung Ihrer Nachrichten

Auch wenn Sie nur ein Produkt, eine wichtige Botschaft und einen Markt haben, können Sie Ihre Präsenz erhöhen, indem Sie nach neuen Plätzen suchen, wo Sie Ihre Botschaft plazieren können.

- Wenn Sie einen Online-Shop betreiben, suchen Sie neue Verzeichnisse, WWW-Anwendungen und Gopher Directories, in die Sie Ihre Firma eintragen lassen können. Im letzten Jahr wurde ein halbes Dutzend WWW-Programme entwickelt, von denen jedes den Benutzer zu einem anderen Home-Page-Verzeichnis führt. Wenn Sie nicht über eine Verbindung zu möglichst vielen dieser Home Pages verfügen, gehen Ihnen zahlreiche Kunden durch die Lappen.

- Wenn Sie eine Konferenz vorbereiten, ändern Sie den Titel und konzentrieren Sie sich auf zwei oder drei Märkte. Ihre Konferenz über kostengünstige Renovierung wird vermutlich in mehreren Heimwerker-Foren sowie bei verschiedenen Bulletin-Board-Services und kommerziellen Online-Services willkommen sein. Sie müssen diese Foren nur finden und Ihre Botschaft darauf abstimmen. Sie können auch auf Versammlungen und Messen Vorträge halten, um Ihren Ruf zu stärken.

Gründe für die Fortsetzung Ihrer Kampagne

Um Ihre Produkte online zu vermarkten, brauchen Sie Präsenz; um Präsenz zu erlangen, müssen Sie ständig an der Vermarktung arbeiten. Weitere Gründe, warum es entscheidend ist, Ihre Kampagne weiterzuführen, liegen in folgenden Punkten:

Der Markt wächst. Schätzungen zufolge wird in den USA im Jahr 2003 praktisch jeder über einen Online-Anschluß verfügen. Das Internet verdoppelt seine Teilnehmerschaft pro Jahr; und seit Firmen wie Microsoft bei ihren Produkten den Internet-Zugang gleich mitliefern, wie dies bei Windows '95 der Fall ist, steigen die Wachstumsraten noch schneller.

Der Markt verändert sich. In den nächsten fünf Jahren werden technische Neuerungen wie zum Beispiel interaktives Fernsehen Ihre Online-Marketingmöglichkeiten erweitern. Sie können diese neuen Instrumente nur nutzen, wenn Sie am Ball bleiben.

Die Konkurrenz wird größer. Obwohl es seit mindestens einem Jahrzehnt ernsthaftes Online-Marketing gibt, stehen wir heute erst am Beginn dieser Entwicklung. Die meisten großen Firmen halten sich noch zurück, werden aber früher oder später in irgendeiner Weise auf den Online-Markt drängen. Dann wird es dort ziemlich eng werden. Durch unausgesetzte Bemühungen können Sie Ihren Vorsprung behalten.

Die Leute vergessen schnell. Online-Informationen sieht man an einem Tag und hat sie am nächsten wieder vergessen. Daher müssen Sie Ihre Botschaften immer wieder aufs Neue verbreiten, um sie jedermann in Erinnerung zu rufen. Im Laufe einer einzigen Online-Reise begegnen dem typischen ›Netizen‹ Hunderte von Informationen. Nur wenn man Ihre Botschaften täglich oder jeden zweiten Tag sieht, wird man sich auch daran erinnern.

Eine gute Methode, vorhandene Kunden zu halten. Auch wenn alle Ihre Kunden zufrieden sind, werden diese Sie vergessen, wenn Sie nicht mit ihnen in Kontakt bleiben. Signalisieren Sie Ihren Kunden durch Ihre ständige Präsenz, daß Sie noch im Geschäft sind.

Sie haben bereits etwas investiert. Das Geld und die Anstrengung, die Sie in Ihre Kampagne gesteckt haben, stellen Investition dar. Wenn Sie Ihre Marketing-Aktivitäten beibehalten, wird die Investition Früchte tragen; wenn Sie aufgeben, war sie umsonst. Die meisten Online-Unternehmen berichten, daß es etwa drei Monate dauert, bis man regelmäßig Verkaufsabschlüsse erzielt. Warten Sie, bis Ihre Bemühungen Früchte tragen.

Mit der richtigen Einstellung, den richtigen Instrumenten und ein wenig Guerilla-Kreativität können Sie Ihre Kampagne endlos lange weiterführen.

13. Der Einsatz von Online-Informationen

Der Cyberspace ist nicht nur bestens dazu geeignet, Ihr Unternehmen bekannt zu machen, sondern er ist auch die größte Bibliothek der Welt. Mit geringem Zeitaufwand können Sie dort dieselben Informationen über Ihre Konkurrenz einholen, für die große Firmen anderswo viel Geld zahlen. In einigen Fällen werden Sie ein paar Mark für den Zugriff auf kommerzielle Datenbanken ausgeben müssen; die Information kann aber einen hohen Wert für Sie haben. Sie werden neue internationale Märkte erschließen, neue Lieferanten gewinnen, die aktuellsten Trends in Ihrer Branche und der Wirtschaft erfahren, und Sie werden herausfinden, was Kunden über Sie und Ihre Konkurrenz denken. Und als Guerilla können Sie auf diese Informationen viel schneller reagieren als Ihre größeren Konkurrenten.

Online-Informationen einordnen

Wenn Sie nicht gerade ein Computerspiel spielen, ist alles, was Sie auf dem Bildschirm sehen, Information. Darin liegt ein gewisses Problem, sobald man etwas Bestimmtes sucht. Es gibt soviel Information, daß man ein bißchen suchen muß, um fündig zu werden. Die folgenden vier Informationskategorien tragen zum Erfolg Ihres Unternehmens bei:

- Berichte und Statistiken, die Ihnen helfen, Märkte und Trends zu verstehen;
- Kunden- und Lieferantenkontakte, die Ihren Markt erweitern oder Ihre Kosten senken;
- Insider-Informationen und Einblicke in die Marketing-Strategien Ihrer Konkurrenten und Ihrer Partner;
- professionelle Beratung auf den Gebieten Marketing, Finanzierung, Steuern, Recht, Management etc.

Nach einem allgemeinen Überblick werden wir uns damit auseinandersetzen, wie und wo Sie die richtigen Informationen finden.

Berichte und Statistiken

Berichte und Statistiken erleichtern Ihnen das Auffinden vielversprechender Märkte und liefern Ihnen Wissen über Ihre Konkurrenz. Es gibt Tausende von Berichten, in denen Regierungs- und private Stellen Statistiken und Artikel zusammenstellen, die Ihnen helfen, die unterschiedlichsten Fachgebiete verstehen zu lernen – von Exportregelungen bis hin zum Zustand der Feldfrüchte.

Derartige Informationen finden Sie in jedem der drei Hauptelemente des Cyberspace: im Internet, bei den kommerziellen Online-Services und bei den Bulletin-Board-Services.

Internet. Von den drei Informationswelten bietet das Internet die meisten Informationen, die noch dazu kostenlos sind. Außerdem finden Sie nur dort Studien zahlreicher Bildungs- und Forschungseinrichtungen. Zum Beispiel:

- Verzeichnisse von Beratern,
- Warenzeichen und Patente,
- Dateien der amerikanischen Börsenaufsichtsbehörde,
- Volkszählungsdaten,
- Internationale Kreditauskünfte,
- Internet-Namen und -Adressen,
- Verbrechensstatistiken,
- Völkerrecht,
- Regierungsberichte und -publikationen,
- Postleitzahlen,
- Wirtschaftliche und landwirtschaftliche Statistiken,
- Ergebnisse öffentlicher Umfragen,
- Exportregelungen,
- Betriebswirtschaftliche Kurzbeschreibungen von Kleinbetrieben,
- Daten über die Bevölkerungsstruktur.

Die Liste läßt sich fast unbegrenzt fortsetzen.

Kommerzielle Online-Services. CompuServe, America Online, Prodigy, Delphi, GEnie und andere kommerzielle Anbieter verfügen über eine Auswahl an Informationsdatenbanken. Darunter finden Sie:

- Kurzfassungen (Abstracts) zu mehr als 50.000 Publikationen,
- Geschäfts- und Branchenberichte der großen Maklerhäuser und jener Firmen, die selbst Marktforschung betreiben,
- Archive großer internationaler Zeitungen,
- ein Verzeichnis mit 80 Millionen Telefonnummern für die USA,
- eine Liste aller derzeit in Druck befindlichen Bücher,
- Finanzinformationen über europäische und international tätige Unternehmen,
- aktuelle und historische Börsenkurse, Rohstoff- und Investmentfondspreise,
- Gesetzestexte.

Neben den oben angeführten fünf großen kommerziellen Anbietern gibt es auch Online-Services, die auf einzelne Berufsstände spezialisiert sind. *Juris* ist eine Datenbank für Gesetzestexte und juristische Beiträge. Solche spezialisierten Dienste bieten für ein höheres Entgelt detailliertere Daten.

Für den Zugang zu einer Forschungsdatenbank in einem großen kommerziellen Online-Service wie CompuServe zahlen Sie üblicherweise etwa 30 DM pro Stunde zusätzlich. Für Dienste wie *Juris* werden bis zu 300 DM fällig, Sie bekommen dafür aber mehr Information. Kommerzielle Dienste verfügen über eigene Datenbanken, die Sie im Internet nicht finden werden, wie etwa die neuesten Aktien- und Rohstoffpreise und Kreditauskünfte über Unternehmen. Man findet sich in diesen Datenbanken auch leichter zurecht.

Bulletin-Board-Services. In den USA sponsern Regierungsstellen ihre eigenen BBS und machen auf diesem Weg Studien und Statistiken der Öffentlichkeit zugänglich. Auch einige private BBS sind auf Datenbanken zu bestimmten Themen spezialisiert.

Kunden- und Lieferantenkontakte

Der Online-Markt ist international. Daher kann jeder, der weiß, wo er suchen muß, billige Lieferanten oder neue Märkte in fremden Ländern finden. Kontakte zwischen zwei Unternehmen sind seltener als Verkaufsabschlüsse mit einzelnen Kunden, und sie laufen auch über größere Entfernungen ab. Dennoch kann ein einziger solcher Kontakt mehr für Ihr Unternehmen bringen als Dutzende neuer Kunden.

Eine Möbeldesignerin aus Houston, Texas, fand im International Trade-Forum von CompuServe Hersteller aus Übersee. Die Senkung der Produktionskosten brachten ihr höhere Gewinne. Ein amerikanischer Vertreiber von Elektrogeräten fand neue Kunden in Europa, Asien und Mexiko, indem er Anfragen aus einem Forum bearbeitete. Zwar wird nur aus einer Anfrage unter fünfzig Versuchen ein Geschäftsabschluß, die einzelnen Aufträge sind dann aber meistens so groß, daß es sich dort lohnt.

Von den großen Online-Anbietern verfügen CompuServe und America Online über die beste Auswahl an Foren für den Kontakt zwischen Unternehmen. Im Internet finden Sie Lieferanten und Kunden am ehesten in Diskussionsgruppen, die auf wirtschaftliche Fragen oder eine Branche spezialisiert sind. Verkaufs- und Marketing-Diskussionsgruppen im Internet enthalten oft Nachrichten von Käufern und Lieferanten aus allen Ländern, die internationale Kontakte knüpfen wollen.

Informationen über die Konkurrenz

Jeder Gucrilla wciß, daß man die Konkurrenz leichter schlagen kann, wenn man ihre Pläne kennt. Anonyme Besuche und Verkaufsgespräche in den Geschäftslokalen der Konkurrenz sind ein erprobtes Mittel, um Erkundigungen einzuziehen. In Online-Diskussionsgruppen, die mit Ihrer Branche in Zusammenhang stehen, finden Sie oft Kommentare über Ihre Konkurrenten.

Wenn Computerfirmen herausfinden wollen, was die Leute zu ihren neuesten Produkten sagen, treten sie einem Online-Forum über Computer bei. Dell, Compaq und andere Unternehmen bezahlen einen Angestellten nur dafür, daß er den Cyberspace auf der Suche nach Gerüchten über die eigene Firma durchstreift. Die Mitglieder von Diskussionsgruppen sind nämlich sehr unverblümt in ihren Aussagen über verschiedene Produkte und Dienstleistungen.

Professionelle Beratung

Kommerzielle Anbieter unterhalten Foren, die sich mit den Gebieten Marketing, Buchhaltung, Steuern und Public Relations beschäftigen. Auch im Internet gibt es einige Newsgroups zu denselben Themen. Indem Sie diesen beitreten, erfahren Sie von den neuesten Entwicklungen auf diesen Gebieten und erhalten viel kostenlose Information.

Das Auffinden von Informationsquellen

Wenn Sie in einem Bulletin-Board-Service oder kommerziellen Online-Service Informationen suchen, verwenden Sie die Menüs oder die Suchprogramme des betreffenden Dienstes. Sie gelangen dabei relativ leicht in das gewünschte Forum oder die gesuchte Datenbank. America Online hat zum Beispiel ein Microsoft Small Business Center; das ist eine zentrale Sammelstelle von Informationen und Foren für die Inhaber von Kleinbetrieben, denen damit die Suche wesentlich erleichtert wird. Bei CompuServe sind die Foren, die sich mit Unternehmen und einzelnen Branchen beschäftigen, alle in unmittelbarer Nachbarschaft zueinander angesiedelt. Für

America Online und CompuServe gibt es auch gedruckte Handbücher, die einem helfen, sich zurechtzufinden. Artikel über die Informationsquellen von CompuServe finden Sie auch in der monatlich erscheinenden Abonnentenzeitschrift dieses Anbieters.

Im Verhältnis zu den kommerziellen Online-Services ist das Internet ziemlich chaotisch organisiert. Es gibt zwar viele Gratisinformationen, diese müssen Sie aber erst finden. Es gibt keinen Zentralkatalog aller im Internet erhältlichen Dateien oder Datenbanken. Sie müssen also ein bißchen stöbern, bis Sie auf das Gesuchte stoßen. Um Zugriff auf einzelne Dateien und Datenbanken zu erlangen, arbeiten Sie mit dem WWW, Gopher, WAIS oder FTP. Es gibt jedoch so viele Dateien und Datenbanken, daß es schwierig sein kann, die richtige zu finden. Mitte 1994 gab es im Internet 5.500 Gopher-Server, und pro Jahr verdoppelt sich diese Zahl. Die Anzahl der World-Wide-Web-Anwendungen nimmt noch rascher zu. Informationen zu finden ist dann wesentlich einfacher, wenn Sie den Namen einer Datei oder einer Menüoption (oder zumindest einen Teil davon) beziehungsweise die Adresse des Servers kennen.

Selbst wenn Sie die benötigte Adresse haben, ergeben sich im Internet noch andere Probleme. Der Server, auf dem sich eine bestimmte Datei befindet, ist vielleicht mit anderen Dingen beschäftigt, wenn Sie ihn brauchen, oder er wird gerade gewartet. Das Gateway zwischen diesem Server und dem Internet könnte außer Betrieb sein. Sogar wenn das Equipment perfekt arbeitet, werden Informationsquellen manchmal an andere Stellen verschoben, weil der Systemverwalter seine Dateien neu ordnet. Eine Adresse kann heute richtig und morgen falsch sein. Kommerzielle Anbieter dagegen verschieben die von ihnen angebotenen Informationen eher selten.

Ihr Schlüssel zur Auffindung von Informationen im Internet sind die zu diesem Zweck eingerichteten Suchdienste. Sehen wir uns diese etwas genauer an.

Informationen im Internet finden

Am einfachsten finden Sie Informationen im Internet mit Gopher. Gopher-Server zeigen Verzeichnisse an und gewähren Zugriff auf Such- und Übertragungsprogramme wie zum Beispiel *WAIS, Veronica, Archie* und *FTP.* Ihr Zugriff auf Gopher hängt von der Art Ihrer Online-Verbindung ab:

- Wenn Sie ein Shell Account bei einem ISP haben, wählen Sie Gopher als Menüoption an oder tippen einen Befehl ein.
- Wenn Sie Teilnehmer eines kommerziellen Online-Services sind, ist Gopher eine Option unter dem Menüpunkt Internet-Dienste.
- Wenn Sie ein SLIP- oder PPP-Account haben, läuft Gopher-Software auf Ihrem eigenen PC.

Beim Aufruf von Gopher landen Sie automatisch auf einem Home-Server. Sie sehen dann ein Auswahlmenü, ähnlich wie das folgende:

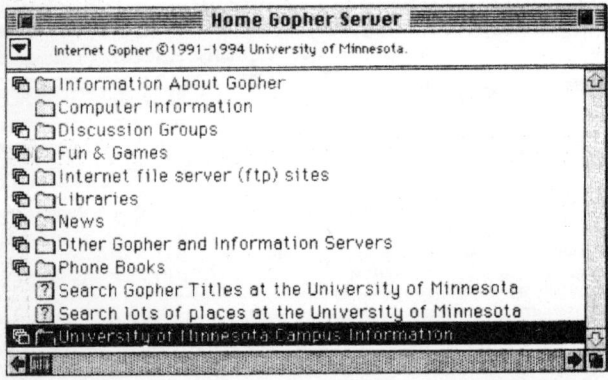

Dieser Gopher-Server befindet sich zufällig an der Universität von Minnesota, wo Gopher erfunden wurde. Durch einen Doppelklick auf die Verzeichnisse werden Ihnen ver-

schiedene Dateien und Unterverzeichnisse angezeigt. Dieses
eine Fenster enthält Informationen über die Verwendung
von Gopher, eine Liste von Internet-Diskussionsgruppen,
eine Liste von FTP-Servern, eine Liste weiterer Gopher-Server, eine Liste von Verzeichnissen und anderes. (Wenn Sie
ein textorientiertes Gopher-Programm benützen, hat jeder
Menüpunkt eine Nummer, die Sie eingeben, um den gewünschten Punkt aufzurufen.)

Arbeiten mit Veronica

Zwar sind die meisten Informationsdatenbanken im Internet
über Gopher zugänglich, aber bei den über 5.000 online vorhandenen Gopher-Servern ist die Zahl der Daten im Gopherspace sehr hoch. Oft werden Sie nicht wissen, welcher
Gopher-Server die von Ihnen gesuchte Datei enthält. In
einem solchen Fall durchsuchen Sie mit Veronica die Menüs
aller Gopher-Server. Sie geben ein oder mehrere Suchworte
ein und befehlen *Veronica,* alle Menüpunkte, die dieses Wort
enthalten, zu suchen. Auf unserem Home Gopher-Server
müßten Sie das Verzeichnis *Other Gopher and Information
Servers* öffnen, um Veronica aufzurufen. Es erscheint dann
ein solches Fenster:

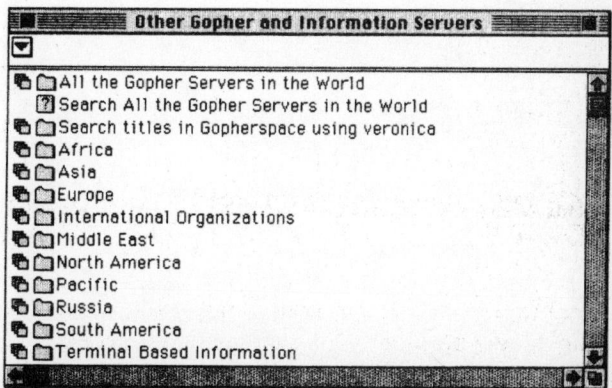

287

Sie könnten das Verzeichnis *All the Gopher-Servers in the World* öffnen, würden aber nur eine lange Liste mit Server-Namen erhalten, müßten alle Server manuell öffnen und im Menü nach dem gewünschten Punkt suchen.

Statt dessen können Sie *Search all the Gopher-Servers in the World* anklicken und den Server nach seinem Namen absuchen. Wenn Sie zum Beispiel wissen, daß der Name des Servers *Microsoft* enthält, geben Sie *Microsoft* ins Suchfeld ein, und das Programm wird ihn finden.

Wenn Sie den Namen des Servers nicht kennen, müssen Sie nach dem Namen des Menüpunkts auf einem Gopher-Server suchen. Nehmen wir an, Sie wollen alle Gopher-Server mit einem Menüpunkt *Government Publications* finden. Dazu öffnen Sie *Search titles in Gopherspace using veronica.* Folgendes Fenster wird sichtbar:

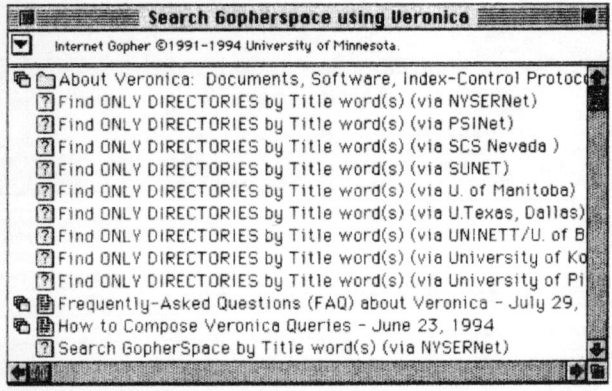

Sie haben nun zwei Möglichkeiten und können entweder Verzeichnisse *(ONLY DIRECTORIES),* oder alle Menüpunkte durchsuchen *(Search Gopherspace by Title word(s))*. Da Sie das Verzeichnis *Government Publications* suchen, wählen Sie *ONLY DIRECTORIES* und suchen das Verzeichnis namentlich. Wenn Sie ein bestimmtes Dokument suchen, müssen Sie die Option *Search Gopherspace by Title word(s)* wählen.

Dieses Fenster zeigt nur scheinbar mehrmals dieselbe Verzeichnis-Such-Option an, denn jede Option erlaubt Ihnen die Suche auf einem anderen Server. Deshalb kommt es vor, daß der Server, den Sie zur Suche einsetzen, überlastet ist. In diesem Fall müssen Sie es auf einem anderen versuchen.

Arbeiten mit Archie

Über den Home Gopher-Server erlangt man auch Zugang zum Suchprogramm *Archie*. Wenn Sie den Namen oder einen Teil des Namens einer Datei kennen, die sich auf einer FTP-Anwendung befindet, finden Sie diese mit Archie. Um Archie aufzurufen, öffnen Sie das Verzeichnis *Internet file server (ftp) Sites* auf unserem Home Gopher-Server. Es erscheint ein neues Fenster:

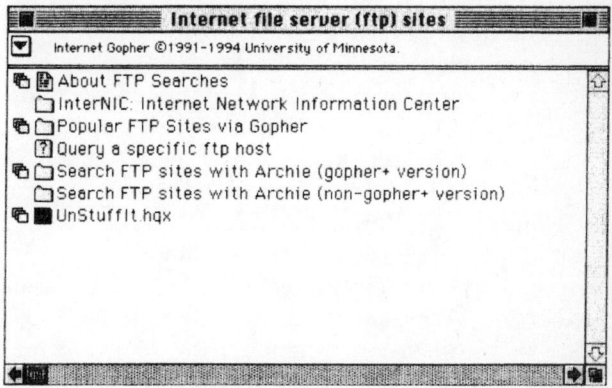

Nehmen wir an, Sie suchen eine Datei über die Regierung Zimbabwes. Dazu öffnen Sie das Verzeichnis *Search FTP Sites with Archie* und geben *Zimbabwe* in das auftauchende Dialogfenster ein. Archie durchsucht dann das Internet und kommt mit einer Liste von Dateien zurück, die das Wort ›Zimbabwe‹ enthalten. Sie können nun jeden dieser Titel anklicken und so die betreffende Datei aufrufen. Wahrscheinlich wäre die Liste der Treffer ziemlich lang, wenn Sie

nur nach einem Land suchen ließen. Sie können aber zu
jeder FTP-Anwendung gehen und den vollen Dateinamen
lesen, um herauszufinden, ob es sich um die gesuchte Datei
handelt. Sie könnten die Suche auch einschränken, indem
Sie mehrere Worte eingeben. So würde zum Beispiel eine
Suche nach *Zimbabwe government* weniger Treffer ergeben.

Probleme bei der Suche

Suchprogramme wie Archie und Veronica müßten theore-
tisch genau das finden können, was Sie suchen. Leider ist die
Sache aber nicht ganz so einfach. Folgende Probleme können
auftauchen:

Die Verbindung ist schlecht. Manchmal kann das Programm keine Verbindung zu dem Server aufbauen, den Sie
durchsuchen wollen. Sie erhalten dann eine Fehlermeldung.

Ihre Suchanfrage ist zu eng formuliert. Suchprogramme
nehmen Sie ziemlich wörtlich. Wenn Sie *Tennisschuhe* in ein
Dialogfenster eintippen, findet keines der beiden Programme ein File oder Verzeichnis, das *Tennisschuh Tennis-
Schuh* oder *Tennis.Schuhe* heißt. Zum Glück können Sie sogenannte ›Wildcards‹ verwenden, um die Suche auszudeh-
nen. Sie können zum Beispiel Archie nach *Ten** suchen lassen, damit er alle Files, die mit Ten beginnen, anzeigt.

Ihre Suche ist zu weit gesteckt. Sie möchten vielleicht
Daten über die Volkszählung in Amerika im Jahr 1990 finden, aber wenn Sie *Census* eingeben, werden Sie mehrere
hundert Treffer erzielen und vermutlich eine Meldung erhalten, daß es zu viele Treffer für eine Auflistung sind. Sie sollten daher besser nach *1990 U.S. Census* suchen.

Die Suche beschleunigen

So können Sie Ihre Suchläufe rascher und effizienter abwickeln:

Lesen Sie die Anleitungen. Bevor Sie ein Suchprogramm
wie Archie oder Veronica starten oder die Suchbefehle

eines kommerziellen Online-Services anwenden, sollten Sie die Gebrauchsanweisung oder die dazugehörige FAQ-Datei lesen. Auf Ihrem Gopher-Server finden Sie üblicherweise ein Verzeichnis mit Informationen zur Verwendung von Archie, Veronica und anderen Suchprogrammen. Auf jedem Online-Service gibt es eine Hilfedatei. Einzelne Datenbanken haben ein Stichwortregister, auf das Sie bei Ihrer Suche zurückgreifen können. Sie finden dort auch Hinweise zur Formulierung von Suchkriterien sowie Tips zur Verwendung von Wildcards und zur Ausweitung beziehungsweise Einschränkung Ihrer Suche.

Besorgen Sie sich ein Verzeichnis. Kaufen Sie ein Buch, das die über Internet und diverse kommerzielle Online-Services verfügbare Ressourcen ausführlich beschreibt. Es gibt auch Bücher über CompuServe und America Online. Nach einer solchen Lektüre wird Ihre Suche schneller vor sich gehen.

Speichern Sie Adressen. Immer wenn Sie auf die Internet-Adresse einer nützlichen Informationsquelle stoßen, sollten Sie diese in einer Datenbankdatei speichern oder für später aufschreiben. Es kann Stunden dauern, bis Sie eine bestimmte Datei im Internet gefunden haben; das Aufschreiben einer Adresse nimmt hingegen nur ein paar Sekunden in Anspruch. Wenn Sie mit Archie oder im World Wide Web arbeiten, können Sie auch die Bookmark-Funktion verwenden, um eine Datei oder Adresse später leicht wiederzufinden.

Überprüfen Sie die Rechtschreibung. Überprüfen Sie die Rechtschreibung Ihrer Stichwörter, bevor Sie eine Suche beginnen. Bedenken Sie: Wie man in den Wald ruft, so schallt es zurück! Wenn Sie etwas Falsches eingeben, werden Sie ein falsches Ergebnis erzielen.

Versuchen Sie es mit unterschiedlichen Kombinationen. Wenn Ihre erste Suche erfolglos verläuft, sollten Sie dieselben Worte in einer anderen Reihenfolge eintippen oder neue Worte anfügen.

Schmökern Sie. Schmökern Sie beim Surfen im Internet in diversen Gopher-Servern, um ein Gefühl dafür zu bekommen, wie Menüpunkte benannt werden. Dadurch werden Ihre Suchläufe erfolgreicher verlaufen.

Holen Sie sich Dateien auf Ihre Festplatte. Es geht schneller und ist billiger, mehrere Dokumente auf Ihrer eigenen Festplatte zu speichern und sie zu einem späteren Zeitpunkt durchzusehen, als sie online zu lesen, während Ihre Verbindung noch besteht.

Warum Marktforschung so wichtig ist

Von allen Mitteln, die uns zur Verfügung stehen, vernachlässigen wir üblicherweise die Marktforschung am meisten. Wir sind so sehr mit der Praxis beschäftigt, daß die Marktforschung ganz unten auf der Liste steht. Selbst wenn wir Zeit haben, lassen wir sie gerne links liegen, weil sie uns so akademisch erscheint. Sie erinnert uns zu sehr an Schule und Hausaufgaben. Wir verfahren lieber nach dem Motto: Wir wollen da draußen verkaufen und nicht im Cyberspace hinter Zahlen und Fakten herjagen!

Das ist schade. Die größten und erfolgreichsten Unternehmen betreiben ständig Forschung. Diese hilft ihnen, ihre Marktposition besser einzuschätzen, neue Produkte und Dienstleistungen zu planen und vor allem auf neue Trends zu reagieren. McDonald's würde nicht im Traum daran denken, eine neue Filiale zu eröffnen, ohne vorher eingehend die Verkehrssituation am vorgesehenen Standort zu studieren. Kleinbetriebe machen hingegen Tag für Tag entscheidende Fehler, weil sie nicht genügend Marktforschung betreiben. Guerillas wissen das besser.

Machen Sie die Marktforschung zu einem fixen Bestandteil Ihrer Marketing-Strategie. Sie hilft Ihnen, die regionale Marktsituation, Steuergesetze und Importregelungen zu verstehen. Sie trägt dazu bei, daß Sie weniger Fehler machen, und hilft Ihnen bei der Entscheidungsfindung. Durch sie können Sie herausfinden, was Ihre Kunden wollen und was ihnen die Konkurrenz nicht bietet. Sie kann Ihnen helfen, neue Geschäftspartner und Lieferanten zu finden sowie Märkte auf der ganzen Welt zu erschließen.

Wenn Sie das nächste Mal eine Frage zu Ihrem Unternehmen haben, stöbern Sie im Cyberspace nach einer Antwort. Die Chancen, daß Sie eine finden, stehen sehr gut!

14. Den Online-Vorsprung nutzen

Obwohl Ihre Online-Kampagne Ihre volle Aufmerksamkeit erfordert, dürfen Sie nicht vergessen, daß sie nur ein Teil Ihres Gesamtmarketingplans ist. Sie sollte jeweils alle anderen Marketing-Aktivitäten unterstützen. Manchmal können Ihre Online-Aktivitäten Ihre Offline-Verkaufszahlen in die Höhe treiben, in anderen Fällen ist es genau umgekehrt. Die Synergie ist immer da; Sie müssen sie nur zu nutzen wissen.

- Im November 1994 übertrugen die Rolling Stones 20 Minuten eines Live-Auftritts in Dallas über das Internet. Fans von Tokio bis Toronto hörten zu. Die Band verkaufte online nichts, konnte aber ihr Image verbessern und gilt als modern, obwohl ihr Leadsänger über 50 Jahre alt ist.
- In den USA schlossen sich mehrere etablierte Versandhäuser zusammen, um ihre Produkte über America Online zu vertreiben. Während einerseits ihre gedruckten Kataloge Millionen potentieller Kunden erreichen, können sie online sofortige Kaufabschlüsse mit den wohlhabenden America-Online-Abonnenten tätigen.
- Ford, General Motors und Chrysler können ihre Kunden online zwar keine Probefahrt machen lassen, bieten aber interaktive Broschüren und Produktinformationen, um ihre Lust auf einen Besuch beim Autohändler zu wecken.

Online-Verkaufsförderung für Ihre Offline-Geschäfte

Jede gute Beziehung zu einem Kunden ist menschlicher Natur. Nichts, was Sie online tun, kann jemals einen so guten menschlichen Kontakt zu einem anderen herstellen, wie das von Angesicht zu Angesicht möglich ist. In einer idealen Welt, in der Ihr wirkliches Geschäftslokal in puncto Sicherheit, Bequemlichkeit, Preis, Auswahl, Information und Öffnungszeiten dieselben Bedingungen böte wie Ihr Online-Shop, würden die Leute lieber von Ihnen persönlich kaufen. Und unter solchen Umständen wäre es Ihnen wahrscheinlich eher egal, ob der Verkaufsabschluß persönlich oder online erfolgte.

Der entscheidende Beweggrund für Ihren Vorstoß auf den Online-Markt ist die Erschließung neuer Kundenschichten und die Erhöhung Ihrer Präsenz. Online ist es aber viel schwieriger, Kontakte zu knüpfen, die zu einer dauerhaften Beziehung führen. Zum Glück können die Menschen, mit denen Sie online in Kontakt kommen, Sie auch persönlich besuchen oder anrufen. Es folgen einige spezifische Methoden, mit denen Sie Offline-Kontakte fördern können:

Verwenden Sie eine vollständige E-Mail-Unterschrift. Fügen Sie Ihrer E-Mail-Unterschrift Ihre Telefonnummer und die Adresse Ihres Geschäftslokals hinzu. Jeder, der Sie nur online kennt und zufällig in die Nähe Ihres Geschäfts kommt, kann vorbeischauen. Wenn Ihr Produkt oder Ihre Dienstleistung den Qualitätsnormen entspricht, kann so aus Ihrem Online-Kontakt eine dauerhafte, direkte Beziehung werden.

Ermutigen Sie zum telefonischen Kontakt. Antworten Sie mit einer direkten Nachricht, wenn jemand in einer Diskussionsgruppe um Hilfe ersucht, und laden Sie ihn ein, Sie anzurufen.

Erwähnen Sie den Standort Ihres Unternehmens. Finden Sie Wege, um Ihren Geschäftsstandort in Diskussionsgruppen-Beiträgen einfließen zu lassen. Wenn Sie einen Beitrag oder einen Absatz mit den Worten *Als ich neulich am Brandenburger Tor vorbeifuhr…* beginnen, wissen alle, daß Sie aus der Gegend um Berlin stammen.

Erwähnen Sie Offline-Messen oder -Konferenzen, an denen Sie teilnehmen. Geschäftsreisen, Konferenzen und Messen führen Sie durchs ganze Land. Wenn Sie planen, an einer Veranstaltung in einer anderen Region teilzunehmen, können Sie dies in einer relevanten Newsgroup erwähnen.

Fragen Sie, ob ein anderes Mitglied der Gruppe ebenfalls teilnehmen wird, und schlagen Sie ein persönliches Treffen im Rahmen der Konferenz vor. Falls Sie schon über einen längeren Zeitraum wertvolle Informationen geliefert haben, wird man Sie gerne persönlich kennenlernen wollen.

Legen Sie Ihren Lieferungen gedruckte Informationen bei. Wenn Sie etwas liefern, sollten Sie eine Broschüre, einen Katalog, eine Postkarte oder ähnliches über Ihr wirkliches Geschäftslokal beilegen. Das bedruckte Papier wird auf dem Schreibtisch des Empfängers zu einem Miniplakat.

Weisen Sie auf Artikel, Anzeigen und verkaufsfördernde Veranstaltungen hin. Erwähnen Sie online, wenn Sie eine verkaufsfördernde Veranstaltung oder eine Demonstration Ihrer Produkte oder Dienstleistungen planen, damit Leute aus der näheren Umgebung kommen können. Bauen Sie solche Information auch in Ihre Diskussionsgruppen-Beiträge ein. Deponieren Sie auch eine Ankündigung in Ihrem elektronischen Schaufenster und eine Kleinanzeige in einer regionalen Newsgroup oder einem Bulletin-Board-Service.

Offline-Verkaufsförderung für Ihre Online-Präsenz

Da Präsenz im Cyberspace entscheidend ist, sollten Sie mit allen Ihnen zur Verfügung stehenden Mitteln daran arbeiten, diese zu erhöhen. Dazu gehören auch Ihr wirkliches Geschäftslokal, Ihr Versandkatalog, Anzeigen in Printmedien, Broschüren, Büromaterial, Rechnungen, Fernseh- und Radiowerbung und andere Offline-Marketing-Instrumente. Folgende vier wichtige Ziele können Sie damit erreichen:

1. Sie schaffen so eine weitere Möglichkeit für Kunden aus Ihrer Umgebung, um mit Ihnen ins Geschäft zu kommen;
2. Kunden aus Ihrer Umgebung können Ihr Unternehmen landes- oder gar weltweit weiterempfehlen;

3. Sie können sich Käuferschichten erschließen, die Sie online nicht erreichen könnten;
4. Sie können Ihren Ruf als modernes, wachsendes und gut geführtes Unternehmen festigen.

Planung Ihrer Verkaufsförderungsmaßnahmen

Ihre Kunden sollten online genauso angenehme und professionelle Erfahrungen mit Ihnen machen wie offline. Stellen Sie also sicher, daß Sie auf alle Reaktionen vorbereitet sind, die Ihre Bemühungen auslösen werden, bevor Sie Interessenten auffordern, sich online bei Ihnen zu melden. Überzeugen Sie sich davon, daß Ihr Mailbot, Ihr Online-Schaufenster und Ihr E-Mail-Briefkasten funktionieren und regelmäßig abgefragt werden, ehe Sie sie offline ankündigen.

Viele E-Mail-Adressen werden nicht regelmäßig betreut. Manchmal werden nicht mehr gültige WWW- und Gopher-Server-Adressen angegeben. Wie leicht kann es vorkommen, daß jemand seinen Internet Service Provider oder seinen Online-Dienst wechselt und vergißt, die Adresse auf seiner Visitenkarte und dem Briefkopf zu ändern! Wenn Ihnen so etwas passiert, dann sind Ihre Marketingbemühungen umsonst, und Sie enttäuschen viele Online-Kunden.

Durch sorgfältige Planung und Forschung sollte es Ihnen gelingen, im Zuge der Vorbereitung Ihrer Online-Kampagne eine ständige E-Mail- oder URL-Adresse einzurichten. Wenn Sie aber dennoch innerhalb des Cyberspace umziehen müssen, sollten Sie sicherstellen, daß Sie den Kontakt zu Ihren Online-Kunden nicht abreißen lassen.

* Falls sich Ihre E-Mail-Adresse ändert, sollten Sie die alte Adresse behalten und sie noch drei Monate lang weiterbetreuen, nachdem Sie bereits aufgehört haben, sie weiterzugeben.
* Wenn sich die Adresse Ihres Online-Shops ändert, sollten Sie eine Meldung an der alten Adresse hinterlassen, der

die Kunden an die neue Adresse verweist. Auf einem Web-Server können Sie sogar ›Links‹ einrichten, die die Leute per Mausklick von der alten zur neuen Adresse führen.

Marketing-Botschaften

Es ist zwar schön, wenn Sie Ihre Online-Adresse auf Schildern, Büromaterial und in gedruckten Anzeigen bekanntgeben; wenn Sie aber weiter nichts tun, werden Sie wahrscheinlich nicht viele neue Online-Kunden dazugewinnen. Die Mehrzahl der regelmäßigen Cybernauten sieht Ihre Werbung nur online. Daher sollten sich Ihre gedruckten Botschaften vor allem an diejenigen Personen wenden, die selten in den Cyberspace reisen. Diese brauchen nämlich einen Grund, um Ihren Online-Shop zu besuchen, anstatt einfach anzurufen oder persönlich einzukaufen.

Überlegen Sie, warum Ihre Kunden überhaupt online einkaufen sollen. Gehen Sie davon aus, daß die Menschen, die Ihre Werbebotschaften lesen, sich ungern im Cyberspace aufhalten, und liefern Sie ihnen gute Gründe, diesen Schritt doch zu wagen. Ein paar Vorschläge:

Bequemlichkeit. Ihr Online-Shop hat rund um die Uhr geöffnet. Setzen Sie Schilder und Anzeigen in Printmedien ein, um die Bequemlichkeit einer Bestellung per Computer von zu Hause oder vom Büro aus zu betonen. Ein Schild in Ihrem Geschäftslokal könnte lauten: *Wenn Sie online bei uns einkaufen würden, könnten Sie jetzt gemütlich zu Hause sitzen!*

Information. Online können Sie Ihren Kunden vollständigere Informationen rascher zukommen lassen als bei einem Telefonat oder im persönlichen Gespräch. Eine Anzeige, die auf Ihre Online-Verbrauchertips verweist, bewegt die Leute dazu, sich diese anzusehen, zum Beispiel: *3.000 Artikel hier, 30.000 weitere online. Sehen Sie sich unseren Online-Katalog an!*

Niedrigere Preise. Falls Sie Rabatt auf Online-Einkäufe gewähren, erwähnen Sie diese Tatsache auch in Ihrem wirklichen Geschäftslokal. Sie könnten auch auf Ihren Preisschildern jeweils den Normalpreis und den reduzierten Preis bei einem Online-Einkauf nennen.

Marketing-Instrumente zur Unterstützung

Sobald Sie einige zwingende Gründe für einen Online-Einkaufsbummel gefunden haben, müssen Sie diese mit anderen wirkungsvollen Marketing-Instrumenten kombinieren. Sehen wir uns einige Möglichkeiten dazu an:

Demos. Falls Sie einen Online-Shop oder einen Online-Katalog betreiben, sollten Sie einen Computer in Ihrem Geschäftslokal aufstellen und Ihre Online-Aktivitäten dort zeigen. Laden Sie Ihre Kunden zu einem kostenlosen Test ein. Die meisten Ihrer Kunden waren noch nie im Cyberspace. Es ist also ein guter Service, wenn Sie sie über Ihre Online-Aktivitäten unterrichten. Wenn Sie ein Demo installiert haben, achten Sie darauf, daß immer einer Ihrer Angestellten in der Nähe ist, der den Kunden bei der Bedienung hilft und der ihre Fragen beantworten kann.

Ihr Geschäftslokal. In Ihrem Laden können Sie Größe, Aussehen und Plazierung Ihrer Marketing-Botschaften beinahe völlig selbst bestimmen. Präsentieren Sie Ihre Online-Adresse auf Schildern in Ihrem Laden und im Schaufenster, auf Plakaten, Transparenten und sogar auf dem Kassenförderband. Fordern Sie die Leute auf, einmal dort vorbeizuschauen. Der Information Highway ist ein brandheißes Thema. Ein Schild wie *Wir sehen uns auf der Datenautobahn!* im Schaufenster bringt Ihnen neue Kunden, weil die Neugier groß ist.

Büromaterial. Setzen Sie Ihre Online-Adresse auf Ihren Briefkopf, Ihre Visitenkarte, Ihre Rechnungen und Ihre Lieferscheine. Weisen Sie auf die Möglichkeit hin, daß bei dringenden Fragen eine E-Mail geschickt werden kann.

Anzeigen in Printmedien. Geben Sie in allen Ihren Anzeigen in Zeitungen und Zeitschriften jeweils auch Ihre Online-Adresse an, ebenso in Aufschriften auf Bussen, Taxis, Bänken und Plakaten.

Falls Sie eine Adresse in einem kommerziellen Online-Service wie Prodigy oder CompuServe haben, schreiben Sie *Besuchen Sie uns bei Prodigy!* in Ihre Anzeige. So profitieren auch Sie von den Werbemillionen, die die großen Anbieter ausgeben.

Radio- und Fernsehwerbung. Ihre E-Mail- oder URL-Adresse sollte auch in Ihren Radio- und Fernsehspots erscheinen. Wie überall können Sie auch in diesen Medien zuerst die Vorteile des Online-Shopping betonen. Im Radio könnten Sie beschreiben, wie einer Ihrer Kunden vom PC aus einen Einkauf tätigt, anstatt in den Regen hinaus zu gehen. Im Fernsehen könnten Sie jemanden beim Rundgang durch Ihren Online-Shop zeigen und besonders die Fülle an verfügbaren Information betonen.

Postkarten und gewöhnliche Briefe. Versenden Sie Postkarten auf dem üblichen Postweg! Kündigen Sie an, daß Sie jetzt online erreichbar sein werden, und versprechen Sie den Leuten, die Sie online besuchen, einen Preisnachlaß oder ein Geschenk. In einem Brief können Sie auch ein Farbfoto des Einstiegsbildschirms Ihres Online-Shops beifügen. Wenn Sie sich hauptsächlich an Computer-Anwender richten, können Sie auch eine Postkarte versenden, auf der nur Ihre Online-Adresse steht. Die Interessenten werden aus reiner Neugier Ihrem Online-Shop einen Besuch abstatten.

Gratis-Software. Wenn Sie ein BBS betreiben, können Sie Disketten mit einem Freeware-Kommunikationsprogramm oder Ihrem maßgeschneiderten BBS-Interface-Programm zusammenstellen. Versenden Sie die Disketten zusammen mit einer Einladung zum Online-Shopping. Diese Strategie hat für America Online wunderbar funktioniert. Es hat seinen Kundenstock mit Gratisdisketten in nur drei Jahren von null auf über eine Million erhöht und dabei Konkurrenten wie Delphi oder GEnie überholt, die schon viel länger im Geschäft waren.

Publicity

Von den über 30 Millionen Menschen auf dem Online-Markt erfährt nur ein kleiner Teil von Ihrem Unternehmen, weil die meisten noch nicht weit genug in die Online-Welt vorgedrungen sind. So wie die ›einfachen‹ Computer-Anwender sind auch die meisten Leute, die eine Online-Verbindung haben, in technischen Belangen sehr zurückhaltend. Sie lernen, online ein oder zwei nützliche Dinge zu tun und belassen es dann dabei. Sie zögern also, sich weiter in den Cyberspace vorzuwagen. Publicity bringt Nachrichten über Ihr Unternehmen oder Ihre Aktivitäten, die die Öffentlichkeit auch ohne Online-Verbindung und Computer lesen kann.

Wenn Neuigkeiten über Ihr Unternehmen in einer Zeitschrift über Online-Trends erscheinen, stellt dies für die Leser einen Anstoß dar, Kontakt mit Ihnen aufzunehmen. Die meisten brauchen einen solchen Anstoß. CompuServe und Prodigy waren sich der Notwendigkeit von Offline-Verkaufsförderung schon immer bewußt. Durch die Veröffentlichung einer monatlich erscheinenden Zeitschrift *(CompuServe Magazine)* beziehungsweise eines Newsletters (von Prodigy) mit Informationen über neue kommerzielle Online-Dienste und Online-Veranstaltungen befriedigten sie dieses Bedürfnis. Prodigy arbeitet auch mit Telefonmarketing, wobei Neuabonnenten angerufen werden, ob sie Hilfe bei der praktischen Anwendung des Online-Service benötigen.

Durch Artikel in einer Publikation von allgemeinem Interesse werden auch solche Personen auf Ihre Online-Präsenz aufmerksam, die bis dahin abseits standen. Immer wenn in einer der großen Zeitungen oder in den Zeitschriften *Time* oder *Newsweek* ein Bericht über die Datenautobahn erscheint, steigt in Amerika die Online-Aktivität ein wenig an.

Zeitungen und Zeitschriften bieten auch zwei große Vorteile, die es online nicht gibt: Man kann sie überallhin mitnehmen und leicht weitergeben. Die Leute können Artikel über Ihr Online-Unternehmen in der U-Bahn, beim Mittagessen oder im Flugzeug lesen. Die Printmedien haben Millionen von Lesern. Berichte können leicht fotokopiert und an andere verteilt werden, die die Kopie sofort lesen können, ohne zuerst den Computer einschalten und eine Online-Verbindung herstellen zu müssen. Zudem ist ein Artikel in einer Zeitung glaubwürdiger als eine selbstverfaßte Anzeige.

Als echter Guerilla haben Sie bereits einige Publicity für Ihr Unternehmen erreicht. Ihre Online-Aktivitäten geben Ihnen nun die Gelegenheit, wieder in Medien erwähnt zu werden, die schon früher Artikel über Ihre Firma gebracht haben. Vielleicht gelingt es Ihnen sogar, sich neue Medien zu erschließen.

Wege zur Publicity

Folgende grundlegende Instrumente werden Sie für Ihre Medienkampagne benötigen:

* Pressemitteilungen,
* Entwürfe für Beiträge,
* selbst verfaßte Artikel und Kolumnen,
* Pressevorführungen.

Pressemitteilungen. Eine Pressemitteilung ist ein kurzes Schreiben, das Nachrichten über Ihre Firma enthält. Wenn sie richtig geschrieben ist, liest sich diese Mitteilung wie die Meldung einer Nachrichtenagentur. So kann sich der Journalist oder Redakteur, der sie erhält, den dazugehörigen Artikel oder Bericht besser vorstellen. Die Neuigkeit ist in unserem Fall, daß Sie nun online erreichbar sind. Sie können der Sache viele verschiedene Seiten abgewinnen, je nach Art der gewählten Zeitung. Vier Aufhänger bieten sich für Ihre Pressemitteilung fast von selbst an:

* Ihr Online-Unternehmen bietet Ihren Kunden mehr Bequemlichkeit beziehungsweise günstigere Preise.
* Es liefert bestimmte Informationen, an die man offline nicht so leicht herankommt.

- Es ist das erste Unternehmen, das bestimmte Produkte oder Dienstleistungen online anbietet.
- Es ist das erste Unternehmen in Ihrer Region, das im Cyberspace zu finden ist.

Schreiben Sie am Beginn der Pressemitteilung etwas über einen der oben angeführten Punkte, und lassen Sie einige Absätze mit Einzelheiten folgen. Erwähnen Sie im Detail, was Sie online anbieten, warum das für Online-Kunden interessant ist und inwiefern Sie damit den Service Ihres bestehenden Unternehmens ergänzen. Fügen Sie ein eigenes oder das Zitat eines führenden Mitarbeiters über die Bedeutung dieses Schrittes in die Online-Welt hinzu. Geben Sie Ihre Online-Adresse an. Am Schluß der Mitteilung schreiben Sie einen Absatz, der Ihr Geschäftsziel und Ihren Markt beschreibt, und führen an, wie lange Sie schon im Geschäft sind.

Ihre Pressemitteilung sollte zwei bis drei Seiten umfassen, aber nicht länger als nötig sein. Ziel ist es, das Interesse der Presse mit einer interessanten Nachricht zu wecken und diese dazu zu bringen, bei Ihnen anzurufen oder Sie zu interviewen. Falls Sie ein elektronisches Schaufenster im World Wide Web mit ansprechender graphischer Gestaltung haben, können Sie ein Farbfoto oder Dia davon beilegen.

Entwürfe für Beiträge. Eine Pressemitteilung kann zu einem ausführlichen Artikel oder Sonderbericht über Ihr Unternehmen werden, wird aber oft nur als kurze Meldung veröffentlicht. Wenn Sie einen längeren Beitrag über Ihr Online-Unternehmen anstreben, denken Sie sich eine Story aus und bieten Sie diese schriftlich oder am Telefon dem zuständigen Redakteur in der von Ihnen gewählten Zeitung oder Zeitschrift an.

Entscheidend für eine Veröffentlichung Ihres Artikels ist, ob es Ihnen gelingt, den Kernpunkt Ihrer Botschaft so auszuweiten, daß diese nicht nur Ihre eigenen Neuigkeiten, sondern einen allgemeinen Trend zum Thema hat.

Beachten Sie dabei, daß Sie Ihr Schreiben an ein bestimmtes Redaktionsmitglied einer bestimmten Zeitung richten müssen. Jeder Entwurf muß auf eine bestimmte Zeitschrift oder eine bestimmte Rubrik in dieser Zeitschrift zugeschnitten sein. Wenn Sie eine Story schriftlich anbieten, müssen Sie herausfinden, welcher Redakteur für die Rubrik der Zeitschrift oder die Radio- oder Fernsehsendung, die Sie erreichen wollen, zuständig ist, und Ihr Schreiben an ihn adressieren. Neben dem Entwurf sollten Sie auch Verweise auf Kunden, die zu einem Interview herangezogen werden könnten, sowie die Pressemitteilung zur Eröffnung Ihres Online-Unternehmens beilegen. Falls Sie die Story telefonisch anbieten, sollten Sie Ihre Vorschläge übersichtlich geordnet vor sich liegen und zum Versenden bereit haben; ebenso sollten Kundenreferenzen griffbereit sein.

Kolumnen und Artikel. Wenn Sie eine branchenspezifische Zeitschrift oder eine regionale Zeitung als Ziel ausgewählt haben, läßt man Sie üblicherweise eine Kolumne oder einen Artikel verfassen, in denen Sie Ihr Fachwissen mit den Lesern teilen. Solche Publikationen sind oft dankbar über Material und drucken solche Beiträge ihrer Leser gerne ab. Lassen Sie sich aber nicht dazu hinreißen, allzu plump für Ihr Unternehmen zu werben, sondern schreiben Sie auch hier in erster Linie über einen aktuellen Trend.

In einer regionalen Zeitung könnten Sie einen Artikel über Ihre Erfahrungen als erstes Online-Unternehmen in dieser Gegend schreiben. Wenn das Echo positiv ist, könnten Sie der Zeitung eine regelmäßige Kolumne über den Cyberspace vorschlagen. Ihre Glaubwürdigkeit als Fachmann und das wöchentliche Erscheinen Ihrer Online-Adresse wird Ihnen neue Kunden einbringen.

Falls Sie eine Fachzeitschrift ausgewählt haben, schreiben Sie über Online-Informationsquellen, die für die Leser von besonderem Interesse sind. Führen Sie dabei unter anderem Ihre eigene Firma an. Eine Sportartikelfirma zum Beispiel würde sicher von einem Bericht über Online Fitneß-Foren und Sportartikel-Vertreiber im Internet profitieren.

Überlegen Sie, welche Vorteile Ihr Produkt oder Ihre Dienstleistung bietet, und machen Sie aus jedem der Vorzüge einen Artikel für ein bestimmtes Publikum.

Pressevorführungen. Wenn Sie in Ihrer Branche oder Umgebung ein Online-Pionier sind und über einen interessanten Online-Shop verfügen, können Sie eine Pressevorführung organisieren. Vielleicht bekommen Sie sogar ein wenig Sendezeit im Lokalfernsehen, um Online-Shopping zu demonstrieren.

Telefonische Rückfragen. Falls Ihr Angebot nicht zufällig ins Sommerloch fällt oder genau die richtigen Stichworte enthält, müssen Sie Ihrer schriftlichen Mitteilung oder dem Artikelentwurf in der Regel mit einem Anruf auf die Sprünge helfen. Die meisten Beiträge, die tatsächlich veröffentlicht werden, entstehen so. Rufen Sie den Redakteur, an den das Schreiben adressiert war, an und fragen Sie ihn, ob er es erhalten und gelesen hat. Bieten Sie ihm weitere Informationen an. Vielbeschäftigte Redakteure werden täglich mit Dutzenden von Pressemitteilungen bombardiert. Wenn Sie zusätzlich anrufen, steigt die Chance für eine Veröffentlichung beträchtlich.

Auswahl der Medien

Um die richtigen Ziele für Ihre Publicity-Kampagne auszuwählen, analysieren Sie Ihre bestehenden Medienkontakte, und überlegen Sie, welche Themen dort gefragt sind. Jedes Medium bevorzugt andere Nachrichten und unterhält unterschiedliche Rubriken. Ihre Tageszeitung hat die Rubriken *Internationale Nachrichten, Lokales, Lifestyle, Sport, Wirtschaft, Gesellschaft, Religion* und ähnliches. Überlegen Sie, wie Ihre Story in die Zeitung beziehungsweise den Radio- oder Fernsehsender passen könnte.

Sehen Sie sich die bisher erschienenen Beiträge genau an,

und analysieren Sie deren Stil. Welche Aspekte werden jeweils behandelt? Wie viele verschiedene Firmen oder Informationsquellen werden angeführt? Wie müßte ein Artikel über Ihr Unternehmen verpackt sein, damit er zu der gewählten Zeitung paßt?

Damit Sie eine Vorstellung davon bekommen, wie das funktioniert, sehen wir uns in der Folge einige Arten von Medien an und beschäftigen uns damit, wie Sie dort die besprochenen Instrumente jeweils einsetzen können:

Regionale Zeitungen, Radio- und Fernsehsender. Organisieren Sie Vorführungen, entwerfen Sie Berichte und bieten Sie Radio- und Fernsehstationen Interviews an. Senden Sie Pressemitteilungen an alle regionalen Medien. Schreiben Sie einen Artikel für das regionale Blatt, oder verfassen Sie eine Kurzbeschreibung Ihres Unternehmens. Zahlreiche regionale Zeitungen bringen regelmäßig Kurzbeschreibungen der ansässigen Firmen, die nicht selten von den Inhabern selbst verfaßt werden. Schlagen Sie sich selbst als Gast in Radio- und Fernseh-Talkshows vor.

Online-Zeitschriften. Verschicken Sie eine Pressemitteilung, die Ihr Unternehmen im Cyberspace ankündigt. Betonen Sie besonders, was daran so einmalig ist. Magazine über die Online-Welt berichten über den ganzen Online-Markt, aber auch dort steht nur beschränkter Platz zur Verfügung. Wenn Sie Ihre Neuigkeiten gedruckt vor sich liegen sehen wollen, müssen Sie einen Blickwinkel finden, unter dem Ihre Pressemitteilung oder Ihr Entwurf besonders aktuell erscheinen.

Fachzeitschriften. Zeitschriften, deren Leser mit Ihrer Kundenschicht identisch sind, werden sich für Artikel über ihr Online-Unternehmen besonders interessieren. Versenden Sie eine Pressemitteilung, in der die Eröffnung Ihres Unternehmens bekanntgegeben wird. Betonen Sie die Vorteile, die dieser Schritt in die Online-Welt für die Kunden dieser speziellen Branche bringt.

Ihre Online-Marketing-Kampagne wird Ihr Unternehmen

in eine gewaltige neue Dimension führen. Sie wissen jetzt alles, was Sie brauchen, um Erfolg zu haben. Guerillas sind sich aber dessen bewußt, daß Wissen allein, ohne die Bereitschaft, es anzuwenden, nichts wert ist. Wählen Sie also die richtigen Instrumente und Zielgebiete aus, und schreiben Sie Ihre eigene Erfolgsstory am Online-Markt!

Glossar

Wenn eine Definition ein kursiv geschriebenes Wort enthält so ist dieser Begriff an anderer Stelle ebenfalls erklärt.

Acceptable Use Policy (AUP). Ein Verhaltenskodex für die Benutzung eines ISP-Anschlusses oder einer *Internet*-Anwendung.

Address Book. Ein persönliches Verzeichnis von *E-Mail*-Adressen, das man mit Hilfe seines E-Mail-Programms anlegen kann. Siehe auch *Adressenverzeichnis.*

Adressenverzeichnis. Ein persönliches Verzeichnis von *E-Mail*-Adressen, das man mit Hilfe seines E-Mail-Programms anlegen kann. Siehe auch *Address Book.*

Alias. Eine Gruppe von *E-Mail-Adressen,* die unter einem Sammelnamen abgespeichert sind, um den Versand von Nachrichten an eine selbst definierte Gruppe von Benutzern zu vereinfachen.

Anwählverbindung. Eine Verbindung zum *Internet,* bei der man eine Telefonnummer wählen muß. Siehe auch *Dial-Up Connection.*

Archie. Eine Suchhilfe, die einmal pro Monat alle *FTP*-Anwendungen absucht und einen Index aller dort angebotenen Software erstellt. Dieser Index wird dann auf einem Archie-*Server* im Internet abgespeichert. Der Name Archie ist ein Kürzel für ›Archiver‹. Das Programm wurde 1990 von Peter Deutsch und Alan Emtage an der McGill Universität von Montreal geschrieben. Es gibt Dutzende von Archie-Servern auf der ganzen Welt.

Backbone. Ein Kommunikationspfad, der den *Internet*-Verkehr zwischen individuellen Netzwerken ermöglicht.

Bit. Eine binäre Einheit, entweder 0 oder 1.

Browser. Ein Programm, mit dem man Zugang zu *World Wide Web-*, *Gopher-* oder *WAIS-Servern* erhält und die dort vorhandenen Anwendungen ansehen kann.

Bulletin-Board-Service oder **Bulletin-Board-System** (BBS). Jedes Computersystem, das über eine oder mehrere Telefonleitungen erreichbar ist und ohne besondere vorherige Absprache jederzeit Telefonanrufe von anderen Computern entgegennimmt und Ihnen so Zugang zu einem eigenen System ermöglicht.

Byte. Die Grundeinheit für die Informationsspeicherung auf einem Computer, üblicherweise 8 Bits.

Cello. Der Name eines *World Wide Web Browsers.*

Channel. Eine fachliche Diskussion, die im *Internet Relay Chat* geführt wird.

Chat Room. Elektronische Plauderrunde. Ein Bereich, der bei einem *kommerziellen Anbieter* oder einem *BBS* eingerichtet ist und wo verschiedene Benutzer gleichzeitig zusammentreffen und geschriebene Nachrichten austauschen können.

CIX. Commercial Internet Exchange, eine Organisation von *Internet Service Providern,* die sich zu einer Kooperation zusammengeschlossen haben, um Verbindungen zwischen regionalen Teilen des *Internet Backbones* zu ermöglichen.

Conference. Eine große Gesprächsrunde, mit einem Hauptredner und einem Publikum, das Fragen an diesen richten kann. Siehe auch *Konferenz.*

Continuous Connection. Eine Hochgeschwindigkeitsdatenleitung zum Internet, bei der man keine Telefonnummer wählen muß und die nie abstürzt. Siehe auch *Direct Connection* und *Direkte Verbindung.*

Cross-Posting. Versand derselben Nachricht an mehrere verschiedene *Discussion Groups.*

Cybernaut. Ein Benutzer des *Internet.* Siehe auch *Internaut.*

Daten-Highway oder **Datenautobahn.** Das Gewirr von Datenleitungen verschiedener technischer Beschaffenheit und unterschiedlicher Leistungsfähigkeit, die insgesamt den weltweiten Datenverbund, bestehend aus *kommerziellen Online-Diensten, BBS* und dem *Internet,* bilden. Siehe auch *Infobahn* oder *Information Highway.*

Dial-Up Connection. Eine Verbindung zum *Internet,* bei der man eine Telefonnummer wählen muß. Siehe auch *Anwählverbindung.*

Direct Connection. Eine Hochgeschwindigkeitsdatenleitung zum Internet, bei der man keine Telefonnummer wählen muß und die nie abstürzt. Siehe auch *Continuous Connection* und *Direkte Verbindung.*

Directory. Eine mit Namen benannte Unterabteilung des Speicherplatzes auf einem *Server* oder einem Computerspeichermedium wie der Festplatte oder der Diskette. Siehe auch *Verzeichnis.*

Direkte Verbindung. Eine Hochgeschwindigkeitsdatenleitung zum Internet, bei der man keine Telefonnummer wählen muß und die nie abstürzt. Siehe auch *Direct Connection* und *Continuous Connection.*

Discussion Group. Ein elektronisches Nachrichtenbrett bei einem *kommerziellen Online-Dienst,* einem *BBS* oder im *Internet,* das Nachrichten zu einem bestimmten Thema enthält. Siehe auch *Diskussionsgruppe.*

Diskussionsgruppe. Ein elektronisches Nachrichtenbrett bei einem *kommerziellen Online-Dienst,* einem *BBS* oder im *Internet,* das Nachrichten zu einem bestimmten Thema enthält. Siehe auch *Discussion Group.*

Diskussionsliste. Eine elektronische Diskussion, die über E-Mail-Botschaften statt über ein elektronisches Anschlagbrett abgewickelt wird. Anstatt eine Nachricht auf einer dafür vorgesehenen Stelle zu deponieren, sendet man eine *E-Mail* an die Listenadresse. Alle Mitglieder (Abonnenten) der Diskussionsliste erhalten automatisch Kopien aller Nachrichten, die an diese Listenadresse gerichtet werden.

Domain Name Service. Ein Dienst, der von einem *ISP* oder *IPP* angeboten wird, und mit dessen Hilfe die Kunden-Server wie eigene *Internet Domains* erscheinen.

Domain. Eine Bezeichnung für die Art von *Netzwerk* im Internet, der eine bestimmte Anwendung zuordenbar ist, oder der Name eines Netzwerkes, *Domain Name* genannt. Jede Internet-Adresse enthält ein Kürzel, aus der man die Domain-Zugehörigkeit ablesen kann. Einige weitverbreitete Domain-Kürzel in den USA sind *.com* (kommerzielle Organisationen), *.edu* (akademische Einrichtungen), *.gov* (Regierungsstellen) und *.net* (Netzwerk). Die Kürzel im Rest der Welt bestehen aus zwei Teilen: einem ersten Teil, der Auskunft über die Art des Netzwerkes gibt *(.co* für kommerzielle Anwendungen, *.ac* für akademische Einrichtungen, *.gv* für Regierungsstellen) und einem zweiten Teil, aus dem das Land ersichtlich ist *(.de* für Deutschland, *.at* für Österreich, *.ch* für die Schweiz).

Download oder ›downloaden‹. Wenn man bei einem *kommerziellen Online-Dienst,* bei einem *BBS* oder auf einem *Internet Server* eine interessante Datei gefunden hat, kann man ihren Inhalt auf den eigenen Computer übertragen, um dort damit zu arbeiten oder zu spielen. Siehe auch *Herunterladen.*

E-Mail (Electronic Mail). wird wie ›I-Mail‹ ausgesprochen. Eine Methode zum Austausch geschriebener Nachrichten zwischen Computerbenutzern. Die Nachrichten werden an eine genaue Adresse geschickt und in Mailboxen (elektronischen Briefkästen) gespeichert.

E-Mail-Unterschrift. Ein Informationsblock, den man selbst gestalten kann und der automatisch am Ende einer *E-Mail* oder eines Beitrages zu einer *Diskussionsgruppe* angefügt wird. Enthält in der Regel den Namen des Absenders und seines Unternehmens, die *E-Mail-Adresse* und andere Informationen. Siehe auch *Signature.*

Einstiegsmenü. Das Menü eines *Servers,* auf dem die darauf
angebotenen Funktionen wie ein Inhaltsverzeichnis aufgelistet werden. Siehe auch *Top-Menü.*

Emoticon. Eine Kombination von Zeichen auf der Tastatur,
die, wenn man sie von der Seite betrachtet, wie ein Gesichtsausdruck erscheint, zum Beispiel ;=). Siehe auch
Smiley.

File Transfer Protocol *(FTP).* Ein Programm, das im Internet die Übertragung von Dateien von einem Computer
zum anderen ermöglicht.

Firewall. Ein *Internet Server,* der vom Rest des Netzwerkes
einer Organisation isoliert ist und so verhindert, daß von
außen jemand an Informationen herankommen kann, die
man nicht preisgeben möchte.

Flame. Versand von wütenden *E-Mails* an einen anderen
Benutzer im *Internet.* Er richtet sich zumeist gegen Personen, die gegen die *Netiquette* verstoßen haben.

Forum. Die Bezeichnung für *Diskussionsgruppen,* die bei
kommerziellen Online-Diensten oder auf *BBS* eingerichtet
sind.

Frequently Asked Questions *(FAQ).* Eine Sammlung von
häufig gestellten Fragen zu einer bestimmten *Diskussionsgruppe,* einem *Bulletin-Board-Service, Internet Service*
oder einem anderen Thema.

Gateway. Eine Kommunikationsverbindung zwischen einem
Netzwerk und dem *Internet.*

Gigabyte. Etwa eine Milliarde *Bytes an* Computerdaten.

Gopher. Eine Methode, um Informationen im *Internet* ausfindig zu machen. Gleichzeitig die Bezeichnung für einen
Server, der diese Methode anwendet, und für ein Software-
programm, mit dem man solche Server finden kann.
Wurde 1991 an der University of Minnesota entwickelt.
Gopher war das erste benutzerfreundliche Such- und Navigationssystem im *Internet.*

Handle. Ein Pseudonym, das von einem Teilnehmer in einem *Chat Room* oder während einer *Konferenz* verwendet wird.

Header. Jener Teil einer *E-Mail,* der die Empfängeradresse und die Betreff-Zeile enthält.

Herunterladen (downloaden). Wenn man bei einem *kommerziellen Online-Dienst,* bei einem *BBS* oder auf einem *Internet Server* eine interessante Datei gefunden hat, kann man ihren Inhalt auf den eigenen Computer übertragen, um dort damit zu arbeiten oder zu spielen. Siehe auch *Download.*

Hierarchy. Eine Kategorie von *Usenet Newsgroups.* Usenet ist in mehr als ein Dutzend solcher Hierarchien untergliedert, darunter *alt* (alternative Themen), *biz* (kommerzielle Fragen) und *rec* (Erholung).

Hit. Ausdruck für den Besuch eines Benutzers auf einem *Server.* Die Besuchshäufigkeit auf einem *Server* wird häufig in Hits pro Stunde oder Hits pro Tag gemessen. Ein aktiver *Internet Server* verzeichnet Tausende von Hits pro Tag. Das bedeutet, daß mehrere tausend Mal pro Tag verschiedene Benutzer darauf zugreifen.

Home Page. Die Eingangs- oder Menüseite einer *World Wide Web*-Anwendung. Eine Home Page enthält üblicherweise den Namen der Anwendung und ihr Inhaltsverzeichnis.

Hypermedia. Funktioniert wie *Hypertext,* aber mittels Symbolen, Photos oder Zeichnungen, die man anklicken kann, um zur nächsten, darunterliegenden Anwendung vorzudringen.

Hypertext Link. Eine automatische Verbindung im *World Wide Web,* die ein Wort, einen Satz oder ein Bild auf einem *Server* mit einem anderen *Server* zusammenschließt. Wenn ein Benutzer eine solche optisch hervorgehobene Stelle anklickt, wird er automatisch mit dem anderen Server verbunden, ohne diesen extra anwählen zu müssen.

***Hypertext Markup Language** (HTML)*. Die Programmiersprache, mit deren Hilfe man Informationen auf *World Wide Web-Servern* speichern und darstellen kann.

***Hypertext Transfer Protocol** (HTTP)*. Jenes Übertragungsprotokoll (das ist ein technischer Standard), durch das *World Wide Web*-Informationen mit dem *Internet verbun*den sind.

Hypertext. Ein System von Querverweisen von Computerdaten mit Hilfe von automatischen Verbindungen zwischen Wörtern, Bildern oder Satzteilen. Zum Beispiel wird in einem Absatz über die Geschichte der Oper Verdi als einer der größten Opernkomponisten dargestellt. Nun könnte Hypertext eingesetzt werden, um den Namen ›Verdi‹ mit einer darunterliegenden Seite zu verbinden, in der seine wichtigsten Werke aufgezählt werden. Jemand, der den Namen Verdi in einem eher allgemeinen Zusammenhang liest, kann so auf Wunsch durch Anklicken des Namens weiter in die Tiefe vordringen und weitere Details über ihn erfahren, ohne selbst anderswo nach dieser Information suchen zu müssen.

Infobahn. Das Gewirr von Datenleitungen verschiedener technischer Beschaffenheit und unterschiedlicher Leistungsfähigkeit, die insgesamt den weltweiten Datenverbund, bestehend aus *kommerziellen Online-Diensten, BBS* und dem *Internet* bilden. Siehe auch *Daten-Highwa*y oder *Information Highway.*

Information Highway. Das Gewirr von Datenleitungen verschiedener technischer Beschaffenheit und unterschiedlicher Leistungsfähigkeit, die insgesamt den weltweiten Datenverbund, bestehend aus *kommerziellen Online-Diensten, BBS* und dem *Internet* bilden. Siehe auch *Daten-Highway* oder *Infobahn.*

Internaut. Ein Benutzer des *Internet.* Siehe auch *Cybernaut.*

***Internet Access Provider** (IAP)*. Ein Unternehmen oder eine Organisation, die gegen Bezahlung Internet-Anschlüsse für einzelne Benutzer einrichten. Siehe auch *Internet Service Provider.*

Internet Mail Gateway (IMG). Ein Kommunikationspfad, der ein Netzwerk an das *Internet* anschließt und der ermöglicht, daß *E-Mail* zwischen diesem Netzwerk und anderen Netzwerken über das *Internet* ausgetauscht werden.

Internet Presence Provider (IPP). Ein Unternehmen, das auf die Einrichtung von elektronischen Schaufenstern und anderen *Servern* für Firmen, die einen Standort im *Internet* eröffnen wollen, spezialisiert ist.

Internet Relay Chat (IRC). Eine Chat-Funktion im *Internet,* die über zahlreiche unterschiedliche *Channels* verfügt, von denen jede wiederum nach Themenbereichen untergliedert ist.

Internet Service Provider (ISP). Ein Unternehmen oder eine Organisation, die gegen Bezahlung Internet-Anschlüsse für einzelne Benutzer einrichten. Siehe auch *Internet Access Provider.*

Internet. Das Netzwerk der Netzwerke. Ein internationales Datenkommunikationsnetz, durch das Tausende von Computer-Netzwerken miteinander verbunden sind.

Kilobyte – 1024 *Bytes.*

Kommerzielle Anbieter. Ein großes kommerzielles *Bulletin-Board-System,* das Hunderte oder Tausende von Benutzern umfaßt und gegen eine monatliche Gebühr eine große Bandbreite von Dienstleistungen und Informationen bereitstellt. Siehe auch *Kommerzieller Online-Dienst* und *Online-Service.*

Kommerzieller Online-Dienst. Ein großes kommerzielles *Bulletin-Board-System,* das Hunderte oder Tausende von Benutzern umfaßt und gegen eine monatliche Gebühr eine große Bandbreite von Dienstleistungen und Informationen bereitstellt. Siehe auch *Online Service* und *Kommerzielle Anbieter.*

Konferenz. Eine große Plauderstunde, mit einem Hauptredner und einem Publikum, das Fragen an diesen richten kann. Siehe auch *Conference*.

Listserv. Eines der weitverbreitetsten *Diskussionslisten-Manager* Programme; ist so bekannt, daß es manchmal auch als Überbezeichnung (statt *Mailing List Manager)* verwendet wird.

Lurker. Jemand, der in eine *Diskussionsliste,* ein *Forum* oder eine *Newsgroup* lediglich hineinhorcht, ohne selbst Beiträge zu verfassen.

Lynx. Ein graphisch gestalteter *World Wide Web Browser,* der unter dem Betriebssystem MS-DOS läuft.

Mailbot. Ein Programm, das automatisch eingehende *E-Mail* beantwortet. Ein Mailbot nimmt die E-Mail-Nachrichten entgegen und verschickt automatisch Nachrichten oder Dateien an den Absender.

Mailer. Ein Programm, das *E-Mails* sendet und empfängt.

Mailing List Manager. Ein Programm, das *E-Mails* entgegennimmt und an die Mitglieder einer Diskussionsliste weiterverteilt.

Megabit. Etwa eine Million *Bits* an Computerdaten.

Megabyte. Etwa eine Million *Bytes* an Computerdaten.

Modem. Ein Gerät, das einem Computer ermöglicht, durch Wählen von Telefonnummern und über normale Telefonleitungen eine Verbindung zu anderen Computern herzustellen.

Mosaic. Ein Programm, das den Zugang zum *Internet* mittels eines graphischen Interface ermöglicht. Auf diese Weise kann man auf *World Wide Web*-Anwendungen Texte, Geräusche, Videos und Photos abfragen. Siehe auch *Netscape*.

Navigator. Ein *Browser,* der eingesetzt wird, um im *Internet* nach Informationen zu suchen und diese am Bildschirm einzulesen.

317

Net. Abkürzung für das *Internet.*

Netiquette. Verhaltens-Regeln für *Internet*-Benutzer.

Netizen. Kombination der Begriffe ›Net‹ und ›Citizen‹. Jemand, der das *Internet* verwendet. Ein Mitglied der Gemeinschaft von Internet-Anwendern.

Netscape. Ein Programm, das den Zugang zum *Internet* mittels eines graphischen Interface ermöglicht. Auf diese Weise kann man auf *World Wide Web*-Anwendungen Texte, Geräusche, Videos und Photos abfragen. Siehe auch *Mosaic.*

Newbie. Ein Neuling im Internet oder bei einem *kommerziellen Online-Dienst.*

Newsgroup. Ein elektronisches Anschlagbrett im *Internet,* das auf ein bestimmtes Thema spezialisiert ist. Auch als *Usenet* Newsgroups bekannt.

Newsreader. Ein Programm, das Ihnen ermöglicht, *Newsgroups* im *Internet* zu lesen. Über *World Wide Web* durch die Eingabe ›news:‹ plus Name der Newsgroup in der Adressenzeile möglich.

Online-Service. Ein großes kommerzielles *Bulletin-Board-System,* das Hunderte oder Tausende von Benutzern umfaßt und gegen eine monatliche Gebühr eine große Bandbreite von Dienstleistungen und Informationen bereitstellt. Siehe auch *Kommerzielle Anbieter* und *Kommerzieller Online-Dienst.*

Point of Presence (POP). – Eine Telefonnummer, über die ein Kunde seinen *Internet Service Provider* erreichen kann. Große *ISPs* verfügen über mehrere POPs im ganzen Land. Wird manchmal auch als Bezeichnung für einen *Server* oder sonstige kommerzielle Standorte im *Internet* verwendet.

Point-to-Point Protocol (PPP). Ein Kommunikations-Protokoll, das es möglich macht, einen Computer nur über eine *Dial-Up-Verbindung* zur *Internet*-Anwendung zu machen.

Auch eine Art von *Internet*-Verbindung. Wenn sie eine solche PPP-Verbindung benützen, läuft die Software zum Navigieren im Internet auf Ihrem eigenen Computer ab.

Post (als Verb). Versenden einer Nachricht an eine *Diskussionsgruppe* oder eine *Diskussionsliste*.

Protokoll *(Protocol)*. Ein Standard technischer Vorschriften, mit dem eine bestimmte Methode zur Durchführung verschiedener Anwendungen festgelegt wird.

RTFM. Eine Abkürzung, die für die Aufforderung ›Read the f...g Manual‹ steht. Das ist eine weitverbreitete Antwort für Neulinge, sich zuerst die Online-Beschreibung über ein Programm oder einen *Internet-Dienst* durchzulesen, bevor sie beginnen, die alteingesessenen Netizens mit Fragen nach bestimmten Befehlen oder Vorgangsweisen zu quälen.

Serial Line Internet Protocol *(SLIP)*. Kommunikationsprotokoll-Methode, die es einem Computer ermöglicht, sich direkt über eine *Dial-Up*-Verbindung ans *Internet* anzuschließen. Sobald Sie auf diese Weise mit dem *Net* verbunden sind, laufen alle Navigationsprogramme für das *Internet* auf Ihrem eigenen Computer ab.

Server Log. Ein Verzeichnis jener Benutzer, die auf einen *Server* zugegriffen haben.

Server. Ein Computer, der Dateien speichert und anderen Benutzern auf einem Netzwerk oder im *Internet* zugänglich macht.

Shell Account. Eine Art von *Internet*-Verbindung. Dabei stellt Ihr Computer eine *Dial-Up*-Verbindung mit dem Computer eines *JSPs* her. Sie benutzen dann in weiterer Folge die von diesem ISP zur Verfügung gestellte Software, um im *Internet* zu navigieren.

Signal-to-noise-ratio. Am *Internet* bedeutet dieser technische Fachausdruck das Verhältnis von nützlicher Information zu bedeutungslosem Geschwätz.

Signature *(.sig)*. Ein Informationsblock, den man selbst gestalten kann und der automatisch am Ende einer *E-Mail* oder eines Beitrages zu einer *Diskussionsgruppe* angefügt wird. Enthält in der Regel den Namen des Absenders und seines Unternehmens, die *E-Mail-Adresse und* andere Informationen. Siehe auch *E-Mail-Unterschrift.*

Site. Ein eigener *Server* oder ein *virtueller Server* im *Internet.*

Smiley. Eine Kombination von Zeichen auf der Tastatur, die, wenn man sie von der Seite betrachtet, wie ein Gesichtsausdruck erscheinen, zum Beispiel: ;=). Siehe auch *Emoticon.*

Snail Mail. Schneckenpost. Die spöttische Bezeichnung der *Cybernauten* für Briefpost.

Spam. (Als Verb) Versand von unerwünschten elektronischen Nachrichten an eine große Zahl von *Diskussionsgruppen* oder Einzelpersonen im Internet.

Special Interest Group *(SIG)*. Ein anderer Name für ein *Forum* oder eine *Diskussionsgruppe;* bei CompuServe sehr gebräuchlicher Ausdruck.

Sysop. Kürzel für ›System Operator‹. Die Person, die für die Betreuung der Hardware und Software (manchmal auch des Inhalts) eines *Forums* oder eines *BBS* verantwortlich ist.

Telnet. Ein Programm, das Ihnen ermöglicht, sich an andere Computer im *Internet* anzuschließen und auf diesem Programme ablaufen zu lassen.

Thread. Gesprächsfaden. Eine Gruppe von *Newsgroup*-Nachrichten zum selben Thema, die sich oft als Reaktion und Beantwortung einer Ursprungsnachricht entwickelt haben.

Top-Menü. Das Menü eines *Servers*, auf dem die darauf angebotenen Funktionen wie ein Inhaltsverzeichnis aufgelistet werden. Siehe auch *Einstiegsmenü.*

Universal Resource Locator *(URL)*. Ein standardisiertes Adressenformat, das im *World Wide Web* für *Internet*-Adressen verwendet wird.

Unix. Ein leistungsfähiges Computer-Betriebssystem, das auf zahlreichen *Internet Servern* verwendet wird.

Upload. Der Transfer einer Datei von einem PC zu einem *BBS,* einem *kommerziellen Online-Dienst* oder einem *Server* im *Internet.*

Usenet. Die größte Sammlung von *Newsgroups* im *Internet.*

UUCP Connection. Eine Art von Internet-Verbindung zwischen zwei Unix-Geräten, mit der der Transfer von großen Datenmengen in genau festgelegten Intervallen möglich ist.

Veronica. Ein Suchprogramm für Informationen, die auf *Gopher-Servern* abgespeichert sind. Der Name steht für ›Very Easy Rodent-Oriented Net-wide Index to Computerized Archives‹.

Verzeichnis. Eine mit Namen benannte Unterabteilung des Speicherplatzes auf einem *Server* oder einem Computer-speichermedium wie der Festplatte oder der Diskette. Siehe auch *Directory.*

Virtual Server. Virtueller Server. Ein *Verzeichnis* auf einem *Server,* das über eine eigene *Internet*-Adresse verfügt und nach außen den Eindruck erweckt, als ob ein eigener *Server* betrieben würde.

Wide Area Information Servers *(WAIS)*. Ein System für die Suche nach Dateien oder Programmen über Stichwortgruppen. Wird auch für *Server* verwendet, die für den Zugriff durch dieses System geeignet sind.

Workstation. Ein leistungsstarkes Unix-Gerät, das üblicherweise für technische oder wissenschaftliche Anwendungen eingesetzt wird.

World Wide Web (auch ›WWW‹ oder einfach ›The Web‹). Eine Sammlung von Informationen, die auf zahlreichen verschiedenen *Internet-Servern* angeboten werden und auf die mit Hilfe eines *Browsers* oder über *Hypertext-* oder *Hypermedia-Verbindungen* zugegriffen werden kann.

Zine. Eine elektronische Publikation über ein sehr eng gefaßtes Wissensgebiet, die von einer Person oder höchstens einer Handvoll Personen herausgegeben wird und in unregelmäßigen Abständen gratis über das *Internet* verteilt wird.

Anhang

Literaturhinweise und Adressen

Bücher

Englischsprachige Literatur

Bryant, Alan D. *Creating Successful Bulletin-Board Systems.* Reading, Massachusetts: Addison-Wesley, 1994.

Cronin, Mary J. *Doing Business on the Internet.* New York: Van Nostrand Reinhold, 1994.

Ellsworth, Jill H. und Matthew V. *The Internet Business Book.* New York: John Wiley & Sons, 1994.

Gilster, Paul. *The Internet Navigator.* New York: John Wiley & Sons, 1994.

Hahn, Harley und Stout, Rich. *The Complete Internet Reference.* Berkeley, Kalifornien: Osborne/McGraw-Hill, 1994.

Hahn, Harley und Stout, Rich. *The Internet Yellow Pages.* Berkeley, Kalifornien: Osborne/McGraw-Hill, 1994.

Internet World Magazine. *On Internet.* Westport (USA): Mecklermedia Corp., 1994.

Kehoe, Brendan. *Zen and the Art of the Internet,* Dritte Auflage. Englewood Cliffs, New Jersey: Prentice-Hall, 1994.

Krol, Ed. The *Whole Internet: User's Guide and Catalogue,* Zweite Auflage. Sebastopol, Kalifornien: O'Reilly & Associates, 1994.

Notess, Greg R. *Internet Access Providers.* Westport (USA): Mecklermedia Corporation 1994.

Resnick, Rosalind und Taylor, Dave. *The Internet Business Guide.* Indianapolis, Illinois: Sams Publishing, 1994.

Deutschsprachige Literatur

Huly, Hans-Rüdiger und Raake, Stefan. *Marketing Online. Gewinnchancen auf der Datenautobahn.* Frankfurt/New York: Campus 1995.

Kretschmer, Bernd. *Das Internet Dschungelbuch.* Düsseldorf: Data Becker 1995.

Levine, John R. und Young, Margaret Levine. *Internet für Dummies.* Düsseldorf: Sybex 1994.

Levinson, Jay Conrad. *Guerilla Werbung.* Frankfurt/New York: Campus 1995.

Levinson, Jay Conrad. *Guerilla-Marketing für Fortgeschrittene.* Frankfurt/New York: Campus 1994.

Levinson, Jay Conrad. *Guerilla-Marketing.* Frankfurt/New York: Campus 1993.

Maier, Gunther und Wildbergcr; Andreas. *In 8 Sekunden um die Welt. Kommunikation über das Internet* 4. Auflage, Bonn, Paris, Reading (MA): Addison-Welsley 1995.

Naisbitt, John und Aburdene, Patricia. *Megatrends 2000,* Düsseldorf, Wien, New York: Econ-Verlag 1990.

Reuter, Thomas. *Online Sofort.* Düsseldorf: Data Becker 1995.

Schmid, Beat. *Electronic Mall: Banking und Shopping in globalen Netzen.* Stuttgart: Teubner 1995.

Zeitschriften und Newsletters

Englischsprachige Publikationen

Advertising Age, 740 N. Rush St., Chicago, IL 60611, USA.

Adweek, 5757 Wilshire Blvd., Los Angeles, CA 90036, USA.

BBS, Callers Digest Inc., 701 Stokes Rd., Medford, NJ 08055.

Boardwatch, 8500 W. Bowles Ave., Suite 210, Littleton, CO 80123, USA, E-Mail: subscriptions@boardwatch.com.

Guerilla-Marketing Newsletter, Guerilla-Marketing International, 260 Cascade Dr., P.O.Box 1336, Mill Valley, CA 94942, USA.

Internet Business Advantage, Wentworth Worldwide media, Inc., 1866 Colonial Village Lande, P.O.Box 10488, Lancaster, PA 17605-0488, USA, E-Mail: success@wentworth.com.

Internet Business Journal, Internet Enterprises Inc., 208 Somerset St. East, Suite A, Ottawa, Ontario, Kanada K1N 6V2, E-Mail: curtin@hookup.net.

Internet World, Mecklermedia Corp., 11 Ferry Lane West, Westport, CT 06880, USA, E-Mail: info@mecklermedia.com.

NetPages, Aldea Communications, Inc., 7720 B El Camino Real, Box 117, Carlsbad, CA 92009, USA.

Online Access, Chicago Fine Print, Inc., 900 N. Franklin, Suite 310, Chicago, IL 60610, USA.

Wired, Wired Magazine, 520 Third St., Fourth Floor, San Francisco, CA 94107, USA.

Deutschsprachige Publikationen

COM, Erb Verlag GmbH, Eichenstraße 38, A-1120 Wien.

DOS, Postfach 140220, D-80452 München, Tel. (089) 20240250, Fax (089) 20240215.

PC Welt, Brabanter Str. 4, D-80805 München, Tel. (089) 36086222, Fax (089) 36086372.

PC Online, Poccistraße 11, D-80336 München, Tel. (089) 74642290, Fax (089) 74642300.

PC Praxis, Postfach 102044, D-40011 Düsseldorf, Tel: (0211) 9334-70, Fax: (0211) 9334-710, URL: http://www.pcpraxis.de.

PC Professionell, Ziff-Davis Verlag GmbH, Riesstraße 25, D-80992 München, Tel. (089), 143120, Fax (089) 14312444.

PC Shopping, VMM Verlag GmbH, Gutermannstraße 25, D-86154 Augsburg, Tel. (0821) 21770, Fax (0821) 2177150.

Informationen über Newsgroups, Diskussionslisten und FAQ
(häufig gestellte Fragen)

FAQ. Die folgenden Newsgroups enthalten Speicherplatz für FAQ-Dateien, also Zusammenstellungen von Antworten auf häufig gestellte Fragen: *alt.answers, comp.answers, misc.answers, news.answers, rec.answers, sci.answers, soc.answers und talk.answers.*
Anfängerinformationen über das Internet sind in der Newsgroup *news.annou*nce.*newusers* erhältlich. Sie können auch eine Kopie jeder dieser FAQ-Dateien über ein anonymes FTP von der Adresse *rtfm.mit.edu* downloaden.

Listen von Internet Diskussionslisten. Ein Verzeichnis von mehr als 75.000 Diskussionslisten finden Sie bei Liszt unter http://www. liszt.com. Hier können Sie gezielt nach Stichworten suchen. Liszt erlaubt auch die Stichwortsuche in 20.000 Newsgroups.

Neue Gopher Anwendungen. Eine Quelle aller Gopher Services findet man unter: http://www.yahoo.com/Computers_and_Internet/ Internet/Gopher. Von hier aus haben Sie Zugriff auf alle Gopher-Server der Welt sowie ausgesuchte ›Gopher Juwelen‹.

World Wide Web. Durch Eingabe von news: in der Adreßzeile Ihres WWW-Programms erhalten Sie eine Liste aller Internet-Newsgroups. Zahlreiche Suchprogramme erleichtern Ihnen die Suche nach Informationen im Web. Versuchen Sie Yahoo! (http://www. yahoo.de), Web.DE (http://www.web.de) oder für internationale Suche auch Webcrawler (http://www.webcrawler.com).

Kommerzielle Online-Services

USA

America Online, 8619 Westwood Center Dr., Vienna, VA 22182, USA, E-Mail: *postmaster@aol.com,* URL: *http://www.aol.com.*

CompuServe, 5000 Arlington Centre Blvd., Columbus, OH 43220, USA, URL: *http://www.compuserve.com.*

Delphi Information Service, E-Mail *info@delphi.com,* URL: *http://www.delphi.com.*

GEnie, P.O.Box 6403, Rockville, MD 20849-6403, USA, E-Mail: *webmaster@genie.com,* URL: *http://www.genie.com.*

Prodigy Services Co., 445 Hamilton Ave., White Plains, NY 10601, USA, E-Mail: *webmaster@prodigy.com,* URL: *http://www.prodigy.com.*

Deutschland

America Online in Zusammenarbeit mit Bertelsmann unter dem Namen AOL auch in Deutschland verfügbar.
Eine Demoversion samt 10 Stunden Gratistest können Sie unter Tel. (0180) 55220 anfordern.

CompuServe verfügt über eine Reihe von interessanten Diskussionsgruppen, bei denen Sie sich professionellen Rat holen können. CompuServe bietet auch eine gute Auswahl an Informations-Datenbanken. Allein die Datenbank *IQuest* ermöglicht den Zugang zu 850 Datenbanken, in denen Sie detaillierte Brancheninformationen wie Unternehmensbeschreibungen und Kreditauskünfte erhalten. Im *Knowledge Index* finden Sie Volltext- und bibliographische Verweise zu Artikeln in über 50.000 Zeitschriften.
Eine Demoversion von CompuServe Deutschland samt 10 Stunden Gratisschnuppern können Sie unter Tel. (0130) 3732 oder Fax (089) 66535242 anfordern.

Microsoft betreibt einen kommerziellen Online-Service im World Wide Web und arbeitet dabei mit T-Online zusammen.

T-Online ist der kommerzielle Online-Service der Deutschen Telekom.
Eine Infotmationsbroschüre kann unter Tel. (0130) 5000 oder unter Fax (0130) 5030 angefordert werden.

Internet Service Providers

USA

Der *InterNIC Informationsservice* unterhält eine Liste von US amerikanischen ISPs und deren Preisen. E-Mail: *info@internic.net,*
URL: *http://www.internic.net.*

Mary Morris von der Firma *Finesse Liveware* unterhält eine welt-
weite Liste von ISPs. Die Liste erhalten Sie, wenn Sie eine E-Mail
mit dem Text *GET INET-MARKETING WWW-SVC-PROVI-
DERS an* die E-Mail-Adresse *listproc@einet.net* senden.

Deutschland

Contrib.Net, Knaackstraße 96, D-10435 Berlin, Tel. (030) 2530120-0,
Fax: (030) 2515603, E-Mail: *src@contrib.net,* URL: *http://www.con-
trib.net.*

EUnet Deutschland GmbH, Emil-Figge-Straße 80, D-44227 Dort-
mund, Tel. 0231/972-00, Fax 0231/972-1111, E-Mail: *hotline@ger-
many.EU.net,* URL: *http://www.eunet.de.*

Deutsches Provider Network, Bismarckstr. 120, D-47057 Duisburg,
Tel: (0130) 123441, Fax: (0203) 3093-112, E-Mail: *info@dpn.de.*

IS Internet Services GmbH & Co, Tel: (040) 766291623, E-Mail:
info@is-europe.net, URL: *http://www.is-europe.net/Isc/.*

Nacamar Data Communications Gmbh, Frankfurter Str. 135–141.
D-63303 Dreieich, Tel: (06103) 9901-0, Fax: (06103) 9901-18,
E-Mail: *info@nacamar.de,* URL: *http://www.nacamar.de.*

TouchNet GmbH, Ringseisstraße 2a, D-80337 München. Tel: (089)
54471111, Fax: (089) 54471122, E-Mail: *info@tnet.de,* URL:
http://www.net.de.

Internet-Berater

USA

Branch, Information Services, 2607 Patricia, Ann Arbor, MI 48103-
2647, USA, E-Mail: *branch-info@branch. com.*

Cyberspace Development, Inc., URL: *http://marketplace.com.*

Internet Presence and Publishing, 1700 World Trade Center, Nor-
folk, VA 23510, E-Mail: *keith@tcp.ip.net,* URL: *http://www.ip.net.*

Point of Presence Co., 1809 Seventh Ave., Suite 908, Seattle WA
98101-1313, USA, E-Mail: *admin@popco.com,* URL: *http://www.
popco.com.*

Deutschland

Channel.One GmbH,- Beratungs- und Systemhaus für Internet- und Intranet-Systemlösungen, Gerhofstraße 40, D-20354 Hamburg, Tel: (040) 35710663, Fax (040) 35719786, E-Mail: *info@channell.de.*

CREATIV Werbeagentur, Zum Wasserfeld 3, D-66701 Beckingen, Tel: (06835) 93545, Fax (06835) 93546, E-Mail: *info@creativ.de,* URL: *http://www.creativ.de.*

DOM, Digital Online Media GmbH, Bismarckstr.60 D-50672 Köln, Tel.: (221) 951680, Fax: (221) 951688, E-Mail: *bar@dom.de,* URL: *http:/www.dom.de.*

global login GmbH, Rumford Str.5, D-80469 München, Tel: (089) 260227-33, Fax: (089) 260227-34, E-Mail: *info@login.de.*

INFO CONSULTING GMBH, Mombacher Str. 93, D-55122 Mainz, Tel: (06131) 37441-0, Fax: (06131) 37441-19, E-Mail: *icon@infomainz.de.*

KISS GmbH, Königstraße 23, D-67655 Kaiserslautern, Tel: (031) 31662-0, Fax (031) 3165525, E-Mail: *wwwadm@kiss.de,* URL: *http://www.kiss.de.*

RDTS-Informationsgesellschaft Deutschland bR, Medienfabrik Trier, Luxemburger Straße 79, D-54290 Trier, Tel: (0651) 9980-314, Fax (0651) 9980-247, E-Mail: *rdts@rdts.de.*

Yahoo! Deutschland (http://www.yahoo.de) verfügt über eine große Datenbank an Internet Beratern. Eine ähnliche Liste gibt es auch bei Web.DE *(http://www.web.de).*

Marketing-Diskussionslisten

Um zu hören, was die Profis so zu sagen haben, nehmen Sie am besten an einer einschlägigen Diskussionsgruppe oder einer Diskussionsliste teil. Im Bereich des Marketing im Internet gibt es einige Diskussionslisten in englischer Sprache:

HTMARCOM. Senden Sie eine Email mit dem Text <SUBSCRIBE HTMARCOM> an die E-Mail-Adresse *Majordomo@listserv.rmi.net.*

Weitere Informationen über Marketing-Listen finden Sie unter *http://www.bayne.com/wolfBayne/lists/default.html.*

Sachregister